沖縄対外文化交流史

考古学・歴史学・民俗学・人類学の視点から

鹿児島国際大学附置地域総合研究所【編】

日本経済評論社

刊行にあたって

二〇〇一（平成一三）年度と二〇〇二（平成一四）年度の二カ年にまたがって行われた機関研究「沖縄をめぐる対外交渉史の研究」の研究成果がこのほどまとまった。

沖縄諸島の歴史を、東アジア的視座から捉えようと試みた研究の成果である。沖縄諸島は、日本列島全体からみると南端に位置している。ややもすれば、辺遠の地として扱われてきたように思われる。果たしてそうであろうか。

世界地図で沖縄諸島を中心とした地理的な位置関係をみてみよう。日本本土、韓半島、中国大陸、フィリピンはそれぞれ等距離にある。見方を変えれば、むしろこれらの地域の中心に位置することになる。海上に位置するがゆえに、孤立した地域と見ることもできよう。別の視点から見れば、海上に浮かぶ島であるがゆえに、かえって、多方面の地域との交流を盛んに行うことが出来たと見ることも出来よう。沖縄は交流・交易を盛んに行うことによって、独自の文化を育んできたようだ。

沖縄諸島で、文字資料が登場してくるのはかなり後になってからである。しかしながら、約三万年前の旧石器時代から人々が生活していた痕跡が認められている。

沖縄諸島の人々はどこからきたのであろうか。その後どのような文化を育み、また海外から受け入れてきたのであろうか。旧石器時代以来の沖縄の対外交渉史を多方面から描くのが本書である。

本研究は、当初、鹿児島国際大学国際文化学部の上村俊雄（考古学、機関研究代表者）、中園聡（孝古学）、中村明

蔵（古代史）、増田勝機（民俗学）の四名の教員が中心となって取り組むことにしていたが、研究内容をより幅広く深めるために、学外から、高宮廣衞氏（考古学、元沖縄国際大学学長）、小田静夫氏（考古学、東京大学総合研究博物館協力研究員）、谷畑美帆氏（人類学、附属地域研究所委託研究員＝北里大学一般教育部特別研究員）の三名の協力を得て研究成果をまとめることにした。

鹿児島国際大学附属地域総合研究所は、一九六八年に附置地域経済研究所として発足し、一九八六年には附属地域総合研究所と改組され、南九州・奄美・沖縄の経済、社会、文化等を含めた研究課題に取り組んできた。二〇〇三（平成一五）年に再度、附置地域総合研究所として改組され、新たな構想のもとに活動を開始している。本書中に附属地域総合研究所と附置地域総合研究所の名称が混在している所以である。

本研究を実施するにあたって、これまでの枠を越えた東アジア的視点から、国際的な調査研究を行うことを検討した。そして、可能な限り、沖縄諸島だけではなく、日本列島、韓半島、中国大陸、台湾など東アジア地域を踏査し、調査研究を試みた。

上村は「沖縄の先史・古代――交流・交易――」のテーマで、旧石器時代から古代までの時期の九州島から奄美・沖縄諸島へ、奄美・沖縄諸島から九州島へ、さらには大陸との関係を検討しながら、文物の交流・交易について論じた。

中園は「東アジア的視座に立った弥生時代の再解釈――九州・南西諸島・朝鮮半島・中国――」のテーマで、九州島・南西諸島・朝鮮半島・中国が関係しあう国際情勢を見据えながら、弥生時代を中心に、九州島と朝鮮半島との交渉、九州島と沖縄諸島との交渉、漢との交渉、沖縄諸島の大陸系遺物と社会変化等について論じている。

中村は「古代の沖縄と『隋書』流求伝――六〜七世紀、沖縄史への接近――」のテーマで『隋書』流求伝の記述内容について、沖縄諸島を主体に、その北部に隣接する奄美諸島を含めて、歴史的考察を周辺諸地域の情勢を加えて整理している。さらに「古代東アジアと奄美・沖縄諸島――南島論・交易論への接近――」で、『日本紀略』・『小右記』・『新猿楽記』・『枕草子』などの文献資料から平安期頃の奄美・沖縄が赤木・檳榔・夜久（屋久）貝などの交易の中継拠点として重要な役割を果たしていたとしている。

増田は「習俗からみた琉球の対外関係」のテーマで、琉球地方に伝承されてきた習俗の中には、中国・朝鮮をはじめ、南方と類似する習俗があり、特に中国と共通するものが多いことを指摘している。

小田は「黒潮圏の先史文化」のテーマで、フィリピン・ルソン島の東岸、台湾の東側、琉球列島の西側、日本列島に沿って北上する黒潮（日本海流）の流れは、「海上の道」となり、先史時代以来、多くの南方的な要素を日本文化にもたらしたことを指摘している。また、一万二〇〇〇年前の縄文時代草創期遺跡の、鹿児島県栫ノ原遺跡から出土した丸木舟製作用工具の円筒形丸ノミ形石斧は、恐らく、東南アジア島嶼部、中国南部地域から、黒潮を北上してきた縄文人の起源に関する石器と考えられるとしている。

高宮は、台湾と韓国出土の開元通宝について言及しているが、台湾においては宋文薫（元台湾大学教授）と韓半島においては任孝宰（ソウル大学校教授）と共同調査を行い、両地域の開元通宝について、これまで日本で知られていなかった貴重なデータを紹介されている。また、高宮は沖縄諸島から出土している開元通宝について、古代の沖縄においては物々交換の時代であり、対外交易の支払手段として使用されたのではないかという見解を示している。なお、前者の初出出典は、【沖縄国際大学南島文化研究所　一九九六「琉球弧および台湾出土の開元通宝」『南島文化』第一八号】、後者の初出出典は、【沖縄国際大学社会文化学会　二〇〇〇「百済・統一新羅時代遺蹟出土の開元通宝」『沖縄国際大学社会文化研究』第四巻第一号】である。それぞれ沖縄国際大学南島文化研究所と沖縄国際大学社会文化学会から転載の許可を得た。誌上を借りて感謝申し上げたい。

谷畑は「沖縄県内出土人骨及び埋葬遺構に関する一考察」のテーマで、一五～一六世紀の埋葬遺構について触れ、

「致死的なものではないが、生前の栄養不良などを示す」ストレス・マーカーの出現頻度が高く、生活環境が厳しかったと指摘している。

本書の書名について「沖縄をめぐる対外交渉史の研究」の研究テーマをそのまま使うのは、近・現代の外交史、あるいは経済的な分野の内容と誤解される恐れはないかという声があり、試行錯誤した結果『沖縄対外文化交流史――考古学・歴史学・民俗学・人類学の視点から――』という書名にすることに落ち着いた。

末尾になったが、本書の出版に際して、日本経済評論社の栗原哲也社長と谷口京延氏に大変お世話になった。御礼を申し述べたい。また、本書の出版にあたって、津曲学園・鹿児島国際大学の助成を得たことを付記し、謝意を表する次第である。

二〇〇四年三月

機関研究代表者　上村　俊雄

目 次

1 沖縄の先史・古代

——交流・交易——

上村俊雄

はじめに

九州島と沖縄諸島との間には、五〇〇キロメートル以上にも及ぶ広大な海が広がり、大隅諸島と奄美諸島との間に連なるトカラ列島を黒潮本流が横切って太平洋側に流れこみ、さらに日本列島沿いに北上している。この黒潮の流れが、先史・古代の南島と周辺地域間の文物の流通とそれぞれの独自の文化圏形成に大いに影響している。

九州島南端から台湾島までの約一二五〇キロメートルの間に弧状に連なる南西諸島（以下、南西諸島を南島と呼ぶ）の島々は、地理的には大隅諸島、奄美諸島、沖縄諸島、宮古・八重山諸島に分けられるが、考古学的にはそれぞれの地域に形成された土器文化の特徴に大きな違いが認められる。

それらの土器文化の違いを基準にして、国分直一は、①北部文化圏（大隅諸島・トカラ列島）、②中部文化圏（奄美・沖縄諸島）、③南部文化圏（宮古・八重山諸島）の三文化圏を提唱した（国分 一九七二）。

(1) 北部文化圏

北部文化圏の様相が考古学的に明らかにされたのは、一九五〇年代に入ってからのことである。一九五二年、国分直一・三友国五郎・河口貞徳・盛園尚孝らが種子島の西之表市本城遺跡で、縄文時代前期の前半に位置づけられる曽《ソ》畑《バタ》式土器の包含層を、さらに、屋久島の一湊《イッソウ》遺跡（＝一湊松山遺跡）と口永良部《クチエラブ》島の城ケ平《ジョウガヒラ》遺跡で縄文時代後期の市来《イチキ》式土器の包含層を確認し、九州島と大隅諸島（北部文化圏）との関係が考古学的にはじめて明らかにされた。

種子島では、一九五六〜五九年に、金関丈夫・国分直一・盛園尚孝らによって、弥生時代から古墳時代にかけての埋葬遺跡として注目を浴びた種子島広田遺跡の発掘調査が行われている。北九州の綾羅木《アヤラギ》式土器や饕餮文《トウテツモン》系・竜文系の彫刻貝製品（貝札《カイサツ》＝貝符《カイフ》）などが出土している。広田遺跡の下層（弥生時代）及び上層（古墳時代）から出土したこれらの貝札は、沖縄県久米島の清水貝塚から出土した下層（弥生時代相当期）及び上層（古墳時代相当期）の貝札と驚くほどよく似ており、南島（沖縄・奄美）及び中国大陸との関連が示唆されている。一九五八年、阿嶽《アタケ》洞穴遺跡に北九州の板付《イタツケ》I式・II式土器が出土し、北九州と種子島、南島及び中国大陸との関連が示唆されている。

その後、一九八〇年には、一湊松山遺跡から、縄文時代前期の轟《トドロキ》式土器、曽畑式土器のほか、縄文時代中期の春《カス》日《ガ》式土器や、縄文時代後期の松山式土器、市来式土器、一湊式土器（種子島・屋久島・口永良部島に分布の中心をもつ）、縄文時代晩期の黒川式土器が出土し、さらにこの黒川式土器にともなって、中部文化圏起源の喜念《キネン》式土器も出土した。

これらの発見によって、九州島の縄文土器と南島の土器との対比が可能になり、その後、編年研究がいちじるしく進展することになる。

中部文化圏に、九州島および大隅諸島の縄文土器が発見されたのは、一九五五年に行われた九学会連合奄美大島調査委員会の宇宿《ウシュク》貝塚発掘調査である。宇宿貝塚の下層から南島起源とされる宇宿下層式土器にともなって、縄文時代後期の市来式土器と大隅諸島の一湊式土器が出土し、奄美諸島にも縄文時代後期には本土の土器文化が及んでいたことが確認され、同じ層位から出土した南島の土器の時期が特定された。

一九七〇年には、沖縄本島の浦添市浦添貝塚で縄文時代後期の市来式土器が、さらに、一九七五年には、沖縄本島中部の読谷村《ヨミタンソン》渡具知《トグ》東原《チアガリバル》遺跡から縄文時代前期の曽畑式土器が発見され、沖縄諸島にも縄文文化が波及したことが確認され、中部文化圏の南部地域における編年研究も急速に進展した。

奄美・沖縄諸島をふくむ中部文化圏は、九州島の強い影響を受けながらも、島嶼独自の文化圏を形成していることも判明した。

これに対して、沖縄諸島以南の先史文化の様相は、宮古凹地を境に沖縄諸島は北方系、宮古・八重山諸島の先島諸島は南方系というように全く異なる独自の文化圏を形成している。南部文化圏は九州の縄文・弥生時代の文化は勿論のこと奄美・沖縄諸島の土器文化の影響も全く見られない。むしろ、フイリッピンや台湾などの南方文化の影響が強く反映している地域である。

四方を海に囲まれた沖縄県（沖縄諸島、宮古・八重山諸島）は、太平洋を流れる暖かい黒潮の流れに沿って点在する大小百六〇余りの島々から成り立っている。

そして、九州島や東アジア・東南アジアとを結ぶ地理的な条件から、旧石器時代以来現代にいたるまで、さまざまな経済的・社会的あるいは文化的影響を受けてきた。

沖縄諸島において、考古学研究を目的とした最初の本格的な調査は、一九〇四（明治三七）年、鳥居龍蔵によって行われた。鳥居は琉球諸島の考古学的サーヴェイを行ない、沖縄本島で荻堂《オギドウ》・伊波《イハ》・城嶽《グスクダケ》・天願の四貝塚を、八重山諸島では川平《カビラ》貝塚などを発見し、うち伊波・川平の両貝塚では試掘調査を行なっている。

この調査で、鳥居は伊波貝塚の土器は日本内地の土器の範疇に属するとし、沖縄諸島の先住民も日本内地の先住民と人類学上同一であるとした。そして川平貝塚の土器は沖縄本島以北のものと著しく異なるところから、八重山諸島の土器文化はむしろ台湾との関係を考えるべきであるとした。

一　土器出現期前後の南島

(1)　土器出現以前の南島

旧石器時代の化石人骨が発見された遺跡として、沖縄本島では那覇市の山下町第一洞穴遺跡（約三万二千年前）・具《グ》志頭《シチャン》村《ソン》港川フィッシャー遺跡（約一万八千年前）、大山洞穴、桃原洞穴、伊江島ではカダ原洞穴、ゴヘズ洞穴、久米島では下地原洞穴、宮古島ではピンザアブ洞穴などが知られている。これらの遺跡はいずれも琉球石灰岩の洞穴やフィッシャーからの発見が多い。港川人の形質的特長はインドネシア発見のワジャック人に最も近似しているといわれている（馬場　二〇〇〇）。

これまで沖縄諸島で発見されている旧石器時代遺跡からは石器は確認されておらず、シカ骨を主体とした骨器のみであるとされていた。二〇〇二年小田静夫は山下町第一洞穴遺跡から発見されていた石器らしき三点の石を観察し、これらを礫《レキ》石器一点、敲石《タタキイシ》二点の石器であるとしている（小田　二〇〇三）。

奄美諸島では、約二万年前とされる奄美大島笠利町の土浜《ツチハマ》ヤーヤ遺跡や喜子川《キシカワ》遺跡等の旧石器時代の遺跡が知られている。また、徳之島の天城《アマングスク》遺跡は約三万年前のものとされているが、石器組成の点から、検討を要するようである。これらの遺跡は、日本人の祖先がどのようなルートを通って日本列島にたどりついたかを考察するうえで、貴重な遺跡である。

奄美諸島出土の旧石器時代の遺跡については、東南アジアから移住・拡散してきた人々の文化であり、なお、台湾経由であるとの主張がある（加藤　一九九六）。

南西諸島の旧石器文化のルーツが本土からなのか、台湾方面からなのかについては、資料が少ない現時点では、まだ慎重にあつかうほうがよいと思われる。

(2)　栫ノ原型石斧

縄文時代草創期から早期後半にかけて出土する南九州の石器のなかに船工具と考えられる丸鑿型《マルノミガタ》石斧がある。この石斧は、片刃で、刃部の片面がとくに擦りくぼめられて湾曲し、断面が円弧状を呈する。また、頭部にコブ状のふくらみをもつ特徴的な石斧である。

丸鑿形石斧は従来、磨製石斧として知られているが、南九州で発見された草創期の石斧は、敲打によって全体を円筒状に仕上げているところに特徴がある。

鹿児島県加世田市栫ノ原《カコイノハラ》遺跡で最初に発見されたところから「栫ノ原型タイプ」と呼ばれている。栫ノ原型タイプの丸鑿型石斧は、栫ノ原遺跡から二点、鹿児島市掃除山《ソウジヤマ》遺跡から一点、志布志《シブシ》町東黒土田遺跡から一点、いずれも一万一千年以上前の縄文時代草創期の遺跡から出土している。縄文時代早期後半の鹿屋市前畑遺跡、種子島の西之表市立山遺跡などからも出土しており、縄文時代草創期から早期にかけて鹿児島県を中心に分布している石器である。こうした丸木舟などの製作工具と考えられる栫ノ原型タイプの丸鑿型石斧が、南九州、大隅諸島、奄美諸島、沖縄諸島のいわゆる黒潮文化圏に分布していることは、共通の文化を共有していたと考えてよいであろう。

最初に栫ノ原型タイプの丸鑿型石斧に注目した小田静夫は、沖縄本島最北端の国頭《クニガミ》村カヤウチバンタ遺跡で発見された栫ノ原型タイプの丸鑿型石斧を、縄文時代草創期のものと位置づけ、南方から南九州へ伝播したとしている。なお、丸鑿型石斧は、南太平洋地域に広く分布していることが古くから知られているが、時期的には栫ノ原型タイプよりも新しいと考えられる。

二　南からの文化

縄文時代相当期の南島産の土器が鹿児島県本土及び大隅諸島の遺跡に出土しているが、本土から南下した縄文土器に比べて、南島土器の北上は少ない。

(1)　南島土器を出土した遺跡

市来（＝川上）貝塚は鹿児島県日置郡市来町川上中組字宮ノ後に所在する。南島土器の編年の基準となった縄文時代後期の市来式土器の標式遺跡である。市来貝塚からは南海産のオオツタノハ製貝輪と奄美諸島に分布の中心がある嘉徳II式類似の土器が出土している。オオツタノハ製貝輪は縄文時代のものとしては、本土では唯一の出土例であり、南島との文化交流を物語る資料である。

薩摩半島南端に位置する指宿《イブスキ》市《シ》**南《ミナミ》摺《スリ》ケ《ガ》浜《ハマ》遺跡**では縄文時代晩期の土器にともなって奄美系の宇宿《ウシュク》上層《ジョウソウ》式土器が、薩摩半島吹上浜砂丘の内陸部に位置する金峰町**山野原《サンヤバル》遺跡**から、奄美系の嘉徳I式土器や沖縄系の伊波式もしくは神野E式に比定される土器が出土している。

中町馬場遺跡は鹿児島県薩摩郡里村村西中町馬場に所在する。薩摩半島の西方海上、東シナ海に浮かぶ甑島列島の北端に位置する。縄文時代中期から中世までの長期にわたる遺物が出土している。南島系の土器が二点出土している。これらの土器は、時期・共伴遺物等は不明であるが、形態・文様構成ともに南島のものとよく似ており、南島との交流を示唆する資料となっている。一点は逆U字状の把手を有する無文の土器で、南島に特徴的な外耳《ガイジ》土器に類似する。他の一点は肥厚した断面長方形の口縁部を持つ。口縁上面に二列の並列な斜め方向に刺突した押引き連点文を施し、

図1－1 南島先史時代の文物交流（縄文時代）（上村作成）

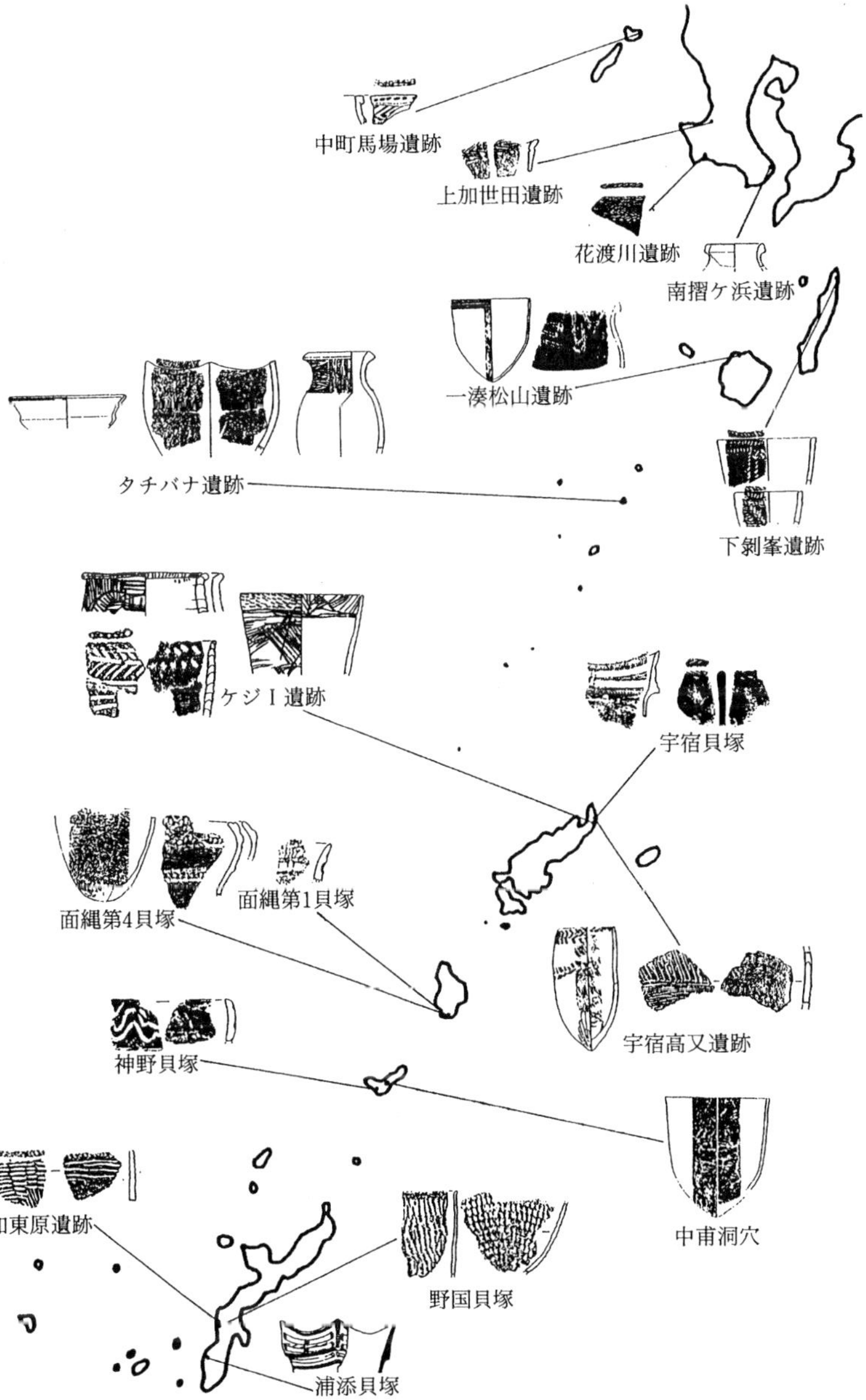

施文具は二叉状工具、あるいは工具を二本束ねたものを用いている。口縁外面の平坦部には、上面同様やや長めの連続刺突文が施されている。胴部には、綾杉状の沈線文が見られる。形態・文様は南島の土器と極めてよく似ている。

一湊松山遺跡は鹿児島県上屋久町一湊字松山に所在する。本遺跡出土の土器を標式とした一湊式土器が、奄美大島の宇宿貝塚において、縄文後期の市来式土器とともに出土し、南島先史土器の年代観に手掛かりを与えるとともに、北部文化圏の大隅諸島と中部文化圏の奄美諸島との関係を把握出来たことにより、学史的にも注目される重要な遺跡である。

一九八〇年の調査で、下層から順に、轟式・春日式・岩崎上層式・松山式・市来式・一湊式・入佐式・黒川式・喜念《キネン》I式などの土器が出土している。この調査で注目されるのは、大隅諸島起源の一湊式土器と南島起源の喜念I式土器が同じ三層面から共伴出土していることである。二・三層は一湊式を主体とし、縄文時代晩期の黒色研磨土器（入佐式・黒川式）が少量出土している。一湊式土器は種子島・屋久島を中心に分布し、南は奄美大島宇宿貝塚、北は加世田市上加世田遺跡、枕崎市花渡川《ケドガワ》遺跡にも出土しているが、島嶼的性格の強い土器である。

下剝峯遺跡（西之表市教育委員会 一九七八）は鹿児島県西之表市現和《グンナ》地区下剝峯に所在する。下剝峯遺跡は大隅半島の南海上に浮かぶ種子島にあり、遺跡から出土した室川下層式土器は沖縄・奄美地方を中心に分布する南島系土器である。轟式系土器に伴って出土しており、北部圏で出土する最古の例として注目される。

鷹取遺跡（中種子町教育委員会 一九八九）も種子島にあり、鹿児島県熊毛郡中種子町坂井鷹取に所在する。縄文時代後期の包含層（指宿《イブスキ》式・松山式・市来式土器など）から、南島系土器が出土している。薄手で細沈線を重ね、列点を施しており、施文方法・形状は一湊式に共通性が強く、類例として、鹿児島県大島郡笠利町下山田II遺跡の薄手で細沈線を施す一群や、沖縄県伊平屋村久里原《クサトバル》貝塚の沈線文の一群があげられる。

沖縄本島との関係を示す資料として、口縁部の断面が三角形状に肥厚し、口唇部が尖る土器片も出土している。かつて船形状の土器とされていた、片側が船のへ先のように突出して、いわゆる片口注口の形状を示している。外側は数面に面どりされていて、面をかこむように沈線と点線が施されている土器である。鹿児島県指宿市大渡遺跡、同県西之表市納曽《ノウソ》遺跡、沖縄県石川市古我地原《コガチバル》貝塚に類例が認められ、納曽遺跡では市来式に、古我地原貝塚では面縄《オモテナワ》東洞《トウドウ》式の壺形土器とされている。西之表市浅川牧《アサゴマキ》遺跡にも出土しているという。また沖縄本島の荻堂式に無紋壺形土器として分類されているものにつながるものともされている。

宮田遺跡（中種子町教育委員会　一九八九）は鹿児島県熊毛郡中種子町坂井宮田に所在する。薄手の細沈線をもつ土器である。粘土紐を貼り付けたものもある。細沈線は斜め方向に引かれるものと格子目状に引かれるものとがある。奄美大島の下山田II遺跡、沖縄県久里原貝塚に類例があると報告されている。同様のものは、鹿児島県大島郡知名町石原遺跡（沖永良部島）からも出土している。奄美系の土器と見てよいであろう。

タチバナ遺跡は鹿児島県鹿児島郡十島村中之島七ツ山通称タチバナに所在する。吐噶喇《トカラ》列島中之島の東海岸七ツ浜を見下ろす位置にある。一三号住居址の中央大型ピット内から、喜念式土器・宇宿上層式土器・一湊式土器・黒色研磨土器（黒川式・入佐式）が、床面から喜念式土器・宇宿上層式土器・一湊式土器が出土している。この遺構から出土した喜念式土器は上村のいう喜念I式土器（上村　一九八七）であり、一湊式土器はタチバナ式土器である。沖縄系土器（喜念I式土器）・奄美系土器（宇宿上層式土器）・大隅系土器（タチバナ式土器）・九州系土器（黒川式土器・入佐式土器）が共伴出土している。

三　中部文化圏——北からの文化——

南部文化圏を除く、中部文化圏と北部文化圏では、縄文時代の比較的早い時期から交流があったことが、遺跡から

表1－1　沖縄諸島の暫定編年（高宮案）（高宮 1993より）

九州		暫定編年	土器型式	沖縄諸島発見の九州系土器	その他の年代資料	現行編年
縄文時代	早期	前期 I	ヤブチ式土器 東原式土器	爪形文土器	ヤブチ式6670±140Y. B. P. 東原式6450±140Y. B. P.	早期
	前期	II	室川下層式土器 曽畑式土器 条痕文土器 神野A式土器 神野B式土器	曽畑式土器 条痕文土器	曽畑式（渡具知東原） 4880±130Y. B. P.	
	中期	III	具志川式 神野C式 面縄前庭式			
	後期	IV	神野D式土器 神野E式土器 伊波式土器 荻堂式土器 大山式土器 室川式土器	出水系土器 市来式土器	伊波式（熱田原） 3370±80Y. B. P. 伊波式（室川） 3600±90Y. B. P.	前期
	晩期	V	室川上層式土器 宇佐浜式土器 仲原式土器		宇佐浜式は黒川式並行とみられる	中期
弥生時代	前期	後期 I	真栄里式土器	板付II式 亀ノ甲類似土器		後期
	中期	II	具志原式土器	山ノ口式土器		
	後期	III	アカジャンガー式土器	免田式土器	アカジャンガー式は中津野式並行とみられる	
古墳時代〜平安時代		IV	フェンサ下層式土器		類須恵器	

注1．南島の爪形文土器は近年の資料から縄文前期に比定される可能性が強いようである。
　2．「フェンサ下層式土器は城時代初期」とする見解もある。

のさまざまな出土品によって明らかになっている。

⑴　南島最古の爪形文土器

本土との交流を示す最古の土器資料は、南島爪形文《ツメガタモン》土器と考えられる。南島爪形文土器（ヤブチ式土器、東原《アガリバル》式土器）は、器面の浅い凹みのまわりの一部に細い弧状の爪痕の形を呈しているが、ヤブチ式土器は指押圧文を基調とし、東原式土器は箆描きの爪形文を主とする。

沖縄諸島において、一九六〇年、ヤブチ洞穴遺跡から爪形文土器が発掘されていたが、一九七五年、読谷村渡具知東原遺跡から発掘された爪形文土器によってはじめて年代が確定した。先にも述べたように、渡具知東原遺跡からは、沖縄諸島ではじめて縄文前期を代表する曽畑式土器が発見され、さらにその下層の砂礫層上部から東原式土器が、下部からはヤブチ式土器が出土している。最下層の放射性炭素年代測定値は、六六七〇±一四〇ＢＰ、曽畑式土器は、四八八〇±一三〇ＢＰと測定され、沖縄の土器の起源が縄文時代前期初頭、ないしは縄文時代早期終末にまでさかのぼることが確認された。上層の曽畑式土器にともなって轟式系統の条痕文土器と沖縄の室川下層式土器が発見されている。曾畑式土器は韓国の櫛目文土器の系統とも考えられており、九州島西部を代表する土器である。この発見により、これまではっきりしていなかった南島土器文化の起源が九州地方にあることが明らかにされたことになる。

さらに一九八七～九〇年、奄美大島の喜子川遺跡を発掘中、約六千五百年前のアカホヤ火山灰層のすぐ上から、爪形文土器が発見された。爪形文土器の年代については諸説があったが、これによって、新しく見ても縄文時代前期初頭に位置づけられるものであることが確実となったのである。

爪形文土器は日本本土では約一万一千年前～一万年前（縄文草創期終末）の時期に登場する土器である。これに対して、沖縄・奄美諸島で発見されているものは、縄文早期末の六千数百年前に登場してくる。両者の間には三十～四千年の開きがあることを考えると、本土と南島の爪形文土器は似ているが、まったく別物であると理解される。したがって、本土の縄文草創期に属する爪形文土器とは区別して、南島出土のものを南島爪形文土器として区別する。本土との交流を示す最古の土器資料は爪形文土器であると考えられるが、その系譜は明らかでない。

なお、南島の爪形文土器が、打製または局部磨製の大型石斧など縄文的な石器をともなうことが多いことから、南島土器の出自が九州島に求められることも想定される。

高宮廣衞は「ある場所で新しい土器が発生したばあい、その周辺地域へ伝播していくのが普通である。したがって、南島爪形文土器は九州島の影響を受けたものと考えられる。数千年の開きは、九州島と、海によって遠く隔絶されているために、停滞現象が生じたためであろう」と述べている。

ちなみに、南島の爪形文土器は、奄美諸島では、奄美大島の喜子川遺跡、土浜ヤーヤ洞穴遺跡、宇宿高又遺跡、徳之島の伊仙町面縄《オモナワ》第一貝塚、沖永良部島の中甫《ナカフ》洞穴の五カ所から、沖縄諸島では、与那城《ヨナグスク》町ヤブチ洞穴遺跡、読谷村渡具知東原遺跡、大久保原遺跡、嘉手納《カデナ》町野国貝塚、恩納村《オンナソン》仲泊遺跡、浦添市城間古墓群、渡嘉敷村船越原遺跡などの七カ所、計一二カ所の遺跡から出土している。しかし、今のところ、九州島と中部文化圏とを結ぶ大隅諸島やトカラ列島から、南島の爪形文土器は発見されていない。したがって、南島爪形文土器は、縄文時代早期末～前期の頃、奄美、沖縄諸島など、中部文化圏を中心に出現した地域性の強い土器文化だったと考えられる。

六千五百年前とされている喜界《キカイ》カルデラ噴出のアカホヤ火山灰層は、日本列島における縄文時代の早期と前期をわける貴重な鍵層となっている。

大噴火のあと、南九州がふたたび照葉樹林におおわれるようになると、アカホヤ火山灰層の上に、轟式土器（縄文時代前期）が出現し、ひきつづいて、曽畑式土器が出現する。轟式土器も曽畑式土器も、ともに熊本県宇土《ウト》市に所在する轟貝塚と曽畑貝塚出土の土器を標式とする。

轟式土器の出土する遺跡は、熊本県、鹿児島県に多いが、島根県、広島県にも分布する。海を越えて、南下した最古の轟式土器は、口縁部にミミズバレ状の突帯文をめぐらす轟B式土器とされ、種子島の下剝峯遺跡などのほか、屋久島の一湊松山遺跡などから発見されている。さらに、轟式土器は対馬海流を越えて、韓国慶尚南道の貝塚からも発見されており、分布範囲の広い土器として知られている。

轟式土器は、中部文化圏では沖永良部島の中甫洞穴遺跡から轟I式土器が、沖縄本島北部の屋我地《ヤガチ》島墨屋原遺跡では轟II式土器が出土している。

轟式土器のあとに登場する曽畑式土器も、西日本を中心に分布する縄文時代前期の土器であるが、分布の範囲は轟式土器よりもさらに広く、西は朝鮮半島南部にある釜山市東三洞貝塚から、南は沖縄本島の渡具知東原遺跡や伊礼原遺跡などから出土している。

先に述べたように、西北九州に濃厚な分布を示す九州縄文時代前期の曽畑式土器が、一九七五年読谷村渡具知東原遺跡から、その後、北谷《チャタン》町伊礼原遺跡（キャンプ桑江の米軍基地内）から出土した。伊礼原遺跡から出土した曽畑式土器の注目される特徴として、深鉢形と推定される器形で、丸底の底部に蜘蛛の巣状の文様のあるものがあげられる。この特徴は、種子島の西之表市本城遺跡出土の曽畑式土器に非常によく似ている。

種子島や屋久島、さらに、奄美諸島でも、笠利町宇宿貝塚、高又遺跡、下山田遺跡、下山田II遺跡、ケジI遺跡、ケジIII遺跡などの遺跡から曽畑式土器が出土するが、これらは、九州島からストレートにもたらされたものと考えられる。

曽畑式土器は、沖縄の室川下層式土器が出現する頃から、しだいに南島的な土器に変容していく。曽畑式土器に後続する土器として、押引《オシビキ》連点文を器面に施した土器があるが、これらは縄文時代前期末に位置づけられている。沖永良部島の中甫洞穴や宝島の大池遺跡などからも同様なものが出土している。

奄美諸島以南へは、轟式土器の特徴を示すミミズばれ状突帯文を貼り付けず条痕文だけを施文する土器（条痕文土器。轟式系土器）に変容して伝播している。

条痕文土器は、沖縄諸島では、伊平屋島（久里原貝塚）、具志川島（具志川島遺跡群）、沖縄本島（渡具知東原遺跡、野国B地点、伊礼原B遺跡、室川貝塚、名城前原遺跡、船越原遺跡）などに、奄美諸島では、喜界島（赤連遺跡）、奄美大島（土浜ヤーヤ遺跡、ケジI遺跡、ケジIII遺跡）、徳之島（ヨヲキ遺跡、面縄第四貝塚）などに出土している。

轟式土器の範疇に含まれる条痕文土器は南島において、さらに変化し、室川下層式土器（条痕文系）となる。沖縄諸島に分布の中心がある。

室川下層式土器は、沖縄本島中部の沖縄市室川貝塚最下層出土の土器を標式とする縄文時代前期相当期の土器である。沖縄諸島では久里原貝塚、具志川島遺跡群、墨屋原遺跡、渡具知東原遺跡、浜屋原C地点、野国B地点、伊礼原B遺跡、室川貝塚、名城前原遺跡、喜屋武同村遺跡、船越原遺跡、奄美諸島では赤連遺跡、下山田遺跡、高又遺跡、土浜ヤーヤ遺跡、ケジI遺跡、ヨヲキ遺跡、面縄第四貝塚、中甫洞穴、神野貝塚などに出土し、さらに、トカラ列島の大池遺跡（宝島）、大隅諸島の下剝峯遺跡（種子島）などへ北上している。

このころ、奄美諸島ではヒトとモノの交流がさかんであったようである。たとえば、沖永良部島知名町の神野貝塚は、太平洋に面する臨海砂丘地に立地している遺跡である。

この遺跡から、奄美起源の面縄前庭様式土器、面縄東洞式土器、嘉徳式土器などにともなって、九州島起源の轟式土器、屋久島起源の松山式土器、沖縄起源の室川下層式土器、伊波式土器、具志川式土器等が出土している。このような土器の出土事例から、九州島と南島との島嶼間の交流をうかがうことが出来る。

縄文時代中期相当期の頃は、奄美・沖縄諸島に面縄前庭式土器や神野C式土器など、独特の南島的な土器が出現するようになるが、沖縄本島以北と奄美諸島間の狭い範囲にとどまっており、他の時期と比べて九州島との交流はほとんど認められない。

(2) 縄文時代後期の交流

その後、空白期間をおき、縄文時代後期になると、松山式土器（屋久島一湊松山遺跡出土の土器を標式）と南九州本土を主な分布圏とする市来式土器（鹿児島県市来貝塚出土の土器を標式）が南島に登場する。

市来式土器は縄文時代後期中頃に登場し、九州島以北では、南九州を中心に、長崎県出津貝塚、白浜貝塚（五島列島福江島）、四国の愛媛県宿毛貝塚などに、北部文化圏では大隅諸島（種子島、屋久島で四〇カ所以上の遺跡）、トカラ列島（口之島ヤマゴロウ遺跡）、中部文化圏では奄美諸島（奄美大島の笠利町宇宿貝塚・瀬戸内町嘉徳遺跡、徳之島の面縄貝塚、沖永良部島の神野貝塚など）、沖縄本島の浦添市浦添貝塚など広範な地域に分布している土器である。

沖縄本島にある浦添貝塚は、在地の仲泊式土器、カヤウチバンタ式土器、宇佐浜《ウザバマ》式土器などとともに、奄美系の面《オモ》縄《ナワ》前庭式、面縄東洞《オモナワトウドウ》式、面縄西洞式、嘉徳I式土器が出土する遺跡として知られるが、この遺跡の包含層の下部から、縄文時代後期の市来式土器を模倣した現地産の土器が出土している。奄美系の土器が大量にともなって出土している状況は、市来式土器の情報を持っていた奄美人が浦添貝塚に住み着き、市来式土器をまねて製作したことが推測される。

市来式土器の時期になると、南九州縄文人の痕跡は、確実に奄美、沖縄諸島に及んでおり中部文化圏の土器文化に多くの影響（器形や文様など）をあたえている。奄美諸島の面縄東洞式土器や嘉徳式土器などは、市来式土器を模倣したものと考えられている。

沖縄の貝塚時代前期は九州島の縄文時代後期から晩期前半に相当する時期とされるが、この時期の沖縄諸島の多くの遺跡から、市来式土器の影響をうけた奄美系の土器が出土し、沖縄諸島と奄美諸島との間でさかんに交流が行われ

図1－2　南島へ伝播した市来式土器（河口貞徳「鹿児島」『日本の古代遺跡』保育社より）

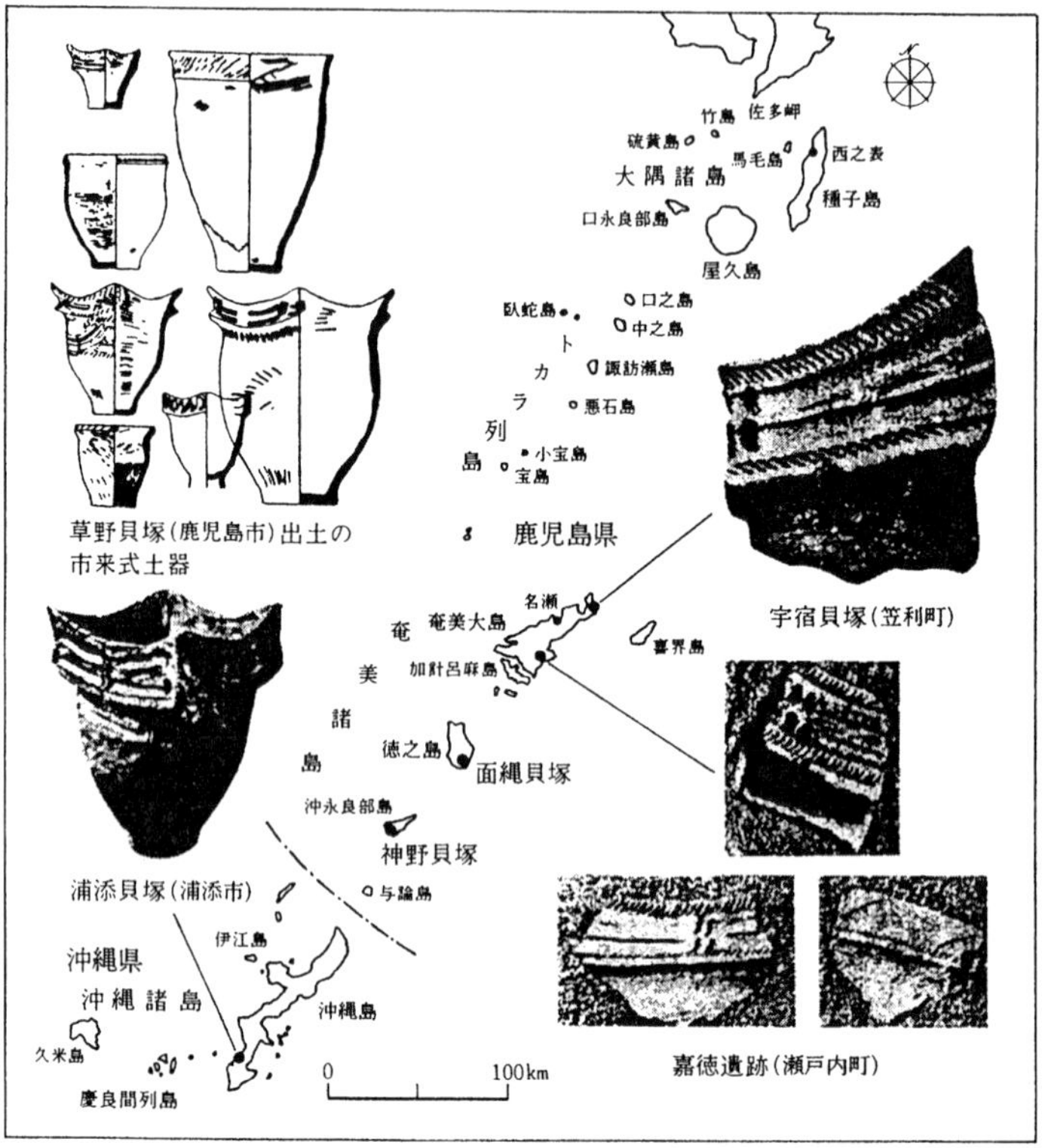

ていたことをうかがうことができる。

南島では丸木船の発見例は知られていないが、注目されるのは、この頃の市来式土器を出土する南九州地域の多くの遺跡から、軽石製舟形模造品が発見される例が増えてきていることである。鹿児島市草野貝塚では、六七点の軽石製舟形模造品が出土している。航海安全を祈願する祭祀品であったと推測され、市来人と海とのかかわりがうかがえる資料である。

一方、九州島に発見されている南島出自の土器をみると、大隅諸島に淵源を求めることのできる一湊式土器が、加世田市上加世田遺跡、枕崎市花渡川遺跡などから出土している。

写真１　浦添貝塚（右側のトンネルの上）

写真２　浦添貝塚出土の市来式土器
（沖縄県立博物館蔵）

東シナ海に面した薩摩半島の遺跡からは、奄美系・沖縄系の土器や南島産のオオツタノハガイ製貝輪も出土している。

(3) 縄文時代晩期の交流

縄文時代晩期になると、南島では、九州島産と在地産の土器が共伴して出土する遺跡が増えてくる。沖縄諸島の土器には、宇佐浜《ウザハマ》式土器、室川上層式土器、仲原式土器等があるが、この時期の遺跡からは、九州縄文時代晩期系（黒川式土器、夜臼《ユウス》式土器など）土器が多く出土する。沖縄諸島の宇佐浜式土器、奄美諸島の宇宿上層式土器は型式名は異なるが同類の土器と見なされている。

トカラ列島では、宝島の浜坂《ハマサカ》貝塚と中之島のタチバナ遺跡がよく知られている。タチバナ遺跡の竪穴住居遺構からは、九州島の特徴を示す黒色研磨土器の入佐《イリサ》式土器や黒川式土器とともに、奄美系の喜念式土器、宇宿上層式土器などが出土し、南島土器の編年に貴重な資料を提供している。奄美大島では、宇宿貝塚、龍郷《タツゴウ》町手広《テビロ》遺跡などから、黒川式系統の土器が在地土器と、龍郷町ウフタ遺跡からは、縄文時代晩期終末期の夜臼式系土器と在地土器が共伴出土している。この時期も、南島と九州島との交流が頻繁につづいていたことが知られる。

沖縄本島の宜野湾市宇地泊《ウジドマリ》兼久原《カネクバル》遺跡や慶良間《ケラマ》諸島の渡嘉敷《トカシキ》島阿波連浦《アハレンウラ》貝塚では、縄文時代晩期の黒川式土器が九州島から南下し、在地の土器と接触して変容した土器が出土している。宇地泊兼久原遺跡からは、南九州起源の黒川式土器を模したものや、朝鮮半島起源と考えられる孔列土器を模したと推定される土器も出土している。孔列土器は黒川式土器の時期に朝鮮半島から九州島へ搬入され、夜臼式土器の時期まで西北九州を中心に分布する土器である。共伴した石器の中に抉入《エグリイ》り石斧、扁平片刃石斧、乳棒状石斧などがあり、九州島の縄文時代後期・晩期の様相を特徴づける組み合わせである。

阿波連浦貝塚は渡嘉敷島の東南海岸砂丘地にある貝塚であるが、九州島の縄文時代晩期系の土器がはじめて確認された遺跡である。この土器は、肩部の断面が「く」の字状を呈する土器で、その後、沖縄県内で類例が増えている。

(4) 南島出土の黒曜石と石鏃

(一)　黒曜石

黒曜石製の石鏃や黒曜石片が発見されている遺跡は、奄美諸島では、奄美大島・徳之島など七遺跡が、沖縄諸島では、伊是名島の伊是名村伊是名ウフジカ遺跡、沖縄本島の宜野座《ギノザ》村クジチ原遺跡、カータ原遺跡、恩納村仲泊第二貝塚、読谷村木綿原《モメンバル》遺跡、北谷町砂辺サーク原遺跡、宜野湾市真志喜大川原第一遺跡、那覇市城嶽遺跡、糸満市兼城上原第二遺跡、沖縄市室川貝塚、具志川市地荒原《チアラバル》貝塚、苦増原貝塚、宮城島の与那城村高嶺遺跡、座間味島の座間味村古座間味貝塚など一四遺跡が知られている。

(二)　奄美諸島出土の石鏃

奄美諸島、沖縄諸島で発見されている石鏃の原材料は、沖縄本島北部や周辺諸島から産出する石英やチャート及び西北九州産の黒曜石などである。南島から出土する石鏃は製作技術等を含め、九州島とのかかわりのなかでもたらされたものと考えられる。

チャート製の石鏃も黒曜石製の石鏃も、弓矢の先につけて用いたと考えられる石器で、当時、南島においても弓矢による狩猟が行われていたことを示唆している。南島の石鏃は、本土と比較すると数量は少ないが、出土例が増えつつある。

奄美諸島の石鏃はチャート製・黒曜石製いずれも出土するが、沖縄諸島の出土例と比較して少ない。奄美諸島出土の最古のものは、大島本島の土浜《ツチハマ》ヤーヤ遺跡出土のチャート製打製石鏃である。石鏃はアカホヤ火山灰層と前後する層から出土しており、少なくとも六千年前には弓射の技術があったとみられる。

奄美諸島出土の石鏃は、笠利町（土浜ヤーヤ遺跡、ケジI遺跡、サウチ遺跡）龍郷町（ウフタ遺跡、手広遺跡）、瀬戸内町（安脚場《アンキャバ》遺跡）、天城町（塔原遺跡、千間遺跡）、徳之島町（神田二遺跡、山田遺跡）、和泊町（小手野遺跡）などから出土している。

(三) 沖縄諸島出土の石鏃

沖縄諸島出土の石鏃については、一九一九年五月、那覇市城嶽貝塚で石鏃と原料となる石片が採集されたことを、松村瞭が「琉球荻堂貝塚」の報告書（松村 一九二〇）で紹介したのが最初である。

小牧實繁は一九二六年七月、城嶽貝塚の西南面を発掘調査した成果を『人類學雑誌』（小牧 一九二七）に発表している。

小牧は、黒曜石製とチャート製の打製石鏃が出土し、さらに両者の石鏃製作材料および、石屑が多数出土していることを述べているが、この記述は黒曜石の原石を入手し、城嶽貝塚で石鏃を製作していたこと、技術面での本土との交流があったことを示唆している点で重要である。城嶽貝塚での石鏃発見以来、沖縄諸島では断片的に石鏃の発見はあったが、それほど注目されていなかった。

八幡一郎は、『民族学研究』（八幡 一九五〇）の中で、これまで沖縄本島に出土している石鏃は大きさ、形態などから日本本土と深い関わりがあることを示唆している。

沖縄諸島における最古の発見例は、前述した城嶽遺跡の黒曜石製とチャート製の石鏃である。同遺跡からは黒曜石片も多数発見されている。

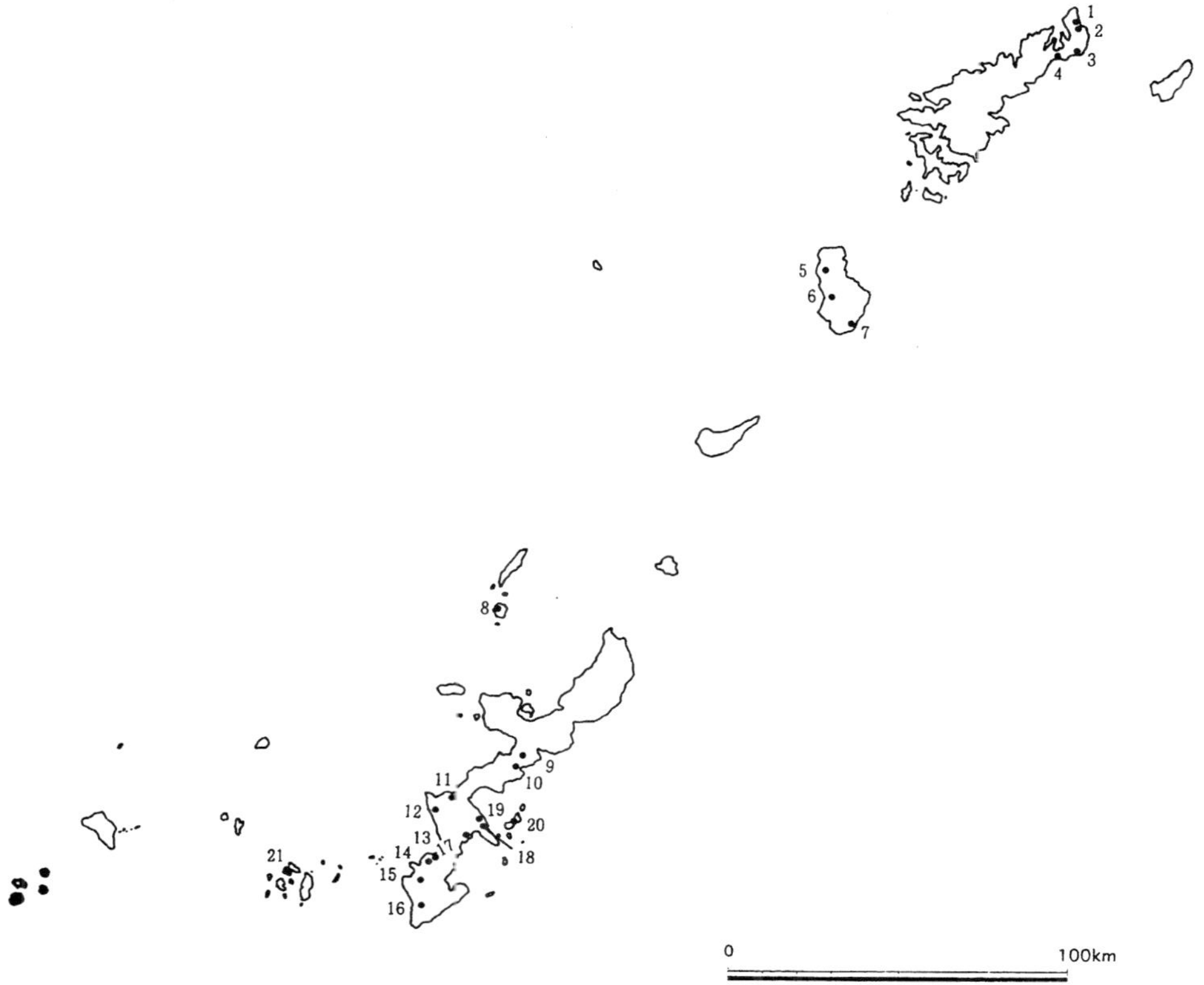

1下山田II遺跡，2ケジI遺跡，3ウフタ遺跡，4手広遺跡，5塔原遺跡，6ヨヲキ遺跡，7神田1遺跡，8伊是名ウフジカ遺跡，9クジチ原遺跡，10カータ原遺跡，11仲泊第2貝塚，12木綿原遺跡，13砂辺サーク原遺跡，14真志喜大川原第一遺跡，15城嶽貝塚，16兼城上原第II遺跡，17室川貝塚，18地荒原貝塚，19苦増原遺跡，20高嶺遺跡，21古座間味貝塚

図1－3　南西諸島出土の黒曜石（石鏃を含む）分布図（上村作成）

沖縄諸島の石鏃は、伊是名村（伊是名ウフジカ遺跡）、本部《モトブ》町（具志堅《グシケン》貝塚）、恩納村（仲泊第二貝塚）、読谷村（中川原貝塚、渡慶次《トケジ》大久保原遺跡）、具志川市（地荒原遺跡、苦増原遺跡、隅原遺跡）、沖縄市（室川貝塚）、宜野湾市（真志喜大川原第一～第四遺跡、安座間原《アザマバル》第一遺跡、ヌバタキ遺跡、喜友名《キュナ》山川原第六遺跡、新城遺跡、大山掘割遺跡）、北谷町（砂辺貝塚）浦添市（牧港貝塚）、那覇市（城嶽貝塚）、糸満市（兼城《カネグスク》上原第II遺跡）、与那城村（シヌグ堂遺跡、高嶺遺跡）などから出土しているが、沖縄本島の中・南部に多い。このうちとくに注目されるのは、具志川市地荒原遺跡出土の一八点、糸満市兼城上原遺跡出土の一一点（チャート製九点、黒曜石製二点）、宜野湾市真志喜大川原第三遺跡出土の一一点である。これらの遺跡からは、黒曜石も含め、未製品や石屑なども発見されるところから、ここで石鏃を製造していたと考えられる。黒曜石を入手した時期は、ほぼ縄文時代晩期に集中するようであるが、黒曜石にともなって、在地土器の宇佐浜《ウザバマ》式土器が出土することは注目される。

なお、南島における磨製石鏃の存在も注目される。伊是名島の伊是名ウフジカ遺跡は、沖縄前IV期（縄文時代後期相当）に限定される遺跡であるが、伊波式土器、荻堂式土器、大山式土器、少量の奄美系土器とともに、石斧、磨石、チャート製石鏃、片岩質製磨製石鏃、叩き石などの石器も出土する。これらのうち、磨製石鏃の出土例は、沖縄県内では稀で注目される。このほか、九州産とみられる黒曜石片も数点出土している。

以下、主な遺跡についてふれてみる。

(四) 石鏃出土の主要遺跡

① 沖縄本島

具志堅貝塚（岸本 一九八六）は本部町字具志堅に所在する。沖縄貝塚時代後期の貝塚が主体である。ゴホウラとイモガイを保管した窪みが発見されており、貝輪の素材として交易に備えて保管したものであろう。土器は三系統に分類される。在地の貝塚時代後期土器、在地の特殊な浜屋原C類、九州島の弥生土器【入来式（薩摩）・山ノ口式（大隅）・黒髪式（肥後）】等のほか、石斧、磨石、敲石、砥石、磨製石鏃等が出土している。弥生時代相当期を主体とする遺跡である。

渡慶次《トケジ》大久保原遺跡（仲宗根 一九九三）は読谷村字渡慶次大久保原に所在する。下層から、ヤブチ式土器や、種子島から沖縄諸島にかけて分布する室川下層式土器が出土している。チャート製の石鏃が出土している。

地荒原《チアラバル》遺跡（大城ほか 一九八六）は具志川市字具志川地荒原に所在する。沖縄貝塚時代中期（前IV～V期）の遺跡である。炉を有する隅丸長方形の石敷住居の床面から、在地土器（宇佐浜式土器、カヤウチバンタ式土器）をともなって、黒曜石製・チャート製の石鏃一八点と破片が出土している。

隅原遺跡（安里ほか 一九七七）は具志川市字昆布の隅原に所在する沖縄貝塚時代中期（前IV～V期）と後期の複合遺跡である。伊波式・大山式・カヤウチバンタ式・宇佐浜式土器や奄美系の類市来式・面縄前庭式・面縄東洞式・嘉徳I式・嘉徳II式土器などが出土している。石器は石斧・磨石・石鏃などがある。貝製品や骨牙製品などは出土していない。兼城上原第II遺跡（嵩元ほか 一九九三）は糸満市兼城上原に所在する沖縄貝塚時代前V期＝縄文時代晩期相当期の遺跡である。宇佐浜式・カヤウチバンタ式土器とともに、チャート製石鏃九個と半製品を含め黒曜石製石鏃が二個出土している。これらの石鏃には、宇佐浜式土器が共伴している。

城嶽貝塚（小牧 一九二七）は那覇市楚辺一丁目に所在する沖縄貝塚時代前V期（縄文時代晩期相当期）の遺跡である。城嶽貝塚からは、一九二六年、小牧實繁の発掘調査により、在地の土器にともなって、沖縄県内出土第一号となった黒曜石とチャート製石鏃が出土している。さらに、三〇数点におよぶ黒曜石片と一三〇数点におよぶチャート片が出土しており、石鏃製造の工房が存在していたことを示唆している。この遺跡からは、中国戦国時代の燕国の通貨である明刀銭も出土している。明刀銭の伝来について諸説あるが、共伴出土した遺物の中に黒曜石があり、九州島を経由してもたらされたものと考えられる。在地土器は現在の室川上層式・宇佐浜式の範疇に入る土器であろう。石器は石杵・石斧・石鏃・石ノミ等がある。

真志喜大川原第一遺跡（安仁屋 一九八二・一九八九）は凹基無茎式のチャート製石鏃四点、凹基無茎式の石英製石鏃二点、型式不明の石英製石鏃一点、黒曜石の剥片一点が出土している。くびれ平底を主体とする土器、滑石製石鍋、開元通宝等が出土している。

真志喜大川原第三遺跡（安仁屋 一九九四、呉屋 一九八二・一九八九）は第一遺跡の南側に隣接した遺跡で、標高一八～一九メートルの丘陵台地に形成されている。石鏃製作跡と推定されている西区は略南北一〇メートル、略東西六メートルの範囲から表採品を含め一一点の石鏃と九〇点余に及ぶ未製品・半製品・剥片・石屑などが出土している。石鏃の形態は凹基無茎式が一〇点、平基無茎式が一点である。一点が石英製、一〇点がチャート製である。五点は尖端を欠いている。沖縄貝塚時代前Ⅳ～Ⅴ期の石鏃製造場と想定される注目すべき遺跡である。

中川原貝塚（高宮 一九九四）は読谷村字渡慶次の中川原に所在する。沖縄貝塚時代前Ⅳ・Ⅴ期と後期前・後半の複合遺跡である。後期を主体とした地域で、後期前半の遺構として箱式石棺墓一基、柱穴様ピット群、ゴホウラやイモガイの集積遺構などを検出している。石棺は人頭大の琉球石灰岩を使用、伏臥伸展葬である。出土遺物は甕形の無文尖底土器を主体に貝輪、貝匙、螺蓋製貝斧、貝錘、貝製鏃、貝製ビーズ、サメ歯垂飾品、石斧、敲石、石鏃などがある。このほか、弥生式土器（高橋Ⅱ式・入来式・山ノ口式）、方柱状片刃石斧、五銖銭、青銅製鏃、鉄斧などがある。

室川貝塚（高宮 一九七九・一九九三）は沖縄市仲宗根町室川原に所在する。沖縄貝塚時代前Ⅱ・Ⅳ・Ⅴ期と後期の複合遺跡である。室川下層式、室川式、室川上層式の土器形式が設定され、前期の土器編年に画期的成果を上げた。黒曜石片二点とチャート製石鏃一点　縄文時代後・晩期に相当する層から出土している。その他の遺物として獣形骨製装身具が注目される。

苦増原遺跡（岸本 一九七九）は具志川市字仲嶺苦増原に所在する。沖縄貝塚時代前V期に位置付けられ、カヤウチバンタ式・宇佐浜式土器を主体とする遺跡である。炉跡をもつ竪穴住居跡や貯蔵穴、炉跡等が検出されている。貯蔵穴から出土した木炭の放射性炭素年代測定値により、二四二〇±七五BPという数値が得られている遺跡であるが、ここから、縄文時代晩期相当期の在地土器（カヤウチバンタ式・宇佐浜式土器主体）にともなって、黒曜石が出土している。石器は石斧・スクレイパー・方形状石器・刃器・凹石・擦石・敲石・砥石・石皿・尖頭器等がある。

仲泊遺跡（金武 一九七七）は恩納村仲泊に所在する国指定の史跡である。石灰岩の丘の傾斜面や岩陰に第一・第二・第三・第四貝塚および第一洞穴の計五カ所の遺跡がある。在地土器にともなって、縄文時代後期に相当する時期の奄美系土器（嘉徳I式土器、面縄東洞式土器）などが出土する遺跡であるが、この第二貝塚から、石鏃の素材もしくは破片と考えられる佐賀県腰岳産と同定される黒曜石片が出土している。

② 伊是名島

伊是名ウフジカ遺跡（安里 一九八〇）は伊是名村勢理客糸数原に所在する。沖縄貝塚時代前期の遺跡である。遺物は沖縄貝塚時代前期に限定される。伊波式土器、荻堂式土器が主体であり、大山式土器や奄美系土器も出土している。石器は石斧、磨石、チャート製石鏃、チャート製石錐、片岩質製磨製石鏃、叩き石等が出土している。磨製石鏃は沖縄県内では出土例が少ない。黒曜石片も数点出土している。

③ 座間味島

古座間味《フルザマミ》貝塚（岸本 一九八一・一九八二）は沖縄本島那覇の西方約四〇キロメートルの洋上に浮かぶ慶良間諸島

図1−4　黒曜石とゴホウラ貝を貯蔵したゴホウラ溜り（岸本1983より）

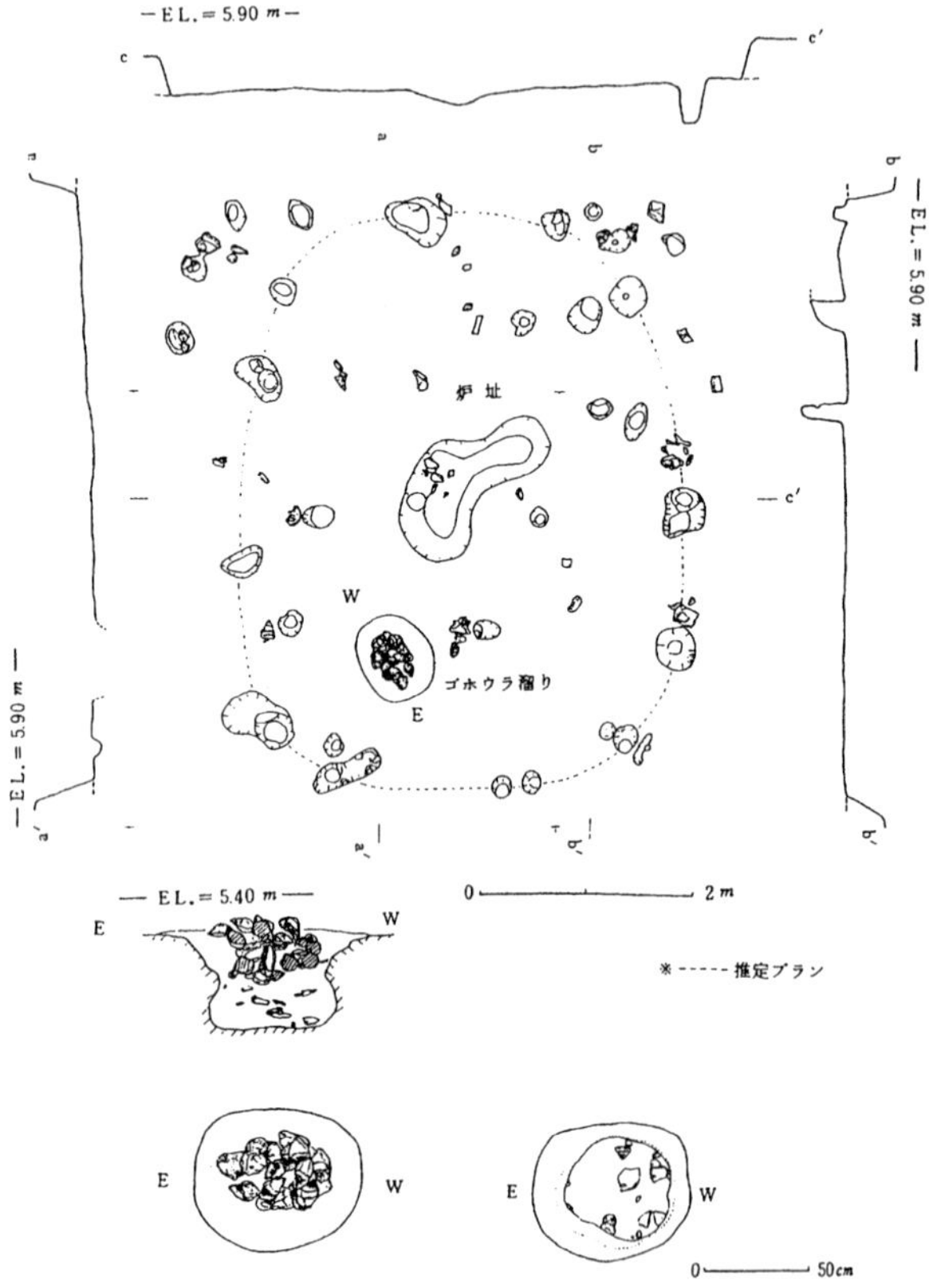

中の座間味島に所在する。縄文時代後期相当期の在地土器（伊波式土器主体、仲泊式土器）に、少量の奄美系土器（面縄東洞式・嘉徳I式土器）を伴っている。貝製品はオオツタノハ製貝輪・オオベッコウガサガイ製貝輪・メンガイ製貝輪・ゴホウラ製貝輪がある。ゴホウラ製貝輪の習俗はすでに沖縄貝塚時代前IV期（縄文時代後期相当期）に存在していることがこの遺跡で確認されている。注目されるのはIII区の状況である。縄文時代後期初頭に属する遺物や縄文時代晩期系の土器、平地式住居が確認されている。第一号住居跡は長径約五メートル、短径約四メートルの楕円形で、中央部に屋内炉をもつ。屋内に貯蔵穴があり、二三個のゴホウラ、貝匙、黒曜石片が保管されていた。ゴホウラ貝の数個には粗孔が開けられ、交易に備えた貝輪原料であったことを示している。他の場所からもゴホウラ製貝輪・メンガイ製貝輪や二枚貝錘、貝匙などが出土している。九州島との交流を示すものとして縄文時代晩期系の土器や黒曜石の破片が出土している。

④ **宮城島**

シヌグ堂遺跡（金武 一九八四）は与那城村字上原の川原・仲原に所在する沖縄貝塚時代前IV～V期の集落跡で、四三軒の竪穴住居跡が検出されている。遺物は、土器（宇佐浜式・カヤウチバンタ式土器など前V期が主体で、荻堂式など前IV期も含まれている）、石器（石斧・石鏃・小型扁平利器・敲石・磨石・凹石・石皿など）、骨牙製品（骨針・ヘラ状製品・骨錐・骨牙製装飾品・サメ歯有孔製品など）、貝製品（貝刃・螺蓋製貝斧・スイジガイ製利器・ホラガイ系利器・尖頭状製品・貝匙・ホラガイ有孔製品・サメ刃状製品・貝輪など）が出土している。放射性炭素年代測定値は、第八号竪穴住居跡（埋十）で、三〇六〇±六五年BPであり、他の三カ所もほぼ三〇〇〇年前内外で、遺跡の上限年代を示しているものと思われる。

高嶺遺跡（金武 一九八九）は与那城村字上原の高嶺原に所在する沖縄貝塚前IV末～V期の集落遺跡である。二〇軒の竪穴住居跡と広場跡、礫床遺構、屋外焼土、土留め石積みなどが検出された。出土遺物は、土器（伊波式・荻堂式・大山式・カヤウチバンタ式・室川式・室川上層式・宇佐浜式土器などA～G群などに分類した土器）、石器（石斧・磨石・石皿・石鏃・スクレイパー・砥石など）、骨牙製品（骨針・骨錐・ヘラ状製品・イノシシ牙製品・サメ歯製品・サメの骨製品など）、貝製品（貝刃・螺蓋製貝斧・貝錘・スイジガイ製利器・貝匙・貝輪・有孔装飾品など）が出土している。

黒曜石はガラス質の火山岩であるが、剥片の縁辺は切れ味が鋭く、数万年前の旧石器時代以来、石器の原材として大いに利用されてきた。現在、日本国内では北海道から九州にいたるまで、黒曜石の産地が数多く確認されている。

奄美諸島・沖縄本島およびその周辺の島嶼でも、縄文時代相当期の一〇カ所以上の遺跡から、黒曜石製の石鏃や黒曜石片が発見されている。しかしながら、種子島・屋久島以南の南島では黒曜石の産地は確認されていないことから、九州島からもたらされたものと考えられる。九州島における黒曜石の産地は、南島にもっとも近い鹿児島県本土にも、一〇カ所近くの黒曜石の産地が確認されているが、気泡が多く質が良くない。九州島内で質の良い黒曜石の産地は、佐賀県腰岳を中心とした西北九州と大分県姫島が知られている。南島出土の黒曜石は質が良く、佐賀県腰岳を中心とする西北九州産ではないかと考えられる。腰岳産の黒曜石は石質がよく、黒曜石を産出しない対馬や対馬海峡を越えて、韓国東南部の東三洞貝塚などでも出土している。

先に、九州島の縄文時代晩期の黒川式土器が南下し、南島の在地土器と接触して変容した土器が出現することについてふれたが、この土器の標式となった黒川洞穴遺跡のある薩摩半島吹上浜砂丘の内陸部の多くの遺跡から、西北九州産の黒曜石が出土している。

このことは、西北九州産の黒曜石が、薩摩半島の供給地を経て、南島に運ばれたことを示唆している。

南島出土の石鏃（製作技術も含めて）は、九州とのかかわりの中でもたらされたものであろう。チャート製の石鏃も、黒曜石製の石鏃も、弓矢の先につけられたと考えられる石器で、当時南島においても、弓矢による狩猟が行われていたことは当然考えられる。

南島の石鏃は、本土と比較すると数量は少ないが、出土例が増えつつある。

奄美諸島の石鏃はチャート製・黒曜石製のどちらも出土するが、出土例は沖縄諸島のそれと比較して少ない。

奄美諸島出土の最古のものは、奄美大島本島に所在する笠利町の土浜ヤーヤ遺跡出土のチャート製打製石鏃である。アカホヤ火山灰層と前後する層から出土しているので、少なくとも六千年前には弓射の技術があったと見て良いであろう。

沖縄諸島における石鏃の最古の発見例は、城嶽貝塚のチャート製・黒曜石製の石鏃である。石鏃は具志川市、宜野湾市、那覇市、糸満市など、沖縄本島の中・南部に多く出土している。とくに注目されるのは、チャートばかりでなく、黒曜石も含め、未製品や石屑などが伴っており、石鏃を製作していたことをうかがわせる遺跡が多いことである。

現在知られる資料で最古のものは、大山式土器に共伴して出土している伊是名ウフジカ遺跡出土のものであろう。渡具知東原遺跡出土のものは、沖縄貝塚時代前II期の攪乱層からの出土であるので時期的には不明である。沖縄諸島出土の石鏃の形状はほぼ正三角形で、基部に抉りのないものが多く、あっても浅くて薄い。隅原遺跡採集の一点だけは、縦長の二等辺三角形をなし、基部の抉りも深く、厚手のもので形態的にも異なる。

黒曜石を伴うものは、在地の宇佐浜式土器とともに出土することが知られており、黒曜石を入手した時期は、縄文時代晩期に集中しているようである。

特に石鏃やチャート製の石器は、沖縄本島の中・南部に多く出土するが、その供給地は、沖縄本島の北部とその周辺の島嶼（伊平屋列島など）、東シナ海の離島が考えられ、南島出土のチャート製石器の原材料は自給自足であったと思われる。

磨製石鏃の存在も注目される。

磨製石鏃は、大隅諸島の種子島や鹿児島県本土の縄文草創期・早期・後期の遺跡から出土しているので、九州島との関わりの中で出現したものと思われる。

なお、南島には磨製石鏃を模したかとみられる貝鏃が多く出土しているが、漁労に用いたものであろう。

⑤ 沖縄諸島出土の石鏃及び黒曜石片出土遺跡

〔縄文時代相当期〕

伊是名島

伊是名ウフジカ遺跡	伊是名村勢理客糸数原	黒曜石片数点　チャート製石鏃二点、片岩質製磨製石鏃一点、

沖縄本島

漢那遺跡	宜野座村漢那	チャート製石鏃
仲泊第二貝塚	恩納村仲泊第二貝塚、	黒曜石片（石鏃の素材か破片？）
渡慶次大久保原遺跡	読谷村字渡慶次大久保原	チャート製石鏃
野国貝塚	嘉手納町野国	磨製石鏃
真志喜大川原第一遺跡	宜野湾市真志喜大川原	チャート製石鏃四点　石英製石鏃三点　黒曜石片
真志喜大川原第二遺跡	宜野湾市真志喜大川原	チャート製石鏃一点　石英製石鏃二点
真志喜大川原第三遺跡	宜野湾市真志喜大川原	チャート製石鏃一〇点　石英製石鏃一点　剥片
真志喜大川原第四遺跡	宜野湾市真志喜大川原	チャート製石鏃一点、
安座間原第一遺跡	宜野湾市安座間原	チャート製石鏃二点
ヌバタキ遺跡	宜野湾市喜友名東原ヌバタキ	石鏃
喜友名山川原第六遺跡	宜野湾市喜友名山川原	石鏃一点
大山掘割遺跡	宜野湾市字大山	石鏃一点
新城遺跡	宜野湾市新城	チャート石鏃一点
城嶽貝塚	那覇市楚辺一丁目	黒曜石製石鏃一点・黒曜石片三五点　チャート製石

		鏃四点
兼城上原第II遺跡	糸満市字兼城小字上原	チャート製石鏃九点・黒曜石製石鏃二点
室川貝塚	沖縄市仲宗根町室川原	黒曜石片二点　チャート製石鏃二点
苦増原遺跡	具志川市字仲嶺苦増原	黒曜石片
地荒原遺跡	具志川市字具志川地荒原	黒曜石製石鏃・チップ　チャート製石鏃一八点とチップが一〇数点出土
隅原遺跡	具志川市字昆布隅原	石鏃
宮城島		
シヌグ堂遺跡	与那城村字上原の川原・仲原	石鏃
高嶺遺跡	与那城村字上原高嶺原・茅野原	黒曜石製石鏃二点、チャート製石鏃四点
平安座第II遺跡	与那城村平安座	チャート製石鏃（呉屋義勝氏教示）
座間味島		
古座間味貝塚	座間味村字座間味	黒曜石片

石鏃出土地名表は、主として縄文時代に相当する時期のものをあげているが、表採資料などもあり、一部時期不明のものも含まれている。

〔弥生時代相当期の石鏃〕

沖縄本島

具志堅貝塚　本部町字具志堅　磨製石鏃（弥生）

中川原貝塚　読谷村字渡慶次中川原　石鏃、弥生式土器（高橋II式・入来式・山ノ口式）、方柱状片刃石斧、五銖銭、青銅製鏃、鉄斧などが共伴

牧港貝塚　浦添市字牧港桃原　磨製縦長三角形石鏃。弥生中期～後期貝塚。山ノ口式土器に近似

〔グスク時代遺跡出土の石鏃〕

伊良波東遺跡　豊見城村字伊良波　グスク時代初期の遺跡。グスク系土器を主体に輸入陶磁器、須恵器、滑石製、石鍋、玉、刀子。黒曜石製打製石鏃二点

(五)　翡翠

兼城上原第I遺跡は糸満市兼城上原に所在する。遺跡の下層から、在地土器の荻堂式土器、大山式土器（縄文時代後期相当期）、石器、貝製品、骨製装身具にともなって、硬玉製品（ヒスイの管玉状の破片）が出土している。隣接する兼城上原第II遺跡からは、縄文時代晩期相当の在地土器（宇佐浜式土器、カヤウチバンタ式土器）とともに、チャート製石鏃九点と黒曜石製石鏃二点が出土している。

クマヤー洞穴遺跡は北谷町字砂辺の標高七メートル前後の琉球石灰岩段丘の鍾乳洞内にある遺跡であるが、数百体におよぶ沖縄貝塚時代前V期（縄文時代晩期相当）の改葬人骨とともに、在地土器の宇佐浜式土器や貝製腕輪、貝製首飾り等が出土し、それらにまじって、ヒスイ製管玉片が出土している。

城間《グスクマ》古墓群は浦添市字城間に所在する、海浜近くの標高六〜一三メートルの石灰岩丘陵斜面部にあり、米軍基地内に位置している。古墓群内の九号墓と一四号墓からヒスイ製品が出土している。九号墓からは、県内最古のヤブチ式土器、室川式土器、フェンサ下層式土器、グスク系土器などが出土し、長期間にわたる複合遺跡である。彫刻骨器、有孔サメ歯製品、石器、貝製品など副葬品も多く出土している。グスク以前の遺跡の上に構築されている古墓群である。ヒスイ製品は出土土器からみて、縄文時代後期のころにもたらされたと考えられる。

高嶺遺跡は与那城村宮城島に所在する。装身具に使用したと考えられるヒスイ製の有孔石製品が、黒曜石をともなって出土している。ヒスイおよび黒曜石がもたらされた時期は、遺跡出土の在地土器（伊波式土器、荻堂式土器、大山式土器、カヤウチバンタ式土器、室川式土器、宇佐浜式土器）や奄美系の土器（喜念Ⅰ式土器、面縄西洞式土器）などからみて、縄文後期後半から晩期後半の範囲内におさまるようである。

沖縄諸島出土の硬玉製品（ヒスイ）は宇佐浜式土器あるいはそれに近い時期の土器に伴って出土している。宇佐浜式土器は、九州島の縄文時代晩期の黒川式土器と、時期的に並行関係にあると考えられているので、硬玉製品（ヒスイ）と黒曜石は縄文時代後期から晩期の頃（二千数百年前）に、九州島方面からもたらされたものであろう。

これらの硬玉製品（ヒスイ）は、肉眼観察のうえではあるが、透明度が高く、日本海沿岸、北陸産の可能性が高いと考えられる。

一九九七年、鹿児島県東市来町市ノ《イノ》原《ハラ》遺跡から、三角擣形《サンカクトウガタ》土製品（一点）と三角擣形石製品（三点）によく似たものが出土している。三角擣形土製品は、東北地方から北陸地方にかけて分布しており、縄文時代中期後葉から後期初頭のものと考えられる。同じ頃、三角擣形石製品も、富山県・岐阜県から東北地方にかけて分布している。三角擣形土製品、三角擣形石製品の両者とも、近畿以西の西日本には、これまで出土例をみないものである。用途としては、呪術品として使用されていたことが考えられる。南九州と東日本の両者は、その形状が非常によく似ていることを考えると、日本海、東シナ海を経由して、精神的な文化面での交流があった可能性が考えられる。また、これらが分布する地域（とくに北陸地方）には、透明度の高いヒスイの産地（糸魚川や姫川）がある。

硬玉製品（ヒスイ）は、薩摩半島においても、縄文時代の遺跡（加世田市上加世田遺跡）などから出土しており、土器や黒曜石と同じように、薩摩半島を経由して、南島へもたらされたものと考えられる。

㈥　オオツタノハガイ、イモガイの道

市来式土器の標式遺跡になっている市来町市来貝塚（縄文後期）から、南島産オオツタノハガイ製貝輪が出土している。

この貝輪の流通ルートはいまだ解明されていないが、近年、国立歴史民俗博物館が行ったトカラ列島宝島の大池遺跡の発掘調査で、縄文時代前期に相当する層から、大量のオオツタノハガイが出土している。貝輪製品のみならず、未製品、貝屑などが出土することから、オオツタノハガイ製貝輪の製作工房の可能性が高い（宝島大池遺跡発掘調査班　一九九七）。

ちなみに、時期は下るが、北海道伊達市有珠《ウス》一〇遺跡から、南島産オオツタノハガイ製貝輪が出土している。同遺跡の人骨に着装されたイモガイ製貝輪は、タテ切りにした部分を組み合わせている。同様のイモガイ製貝輪は、長崎県佐世保市高島の宮の本遺跡で出土しており、関連性が注目される。日本列島最北の出土例である。

先に北陸産ヒスイが沖縄まで運ばれてきたと考えられる事例をあげたが、この南島産オオツタノハガイ製貝輪は、約二〇〇〇キロメートルに及ぶ距離を、ヒスイの道を通って運ばれたことを示唆している。

黒川式土器（縄文時代晩期中頃）の標式遺跡となっている吹上町黒川洞穴遺跡は、標高八四メートル、海岸から六・五キロメートルの距離にある。黒川式土器を主体とし、縄文時代前期の轟式土器、曽畑式土器、中期の春日式土器、阿高式土器、後期の南福寺式土器、出水式土器、指宿式土器、市来式土器、西平式土器、晩期の夜臼式土器、弥生時代前期・中期土器等が出土している。共伴した遺物には、石器、石製品、骨製品、貝製品等があるが、縄文時代後・晩期の層から南海産の貝であるイモガイ製の垂飾品やサンゴ製の簪などが出土しており、この時期に南島との交流があったことを示唆している。

四　弥生時代の交流

(1)　中国大陸・韓半島起源の搬入品

縄文時代晩期から平安時代までの間に、南島に搬入された外国産の搬入品（中国大陸・韓半島に淵源を求められると考えられるもの）をまとめてみると、以下のようなものがあげられる。

一、南島（奄美・沖縄諸島）への搬入外国製品

縄文時代晩期→孔列文土器、明刀銭

弥生時代前期→大陸系磨製石器、楽浪系土器、五銖銭

弥生時代中期→漢式三翼鏃
弥生時代後期→後漢鏡
古墳時代～平安時代→鼎型土器、開元通宝、陶磁器

二、土器

a、孔列文土器（韓半島起源）　①宜野湾市宇地泊砂丘遺跡

b、楽浪系土器（韓半島起源）　①浦添市嘉門貝塚　②読谷村大久保原貝塚　③読谷村中川原貝塚　④宜野湾市荒地原第一遺跡

※なお、沖縄諸島出土ではないが、奄美大島笠利町マツノト遺跡から、中国大陸起源と考えられる鼎型土器が出土している。

三、大陸系磨製石器

①糸満市真栄里貝塚→太型蛤刃石斧、扁平片刃石斧　②読谷村中川原貝塚→小型方柱状片刃石斧

四、金属製品

①具志川市宇堅貝塚→板状鉄斧、銅鏃、後漢鏡片　②読谷村中川原貝塚→袋状鉄斧、銅鏃、五銖銭

※**銅鏃**は、身の断面が三角形をした中国漢代の頃には特徴的な青銅製の矢尻で三翼鏃とも呼ばれる。沖縄本島に二例出土しており弥生時代併行期に属する。五銖銭を出土した中川原貝塚からは有茎のものが、具志川市宇堅貝塚では各辺にえぐりをいれ茎に鉄を使ったものが発見されている。本土では、兵庫県芦屋市会下山遺跡、長崎県壱岐の島原ノ辻遺跡に出土しているが、類例は少ない。沖縄県具志川市宇堅貝塚出土の銅鏃と同類のものが、福建省崇安漢城から出土している。

図1－5 トカラ・奄美・沖縄諸島の弥生遺跡分布図（上村作成）

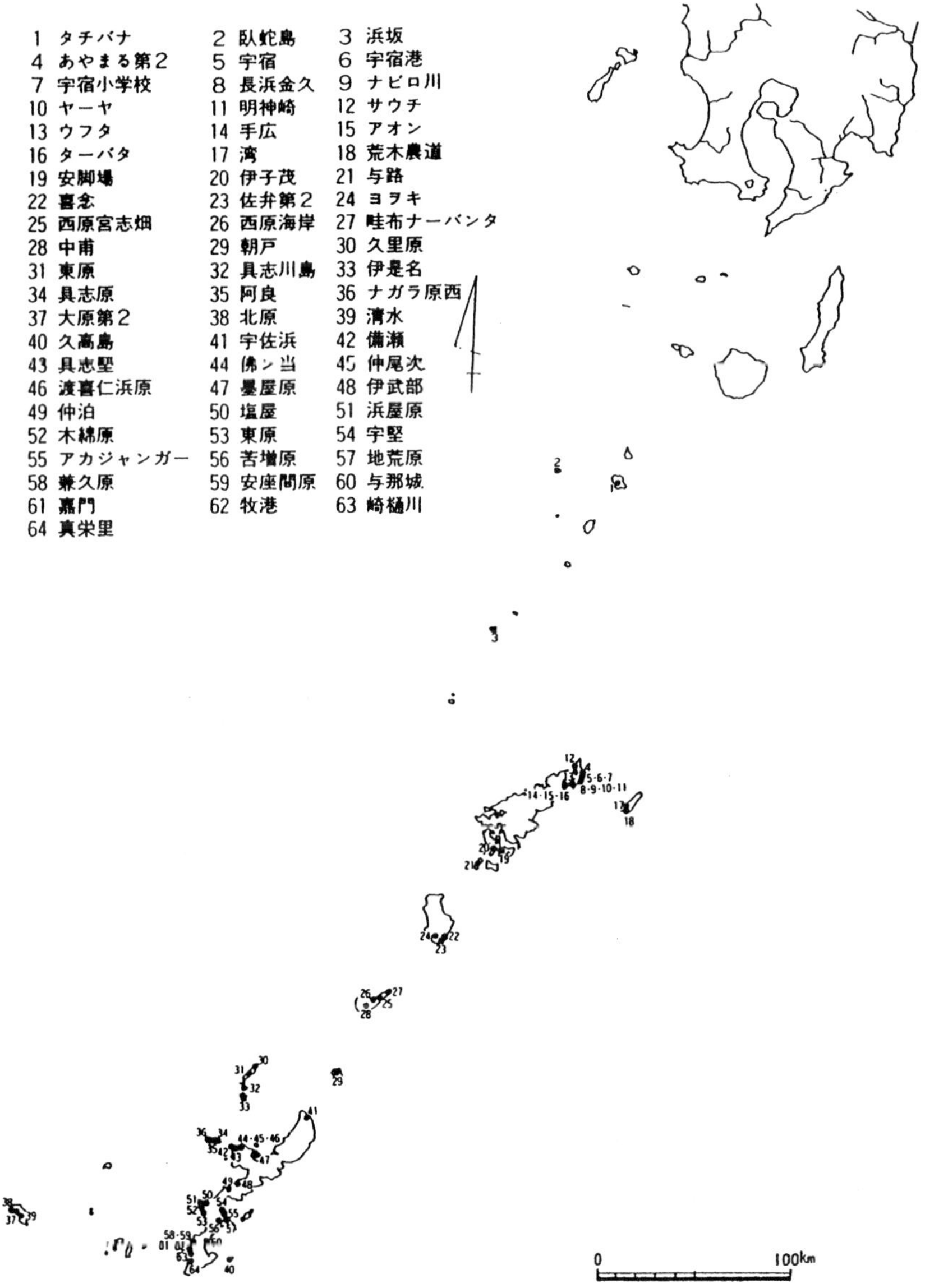

1 タチバナ	2 臥蛇島	3 浜坂
4 あやまる第2	5 宇宿	6 宇宿港
7 宇宿小学校	8 長浜金久	9 ナビロ川
10 ヤーヤ	11 明神崎	12 サウチ
13 ウフタ	14 手広	15 アオン
16 ターバタ	17 湾	18 荒木農道
19 安脚場	20 伊子茂	21 与路
22 喜念	23 佐弁第2	24 ヨヲキ
25 西原宮志畑	26 西原海岸	27 畦布ナーバンタ
28 中甫	29 朝戸	30 久里原
31 東原	32 具志川島	33 伊是名
34 具志原	35 阿良	36 ナガラ原西
37 大原第2	38 北原	39 清水
40 久高島	41 宇佐浜	42 備瀬
43 具志堅	44 佛ン当	45 仲尾次
46 渡喜仁浜原	47 曇屋原	48 伊武部
49 仲泊	50 塩屋	51 浜屋原
52 木綿原	53 東原	54 宇堅
55 アカジャンガー	56 苦増原	57 地荒原
58 兼久原	59 安座間原	60 与那城
61 嘉門	62 牧港	63 崎樋川
64 真栄里		

図１－６　南島先史時代の文物交流（弥生時代）（上村作成）

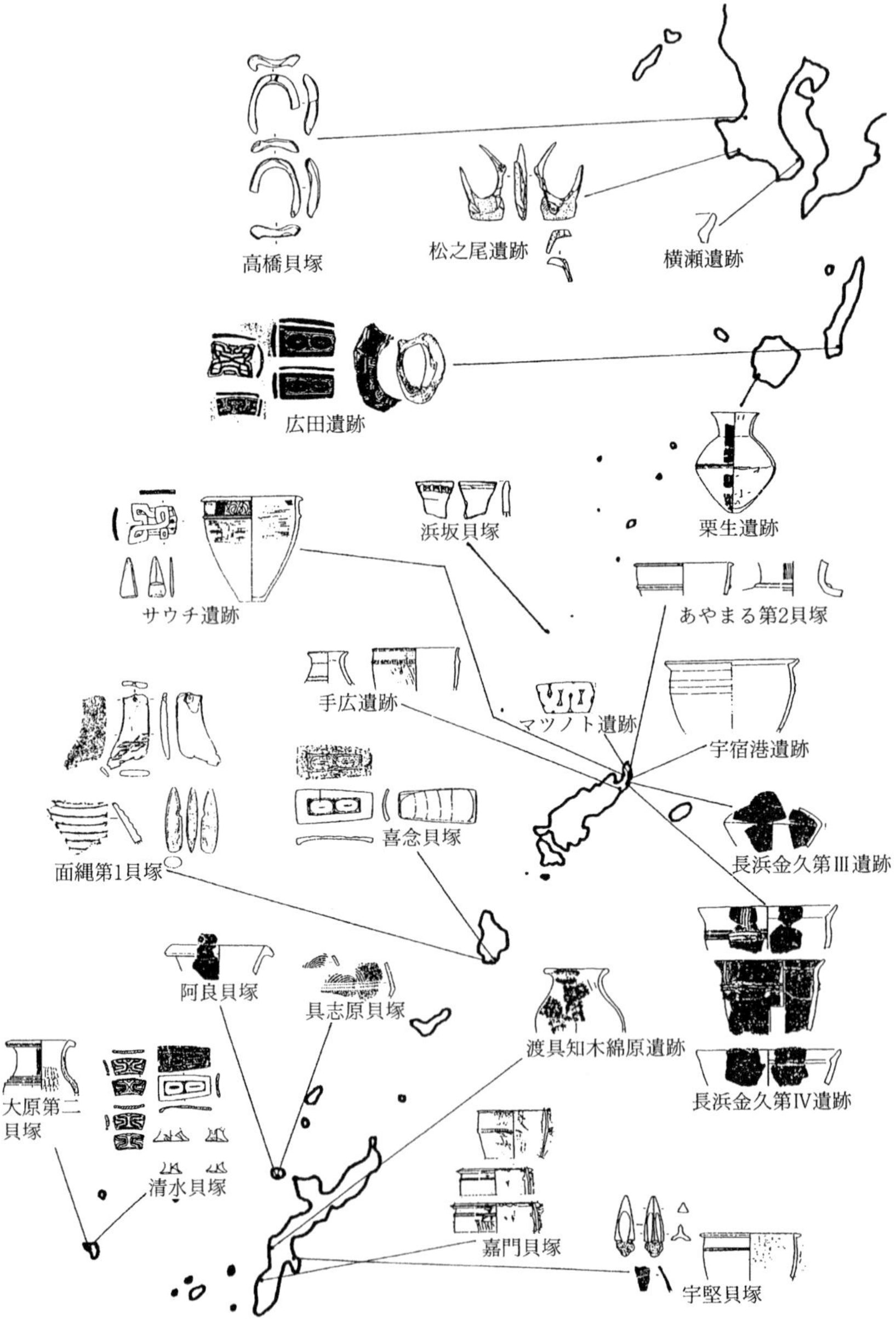

以下、主要遺跡についてふれることにする。

(2) 南島の弥生文化

奄美・沖縄諸島に、弥生式土器および弥生系土器（現地生産の土器）が発見されている遺跡は、五〇遺跡以上に及んでいる。

(一)　奄美諸島の弥生文化

奄美諸島では、一九五五年の九学会連合による現地調査で弥生土器を確認している（国分ほか 一九五九）が、奄美諸島への弥生文化の波及は、一九七七年の笠利町サウチ遺跡の発掘調査ではじめて明らかになった。弥生時代前期中頃、南九州の高橋Ⅰ・Ⅱ式などの土器文化が南下、定着し、中期には地域性が芽生え、後期には在地型の文化に転化している（河口 一九七八）。

サウチ遺跡（鹿児島県大島郡笠利町）では、中層に弥生時代前期・中期、上層に弥生時代後期およびそれ以降の土器が出土している。弥生時代前期の層からは、紡錘車が出土し、織物の技術が渡来したことをものがたっている。弥生時代中期の土器のなかに、地元で作られた弥生土器（弥生系土器）が出現している。おそらく、九州からやって来た弥生人が現地で製作したものであろう。上層からは、羽口および鉄器の破片が出土しており、この時期に製鉄の技術も伝来している。なお、河口は羽口と鉄器の破片が出土した時期を弥生時代としているが、報告書に記載されている出土状況から見て弥生時代とするには無理があるように思われる（河口 一九七八）。

手広遺跡（龍郷町手広）では、弥生時代初期の刻目凸帯文土器・板付式類似の丹塗り磨研土器が出土している。

宇宿貝塚（笠利町宇宿）では、弥生時代後期の層から、股間に新生児をおさめた、母子二体の合葬墓が発見されている。母親の首にかけた状態で、ガラス製丸玉二個、小玉四〇個、骨製管玉四個が発見されている。ガラス製品の出土は南九州でも稀有であり、この時期北九州との交流があったことを推測させる。

(二) 沖縄諸島の弥生文化

中部圏南半の沖縄諸島では、一九六三年、伊江島具志原《グシバル》貝塚で、弥生時代中期の山ノ口式土器（鹿児島県肝属《キモツキ》郡大《オオ》根占《ネジメ》町山ノ口遺跡出土の土器を標式とする）がはじめて発見されている。在地土器が主体をなす遺跡である（友寄・高宮 一九六八）。山ノ口式土器は壺形と甕形からなり、前者は他の遺跡に比べると若干多い。壺形は大部分が頸部以下を欠くが、中には真栄里《マエサド》貝塚の器形に通ずるようなものもある。

一九六三年伊江島具志原貝塚、一九六五年伊平屋島久里原《クサトバル》貝塚、一九六六年上本部《カミモトブ》備瀬《ビセ》貝塚、一九六九年辺戸《ヘト》宇佐《ウザ》浜《バマ》B貝塚などで発見された弥生時代中期の土器について、友寄は須玖系土器片が出土したと報告しているが、この須玖系土器片は南九州系の入来式土器や山ノ口式土器とみなした方が妥当であろう。弥生時代中期から後期にかけての南九州との交渉を裏づける資料である。

沖縄本島では糸満市の真栄里遺跡、読谷村の木綿原遺跡などで弥生時代前期の板付II式土器などが発見されている。

弥生時代中期になると、南九州の入来式土器（薩摩半島）、山ノ口式土器（大隅半島）などが沖縄諸島内の多くの遺跡で発見されるようになる。この時期が九州島と沖縄諸島との交流が最も盛んであったようである。

弥生時代後期になると免田式土器が数例知られるのみで、九州系の弥生式土器は何故か激減し、九州との交流も衰退したようである。

弥生時代の石器として、蛤刃石斧・柱状片刃石斧、抉入石斧、砥石などが南島各地で出土しており、弥生文化南下の重要な証拠資料として注目される。

その他の弥生時代の文物として、青銅製品（銅鏡片・銅剣の茎・銅鏃・五銖銭など）、鉄製品（斧・ヤリガンナなど）、ガラス製品（玉など）、紡錘車などが南島の遺跡から発見されており、弥生時代の人々が頻繁に往来したことを物語っている。

真栄里貝塚は糸満市真栄里に所在する。弥生時代前期の夜臼系・板付II式系（いずれも北九州）の特徴を示す土器群や弥生系磨製石器が出土している。真栄里貝塚出土の土器は小田富士雄によって、①移入土器…弥生土器、②変容土器…(A)縄文時代晩期（夜臼式）系土器、(B)弥生前期（板付II式）系土器、③不詳土器…非九州系（沖縄または周辺南島系）土器に分類されている。甕形土器と共伴する石器は磨製蛤刃石斧、扁平片刃石斧、柱状石斧の三点があるが、いずれも現地産か近隣地域産とされている（小田 一九八四）。

木綿原遺跡は読谷村字渡具知木綿原に所在する。沖縄編年の貝塚時代前期から後期初頭に位置付けられている。弥生式土器は表面採集も含めて七点出土しているが、うち三点は第III層（沖縄貝塚時代後期初頭相当期）からの出土である。弥生時代前期後半に属する山ノ口下層式（＝鹿児島県）が含まれている。なお、奄美系の土器は一点も出土していない。

報告によれば、七点のうち四点は沖縄の土器と性質を異にした移入土器であるとされている。いずれも、壺形土器の破片である。第一号箱式石棺の周辺から発見された棺外供献土器は、頸、肩の段がなくなり、無文化して表面にやや粗い刷毛目調整が加えられたままの仕上げとなっており、弥生前期の形式的特徴を残しながらかなり変化しているところから、弥生時代前期末の沖縄産の弥生系壺形土器であることが、小田富士雄によって指摘されている。石器は打製石斧二点と磨製石斧一七点が報告されている。その中で石器製作の技術上、弥生文化のなんらかの影響を受けたと考えられる石器の一つに、石鎌状石器がある。貝製品では、表面採集品の中に立岩型のゴホウラ製貝輪が得られている。箱式石棺墓七基が発見されているが、このような形態の埋葬遺構は沖縄でははじめての発見例であるが、この

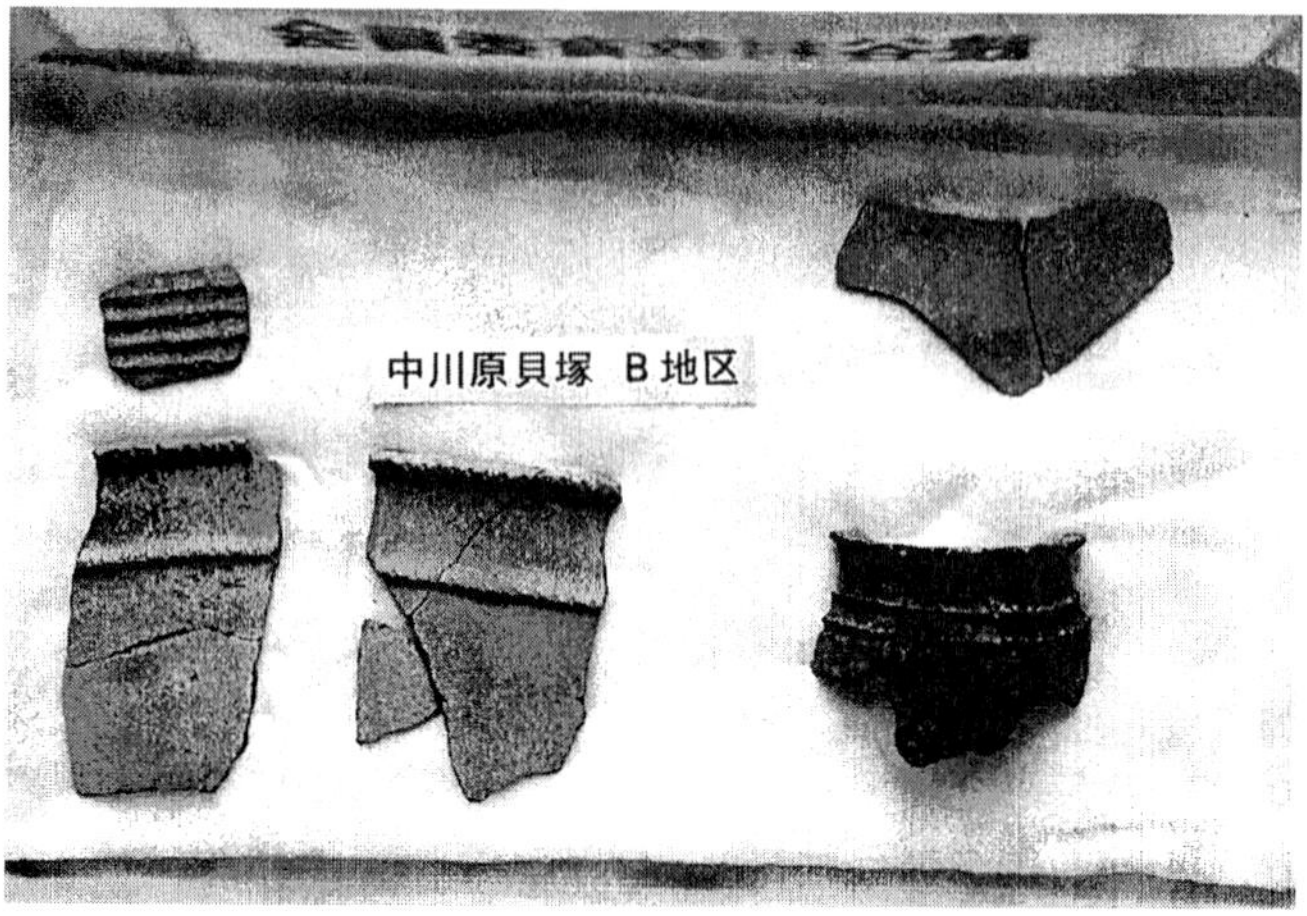

写真3　中川原貝塚B地区出土土器（読谷村立歴史民俗資料館蔵）
上段左：山ノ口式壺　上段右：弥生壺
下段左3点は弥生前期末（同一個体）　下段右側不明

種の墓制は奄美諸島では面縄第一貝塚（徳之島）でも発見されている。箱式石棺墓は九州島でよく見られる埋葬法である。このような墓制の源流は九州・本州方面に求められよう（読谷村教育委員会　一九七八）。

中川原貝塚は読谷村中川原に所在する。沖縄貝塚時代後期前半（弥生時代相当期）に位置づけられ、貝輪の素材であるゴホウラガイ・イモガイの集積遺構、一四〜一五歳の伏臥伸展葬人骨が埋葬されていた箱式石棺墓、弥生式土器（前期後半の高橋II式、中期前半の入来式、中期後半の山ノ口式）、小型方柱状石斧、青銅製鏃、鉄斧、ガラス製ビーズなどのほか中国の古銭である穿上横文五銖銭が出土している。穿上横文五銖銭の搬入の時期は、弥生時代中期中ごろ〜中期後半に比定できよう。

イモガイとゴホウラガイを除けば、九州島経由の弥生文化の産物である。イモガイ製貝輪は研磨加工され、ゴホウラガイ製貝輪は荒削りで研磨されておらず未製品である。小型方柱状石斧は糸満市真栄里遺跡につづいて二例目の発見であり、素材から見て本土から持ち込んだものであろう。中川原貝塚で出土した高橋II式、小型方柱状石斧、ゴホウラ製貝輪の加工途中の未製品は鹿児島県の高橋貝塚（河口 一九六五）と状況がよく似ており、高橋貝塚が弥生時代の北九州と沖縄諸島との交易の中継基地としての役割を果たしていた可能性が極めて高いことを示唆している。

具志堅貝塚（本部町具志堅）でも、弥生時代前期の土器がまとまって出土している。水田遺構の存否を確認する目的で調査されたが、確認されていない（本部町教育委員会 一九八五）。

弥生時代中期になると、具志堅貝塚・阿良《アラ》貝塚・宇堅《ウケン》貝塚などから、南九州の弥生時代中期を代表する入来式・山ノ口式土器などが出土している。この時期が九州島との交流の一つのピークを形成している。

宇堅第一貝塚は具志川市宇堅に所在する。九州島からの移入土器は入来式土器・山ノ口式土器などを含む南九州の弥生式土器を主体とし、熊本の黒髪式土器も出土している。板状鉄斧や砥石などを伴出している（具志川市教育委員会 一九八〇）。

弥生時代後期になると、九州島から搬入された土器として、宇堅貝塚（具志川市教育委員会 一九八〇）と具志原貝塚（沖縄県教育委員会 一九八三）から、免田式土器（熊本県球磨郡免田町出土の土器を標式とする）が出土している。

このころ、沖縄諸島にみられる土器は、奄美諸島の兼久式土器と深い関連があると思われる形態の土器が主流をなしている。南九州の中津野式土器と同時期と考えられることから、後期末に位置づけられよう。

(三) 南九州の弥生時代遺跡

南海産のゴホウラ貝・イモガイなどの素材や製品が、南島から九州島へもたらされている。南九州で、南海産の貝（貝製品）を出土している遺跡として、鹿児島県金峰《キンポウ》町高橋貝塚・金峰町下小路《シモショウジ》遺跡・枕崎市松ノ尾遺跡・熊毛郡南種子町広田遺跡などがあげられる。

弥生時代に南島の文物が北上した資料は、高橋貝塚の南島系かとされている土器一点を除くと、今のところ貝製品に限られるようである。

高橋貝塚は鹿児島県日置《ヒオキ》郡金峰町高橋に所在する。吹上浜砂丘の内側に位置する弥生時代前期の貝塚である。南島系と考えられる甕形丸底土器は黒褐色粗製の土器で頸部が隆起し、断面は三角形、底部は平底に近い丸底である。この土器とよく似たものが奄美大島の手広遺跡から出土している。弥生時代前期の層からゴホウラ貝製貝輪、イモガイ縦型貝輪、オオツタノハガイの完成品と未完成品、加工途中のものなど数多く出土している。未完成品の発見は、高橋貝塚人が南海産貝の素材を輸入し、高橋貝塚で製品化し、北九州へ運んだことを物語っている。なお、貝塚は高橋神社の境内にあるが、支石墓と思われる大石がまつられている。支石墓は西北九州に分布の中心があり、高橋貝塚は分布の南限である。北九州との交流を物語るものである。

下小路遺跡は金峰町高橋下小路に所在する。高橋貝塚の北東側数百メートルの所に位置している。支石墓の一部と推定される大石の東側五メートルのところから、ほぼ水平に埋葬した合口甕棺が出土している。弥生時代中期後葉の須玖式土器である。須玖式土器は北九州からもたらされたものである。棺内からは、右腕に二個の諸岡型ゴホウラ製の貝輪を着装した男性と推定される屈葬・仰臥の成人骨が発見されている。成人用甕棺・着装貝輪は北部九州的な様相がきわめて強い。

松ノ尾遺跡は枕崎市松之尾に所在する弥生時代後期の遺跡である。ゴホウラ・イモガイ横型・オオツタノハの三種類の貝輪が発見されている。古墳時代には南海産の貝製品をまねて作られたものが車輪石や鍬形石となり、宝器として古墳に副葬されるようになる。その鍬形石の祖型となったものが、松ノ尾遺跡のゴホウラの貝輪である。

南島の貝文化は本土の弥生時代・古墳時代の物質文化に大きな影響を与えている。

このように見てくると、薩摩半島西岸のこの地域は、北部九州と奄美・沖縄諸島を結ぶ中継地点であったと云えよう。

図1－7　高橋貝塚出土の南島産貝輪（河口 1965より）
上段3点・中段3点はオオツタノハ
下段2点はゴホウラ

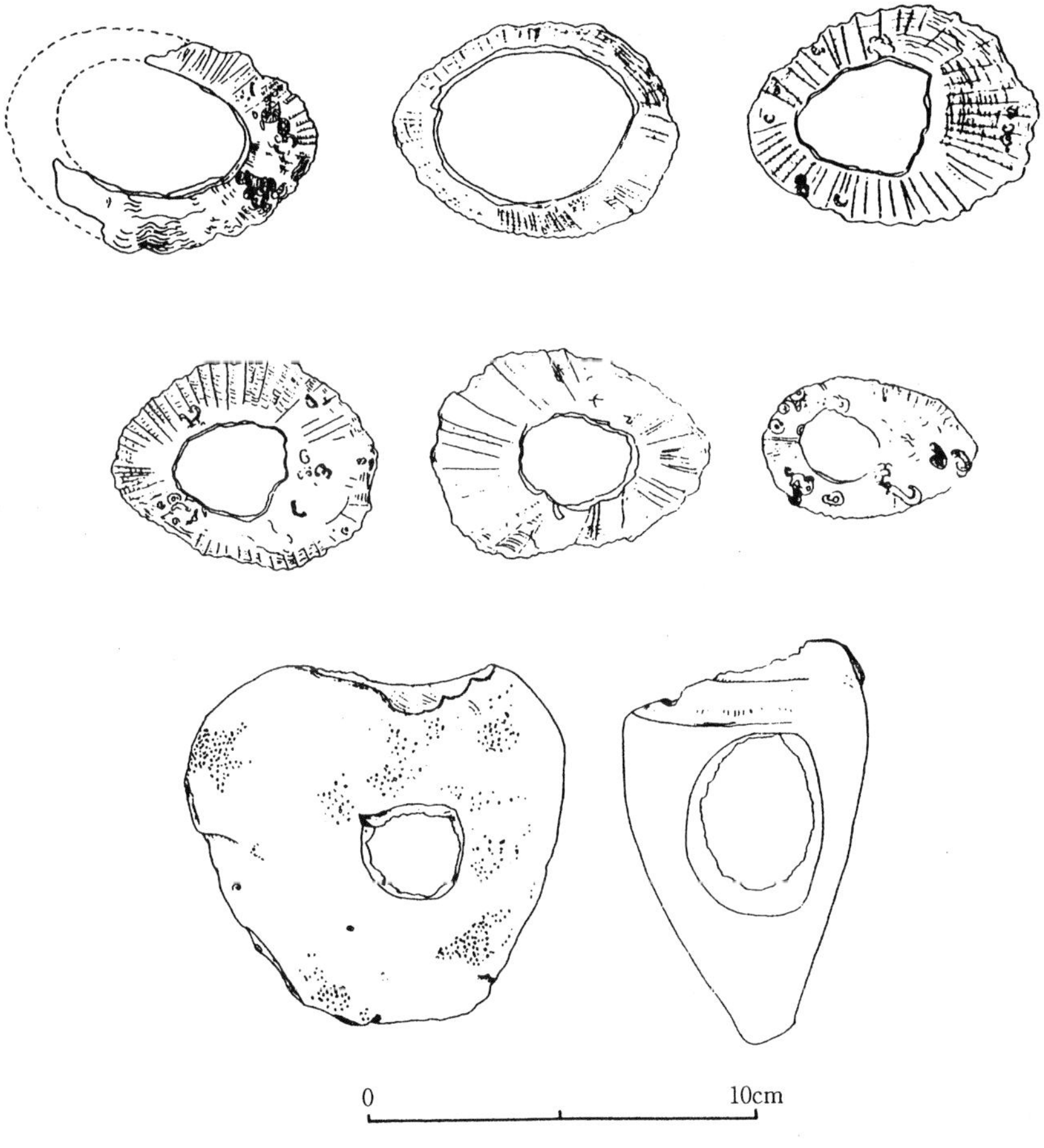

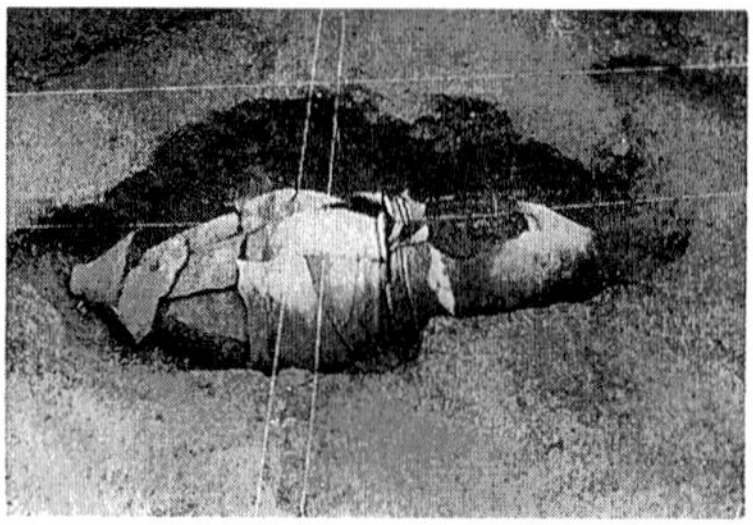

1. 合口甕棺の出土状況

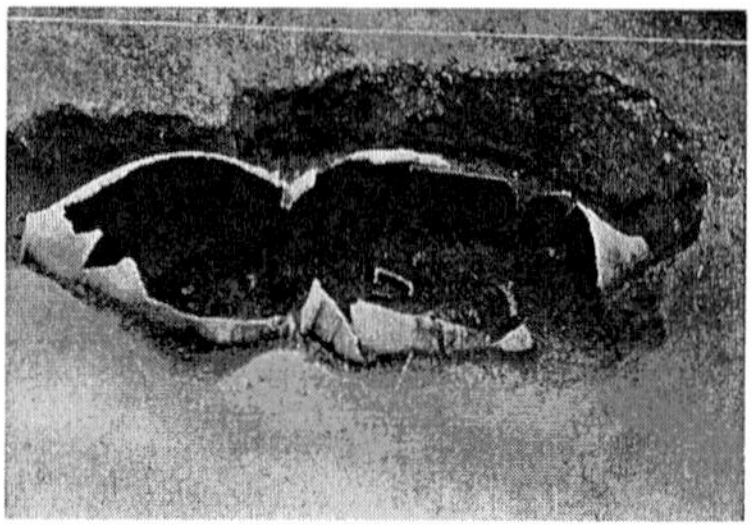

2. ゴホウラ製貝輪の出土状況

写真4　下小路遺跡合口甕棺（河口ほか 1976より）

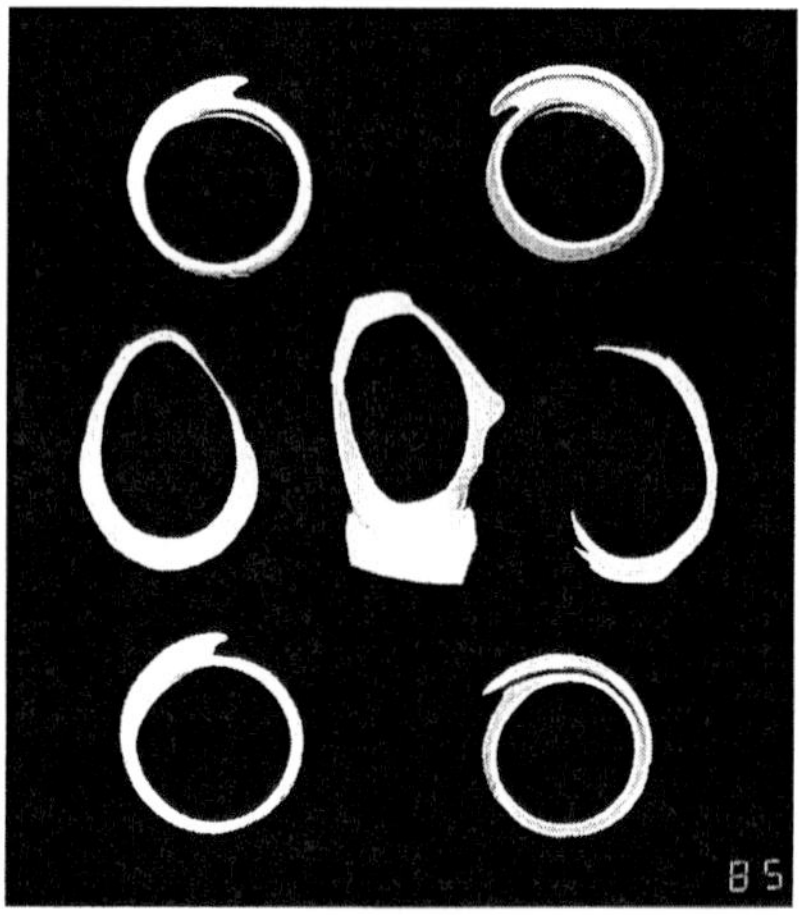

写真5　松之尾遺跡出土の南島産貝輪
（枕崎市教育委員会蔵）
上段2点と下段2点はイモガイ
中段中央はゴホウラ
中段両端2点はオオツタノハ

(四) 沖縄諸島の弥生時代遺跡地名表

I　沖縄諸島

番号	遺跡名	所在地	
一、	久里原貝塚	沖縄県伊平屋村字前泊	(伊平屋島)
二、	東原貝塚	沖縄県伊平屋村字田名	(伊平屋島)
三、	具志川島遺跡群	沖縄県伊是名村	(具志川島)
四、	伊是名貝塚	沖縄県伊是名村字伊是名	(伊是名島)
五、	具志原貝塚	沖縄県伊江村字川平	(伊江島)
六、	阿良貝塚	沖縄県伊江島字阿良	(伊江島)
七、	ナガラ原西貝塚	沖縄県伊江島ナガラ原	(伊江島)
八、	大原第二貝塚C地点	沖縄県具志川村字大原	(久米島)
九、	北原貝塚	沖縄県具志川村字北原	(久米島)
一〇、	清水貝塚	沖縄県具志川村字清水	(久米島)
一一、	久高島外間遺物散布地	沖縄県知念村久高島	(久高島)
一二、	宇佐浜貝塚B地点	沖縄県国頭村字辺戸	(沖縄本島)
一三、	備瀬貝塚	沖縄県本部町字備瀬	(沖縄本島)
一四、	具志堅貝塚	沖縄県本部町字具志堅	(沖縄本島)
一五、	佛ン当貝塚	沖縄県今帰仁村字与那嶺	(沖縄本島)
一六、	仲尾次貝塚	沖縄県今帰仁村字仲尾次	(沖縄本島)

一七、渡喜仁浜原貝塚　沖縄県今帰仁村字渡喜仁（沖縄本島）
一八、墨屋原遺跡　沖縄県名護市屋我（沖縄本島）
一九、伊武部貝塚　沖縄県恩納村字名嘉真（沖縄本島）
二〇、仲泊遺跡第四貝塚　沖縄県恩納村字仲泊（沖縄本島）
二一、塩屋貝塚　沖縄県恩納村字塩屋（沖縄本島）
二二、浜屋原貝塚群　沖縄県読谷村字宇座浜屋原（沖縄本島）
二三、渡具知木綿原遺跡　沖縄県読谷村字渡具知木綿原（沖縄本島）
二四、渡具知東原遺跡　沖縄県読谷村字渡具知（沖縄本島）
二五、宇堅貝塚群　沖縄県具志川市宇堅（沖縄本島）
二六、アカジャンガー貝塚　沖縄県具志川市具志川（沖縄本島）
二七、苦増原遺跡　沖縄県具志川市字仲嶺小字苦増原（沖縄本島）
二八、地荒原貝塚　沖縄県具志川市字具志川小字地荒原（沖縄本島）
二九、宇地泊兼久原遺跡　沖縄県宜野湾市宇地泊兼久原（沖縄本島）
三〇、真志喜安座間原遺跡　沖縄県宜野湾市真志喜安座間原（沖縄本島）
三一、与那城貝塚　沖縄県西原町（沖縄本島）
三二、嘉門貝塚　沖縄県浦添市嘉門（沖縄本島）
三三、牧港遺跡　沖縄県浦添市牧港（沖縄本島）
三四、崎樋川貝塚C地点　沖縄県那覇市天久（沖縄本島）
三五、真栄里貝塚　沖縄県糸満市真栄里（沖縄本島）

五　南島出土の中国古銭

日本列島の弥生時代中期中ごろから終末にかけて、秦の半両銭、漢代の五銖銭、新の貨泉・貨布などの中国系貨幣が登場する。中国銭貨の出土資料は、弥生時代の実年代を考察する重要な資料として期待される資料である。沖縄・奄美諸島に出土する中国古銭には明刀銭、五銖銭、開元通宝などがある。

(1) 明刀銭

明刀銭は、中国の戦国時代「燕」の國（前二二二年滅亡）で鋳造された刀銭の一種で「明」の字が鋳出されている。燕の通貨として用いられ、河北省、遼寧省、吉林省、内モンゴル自治区や北部朝鮮などに分布していることが知られている。また、山東、河南、山西などでも発見されているが数は少ない（水野他 一九五九、下中 一九七九）。渤海湾の西側から北側へかけての沿海地域（河北省東部、遼寧省南部、鴨緑江中・下流域）や朝鮮半島の西北部の黄海沿岸（朝鮮民主主義人民共和国の平安北道・南道）から明刀銭がまとまって出土している事実は、中国北辺の混乱の事情があったにしろ、経済圏の広がりを示唆しているものと思われる。「山海経」に倭は燕と交易しているという記述があり、当時海上交通が盛んに行われていたことがうかがわれる。

日本列島出土の明刀銭

明刀銭の確実な出土例として、沖縄県那覇市城嶽貝塚、沖縄県具志頭村具志頭城北東崖下洞穴出土の二例がある。ほかに佐賀県唐津市、広島県三原市、沖縄県与那城村屋ケ名貝塚から明刀銭が出土したとされているが、いずれもその状況は明らかでない。

沖縄本島出土の明刀銭

城嶽貝塚は沖縄県那覇市松尾に所在する。小刀の形をした青銅製の明刀銭は、一九二三年、樺山資隆氏によって地表下約四〇センチメートルの位置で発見されている。高宮廣衞はこれまでに出土した城嶽の土器資料のすべてを再検討して、荻堂式・室川A式・同B式・宇佐浜式土器などに分類し、室川B式期を中心とする縄文時代後期末相当期から、下限は黒川式系土器に代表される九州系晩期後半まで含まれるとしている（高宮 一九六八・一九八七・一九九一）。

上村は城嶽貝塚出土の九州島産の黒曜石製石鏃に注目し、明刀銭に共伴出土した土器から、渡来時期を縄文時代晩期後半ごろに位置付け、その伝来経路を中国大陸から韓半島へ、さらに九州島を経由してきた可能性が高いと考えている（上村 一九九二）。

明刀銭の使用はBC三一七年からと推定されており、朝鮮半島北部の龍淵洞遺跡出土の明刀銭は前三世紀のものとされている。城嶽貝塚出土の明刀銭は龍淵洞遺跡の明刀銭と同じ第三類に属する。高宮廣衞が城嶽貝塚出土の明刀銭が渡来した時期を縄文時代晩期後半ころに位置付けられ、伝来経路は九州経由の可能性が高いと結論づけているのは、妥当な見解であると思われる。

具志頭城北東崖下洞穴出土の明刀銭は、一九九五年一月、米国退役軍人デイブ・ダベンポートによって発見された。沖縄県立博物館長の當眞嗣一は発見者と共に現地を調査した結果、信用してよいであろうと上村に語っている。

屋ヶ名貝塚（与那城村屋ヶ名）で採集された明刀銭は、一九六九年九月二二日の『沖縄タイムス』紙上に屋ヶ名在の長堂察が採集と報ぜられたため、嵩元政秀と文保委事務局の知念某が屋ヶ名貝塚を探したが、貝塚そのものを確認できなかったという（嵩元　一九七〇、友寄　一九七七）。

(2)　五銖銭

(一)　日本本土出土の五銖銭

五銖銭は円形で四角の穴のある円形方孔の銅銭の表裏に輪郭をつけ、表面に「五銖」の二字を鋳出した、中国古代の貨幣である。一銖の重さは約〇・六五グラムと規定されており、重さが五銖あるところから、「五銖銭」の名がついた。五銖銭は前漢の武帝の時、元狩四年（前一一九）にはじめて鋳造され、隋（五八一〜六一七）の時代まで断続的に発行され、七〇〇年余りの間、中国の標準貨幣として用いられた。

山口県宇部市沖ノ山遺跡出土の前漢代の半両銭（二〇枚）、五銖銭（九〇枚以上を含む）について、小田富士雄は王莽代の貨泉を含んでおらず、すべて前漢代の中国銭貨であり、組合わせの下限が前漢の宣帝・元帝時代（七三〜三三BC）であり、これらを内蔵していた甕の年代を考慮して、弥生時代中期後半の年代観を与えている（小田　一九八二）。

北九州市守恒遺跡出土の五銖銭は弥生時代中期後半の土器に伴なって出土している（栗山　一九八六）。瀬戸内地域では、弥生時代中期後半から後期初頭にかけて半両銭・五銖銭・貨泉などが出土している（渡部　一九九一）。

(二)　南島出土の五銖銭

沖縄諸島から出土している五銖銭は元狩五銖銭、赤側五銖銭、穿上横文五銖銭の三種がある。

(A) 元狩五銖銭

五銖銭の中で最も古く、前漢武帝の元狩四年（一一九BC）に鋳造されたと伝えられている。その鋳造年代について「史記平準書」は「武帝元狩四年鋳ル所ナリ。字短クシテ闊ク、縁細クシテ背ノ内郭亦繊細ナリ」と記している。「漢書食貨志」は「史記平準書」の元狩四年、五銖銭を鋳造したという記述を引用しているにもかかわらず、「漢書食貨志」の末尾に元狩五年はじめて五銖銭を鋳造したと記載している。そのため、元狩五年（一一八BC）にはじめて鋳造したと誤って引用されることが多い。

(B) 赤側五銖銭

「東亜銭志」によれば、「武帝元鼎二年（一一五BC）鋳ル所ナリ。周郭高ク外邊平ニシテ削ルガ如シ。回ニ五銖ノ二字ヲ置キ、背ニ文ナシ」とある。さらに赤側の意義について、「赤銅ヲ以テ其郭ヲ造ル」あるいは「紫銅……」など諸説あり、一定しないようである。

元狩四年の最古の五銖銭と赤側五銖銭の相違は「銖」字の「金」篇の表現に見られる。前者では珠点を欠き、後者には四個の珠点をおいている。

(C) 穿上横文五銖銭

前漢宣帝の神爵年間（六一～五八BC）に鋳造されたもので、字面方孔の穿上に一横文があるところからこの名称がある。外縁がやや幅を増し筆角整斉で金の字上部の三角が小さいのを特色としている。

西谷正は穿上横文五銖銭について、穿上横文があるのは神爵年間鋳造のものに限らず、後漢にまであることを指摘している（西谷　一九六八）。

(三) 五銖銭出土の主要遺跡

沖縄諸島と先島の九遺跡から一八枚が発見されており、その内、弥生時代併行期の遺跡から一二枚発見されている。久米島具志川村（現在は久米島町）大原第二貝塚では一〇枚出土しており、元狩四年（一一九BC）の初鋳品が一枚と前一一五年に鋳造された「赤側五銖銭」がある。同じく久米島の清水貝塚では「穿上横文五銖銭」が一枚発見されている。沖縄本島の読谷村中川原貝塚からは「穿上横文五銖銭」一枚が出土している。

久米島出土の五銖銭

久米島は沖縄諸島（沖縄本島およびその属島）の中では最西端に位置し、那覇市の西方約一〇〇キロメートルの洋上にある。五銖銭は、久米島空港から具志川仲泊部落までの約五キロメートルにおよぶ海浜砂丘（通称大原砂丘）上の北原貝塚、大原貝塚、清水貝塚、ウルル貝塚から出土している。

北原貝塚は島尻郡久米島町具志川字北原に所在する。沖縄編年後期の貝塚である。一九七一年コロンビア大学のリチャード・ピアソン等によって、貝塚の南側が発掘調査され、土器・石器・貝器・古銭（開元通宝）などが出土している。弥生式土器片（須玖式系統）も含まれているという。コーラルを敷き詰めた柱穴をもつ住居址も発見されている（知念 一九七六、高宮 一九八二）。

一九七三年の沖縄県教育委員会による緊急発掘調査では、唐時代（六一八～九〇七AD）の開元通宝が一二枚と沖縄でははじめての発見となった五銖銭一枚、青銅器片などが出土している。北原貝塚出土の五銖銭は実見していないが、報告書の写真及び拓本図で判断するかぎりでは、字面方孔の穿上に一横文が認められ、前漢宣帝の神爵年間（六一～五八BC）初鋳の穿上横文五銖銭の可能性が高いように思われる。なお、北原貝塚出土の五銖銭もウルル貝塚採集の五銖銭と同じように「苑」の字が陰刻されているという（金城・久手堅 一九九二）。

大原貝塚は久米島町具志川字大原の海岸沿いに東西にのびる大原砂丘に立地し、沖縄編年前・中・後期の時期の異

写真6　久米島大原遺跡出土の五銖銭（久米島町教育委員会蔵）

なる三つの貝塚で構成された遺跡群である（多和田一九五六、当真一九八〇、高宮一九八二）。一九九二年七月、北原貝塚と県指定となっている大原貝塚の間にある海岸沿いの道路が拡張されるため、道路工事に先立って発掘調査が行われた。元狩四年五銖銭二枚、赤側五銖銭八枚の計一〇枚が出土している。元狩五銖銭は最古の鋳造銭として知られる前漢武帝の元狩四年（一一九ＢＣ）初鋳のものであり、赤側五銖銭は前漢武帝の元鼎二年（一一五ＢＣ）初鋳のものと推定される。

清水貝塚は久米島町具志川字鳥島清水原一帯、通称大原砂丘の東端部付近に形成された沖縄編年後期の貝塚である。大量の土器片・石器・貝製品等とともに五銖銭も採集されている。報告書の拓本図によれば字面方孔の穿上に一横文が認められるようである。前漢宣帝の神爵年間（六一～五八ＢＣ）初鋳の穿上横文五銖銭の可能性が高い。なお、一九八五年度の発掘調査で、鹿児島県種子島広田遺跡出土の上層と下層の貝札と酷似した貝札が上層と下層に出土している。

図1－8 貝札（貝符）
左側：鹿児島県種子島広田遺跡（木下尚子『南島貝文化の研究』1996より作成）
右側：沖縄県久米島清水貝塚（盛本 1989より）

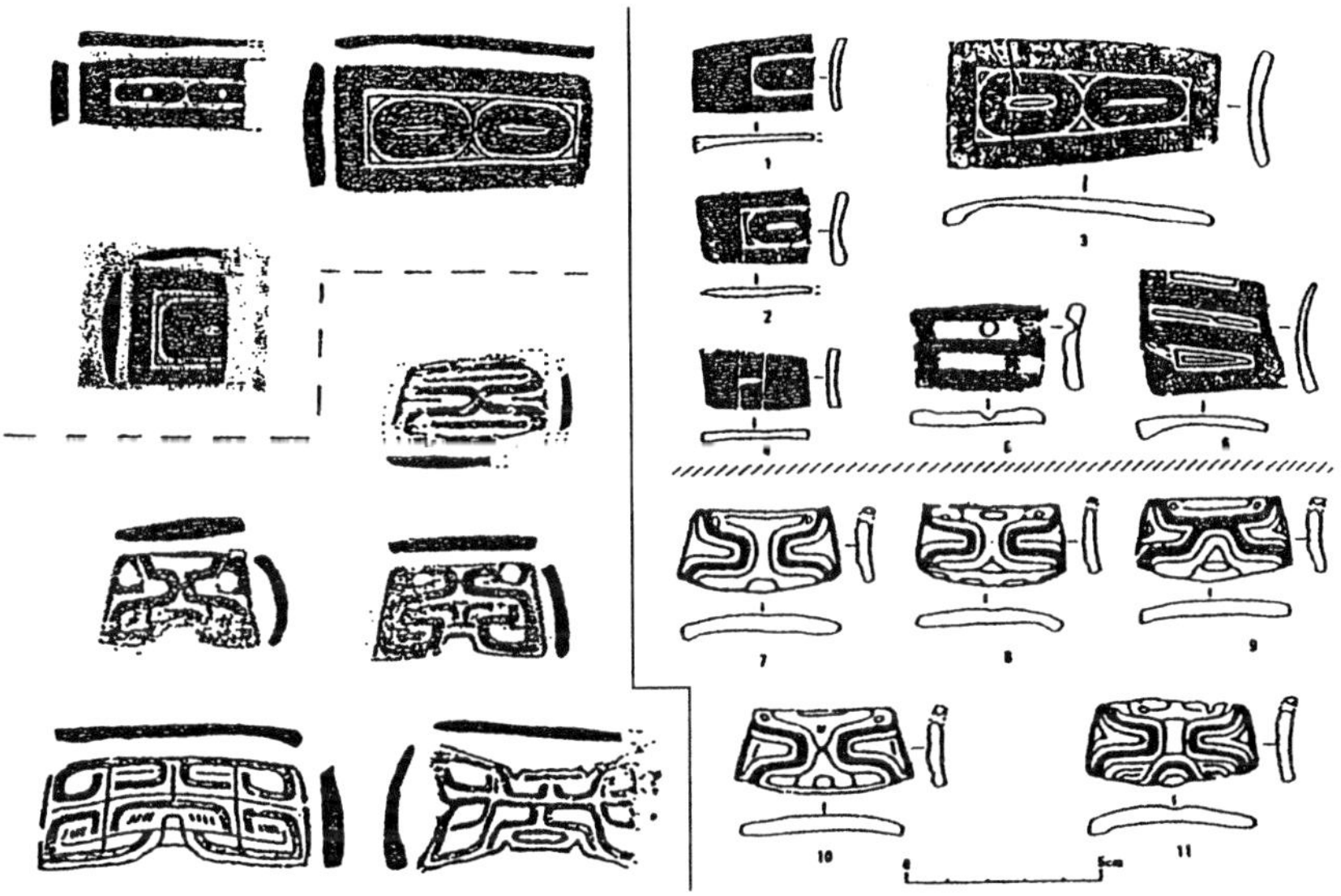

ウルル貝塚は久米島町具志川大字仲泊小字瀬寿に所在する沖縄後期時代の貝塚である。五銖銭は一九九一年、金城亀信によって採集されている。五銖銭の方孔の周りには郭や決文は認められない。裏面は孔郭となつている。面及び背の縁は細く、細縁タイプに属する。前漢武帝の元鼎二年（一一五ＢＣ）初鋳の赤側五銖銭である。五銖銭は完形で、字面の方孔上方に「苑」と判読される文字が陰刻されている（金城・久手堅 一九九二）。この五銖銭を金城は錆の状況から鉄銭と推定している（金城・久手堅 一九九二）。『梁書』巻三、武帝本紀によると、梁の武帝の普通四年（五二三ＡＤ）に鉄銭を鋳造していることが記載されている。また、韓半島の忠清南道扶余郡扶余邑雙北里の丘陵から出土した壺のなかから鉄五銖銭が、忠清南道公州市宋山里、百済、武寧王陵から鉄五銖銭約九〇個が出土した史実がある（岡崎 一九八二）。赤側五銖銭の時期には鉄銭が鋳造されたという史実はいまのところ確認されていない。

注目されるのは、北原貝塚と清水貝塚で鹿児島県種子島広田遺跡出土の貝符（貝札）に類似した貝製品が出土している。開元通宝を伴う遺跡が多いところから、貝札の年代推定が可能である。

沖縄本島出土の五銖銭

中川原貝塚は中頭郡読谷村渡慶次中川原に所在する、沖縄貝塚時代前期（縄文時代後期相当期）、同後期前半（弥生時代相当期）、同後期後半（古墳・奈良・平安時代相当期）の複合遺跡である（仲宗根 一九九二）。弥生時代相当期（沖縄貝塚時代後期前半）に比定できる遺構として、箱式石棺墓（伏臥伸展葬一体）、柱穴様ピット群、ゴホウラガイの集積、イモガイ集積などが検出されている。出土遺物は現地産と搬入品に分類される。現地産のものには土器・石器・貝製品などがある。イモガイ製貝輪は加工途中の未製品はなく最終的な研磨加工まで施されている。ゴホウラ製貝輪は研磨加工されたものはなく、荒削り状態の未製品が多い点は注目される。他にオオツタノハ製貝輪も出土している。古墳時代相当期の層から鹿児島県種子島広田遺跡の上層タイプに類似する貝札が二点出土しているが、破損面を再び研磨して再加工しているという。中川原貝塚で特に注目されるのは、搬入品の多種多様な点である。

搬入品には、土器・石器・青銅製品・鉄器・ガラス製品などがある。土器は南九州との関連を示唆する弥生時代前期後半の高橋II式土器、弥生時代中期前半の入来式土器、中期中頃の吉ケ崎式土器、中期後半の山ノ口式土器などが出土している。石器は大陸系の小型柱状片刃石斧が、青銅製品は五銖銭・青銅製鏃・細形銅剣の茎に類似するものなどが出土している（仲宗根 一九九二）。五銖銭は、字面方孔の穿上に一横文があり、前漢宣帝の神爵年間（六一～五八ＢＣ）初鋳の穿上横文五銖銭である。もたらされた時期は、共伴遺物から見て、西暦一世紀前半代に相当する弥生時代中期後半に比定できよう。

五銖銭の搬入経路については、沖縄諸島の遺跡から大陸系(中国・韓半島)の文物が少なからず出土しているところから、沖縄本島中部の中川原遺跡出土の五銖銭はその共伴関係から弥生時代中期後半代に九州島経由で搬入された可能性がある。

久米島出土の五銖銭について、中国大陸から直接搬入された可能性はどうであろうか。

沖縄諸島発見の五銖銭には、①沖縄諸島の遺跡には九州島の弥生文化の所産の文物や大陸系の文物が多く出土しているにも関わらず、中・南部九州と沖縄の間の遺跡では五銖銭が出土しておらず、空白地帯が大きい。②久米島には九州島系の文物も出土しているが、沖縄本島の遺跡のそれと比較してきわめて少ない。③山口県沖ノ山遺跡をのぞく弥生時代の遺跡から発見されている五銖銭の発見例は一～二点程度であるが、久米島の大原貝塚では元狩五銖銭・赤側五銖銭など初期の五銖銭が一〇枚まとまって出土している。④朝鮮初期金属期では、武帝代にまで遡る五銖銭を伴出した例がなく、武帝が元封三年(一〇八BC)に楽浪郡を郡置した直後の遺物はほとんど検出できていない。⑤久米島で発見されている五銖銭の出土遺跡は沖縄本島側に面する海岸線にも遺跡の立地条件の良い場所があると思われるにもかかわらず、四遺跡ともすべて東シナ海側(中国大陸側)の方に集中している。

以上のような理由から、久米島と中国大陸との海を越えての交流があった可能性も視野に納めておく必要があろう(上村 一九九二)。

なお、北原貝塚・ウルル貝塚など久米島出土の五銖銭に「苑」の文字を陰刻したものがある。貨幣は後代まで継続して使用される傾向がある。当時の沖縄諸島ではまだ文字を使用されていなかったと思われるので、開元通宝などとともに、七世紀代に中国本土から直接もたらされた可能性が大きいとみてよいのではなかろうか。

以上の他に宮古島保良元島遺跡、那覇市久米町遺跡、那覇市首里城跡、今帰仁村今帰仁城跡などのグスク時代及びグスク時代相当期の遺跡から五銖銭が、各一枚ずつ出土している(金武 一九九二)。

(3) 開元通宝

開元通宝は『開通元宝』四字を記す唐代の円銭である。武徳四年（六二一）にはじめて鋳造されている。唐代を通して繰り返し発行されたが、地方発行銭を含め、数百種類に及んでいる。南島では三〇数カ所の遺跡で開元通宝が発見されている。時期的に、古代（七世紀代からグスクが始まる直前の時代）と中世（グスク時代）の二つの時期に大きく分けられるようである。

九州島で発見されている開元通宝は、鹿児島県指宿市の橋牟礼川遺跡に一例、熊本県一例、福岡県に四例ある。それぞれの遺跡の開元通宝の出土枚数は一～二枚である。

これに対し、古代（七世紀からグスク時代直前まで）の奄美・沖縄諸島では、一三遺跡から八一枚出土している。九州島と比較したときに、はるかに大きな出土枚数といえよう。

とくに久米島の北原貝塚では一三枚出土している。搬入経路として考えられるのは、南島路を利用した遣唐使船である。しかしながら、遣唐使船の寄港が考えられない八重山地域（石垣島・西表島）でも開元通宝が発見されており、遣唐使船以外の接触・交渉があった可能性、すなわち、夜光貝や宝貝を対象とした交易が行われた可能性を考える必要がある。

(一) 開元通宝の出土遺跡と出土枚数

奄美諸島

①奄美大島笠利町用見崎遺跡（一枚）　②徳之島伊仙町面縄第一貝塚（四枚）

図１－９　韓国・九州・琉球列島・台湾における唐代開元通宝の出土遺跡
（高宮廣衞『南島考古雑録（Ⅲ）』沖縄国際大学総合学術研究紀要第五巻第一号，2001年より）

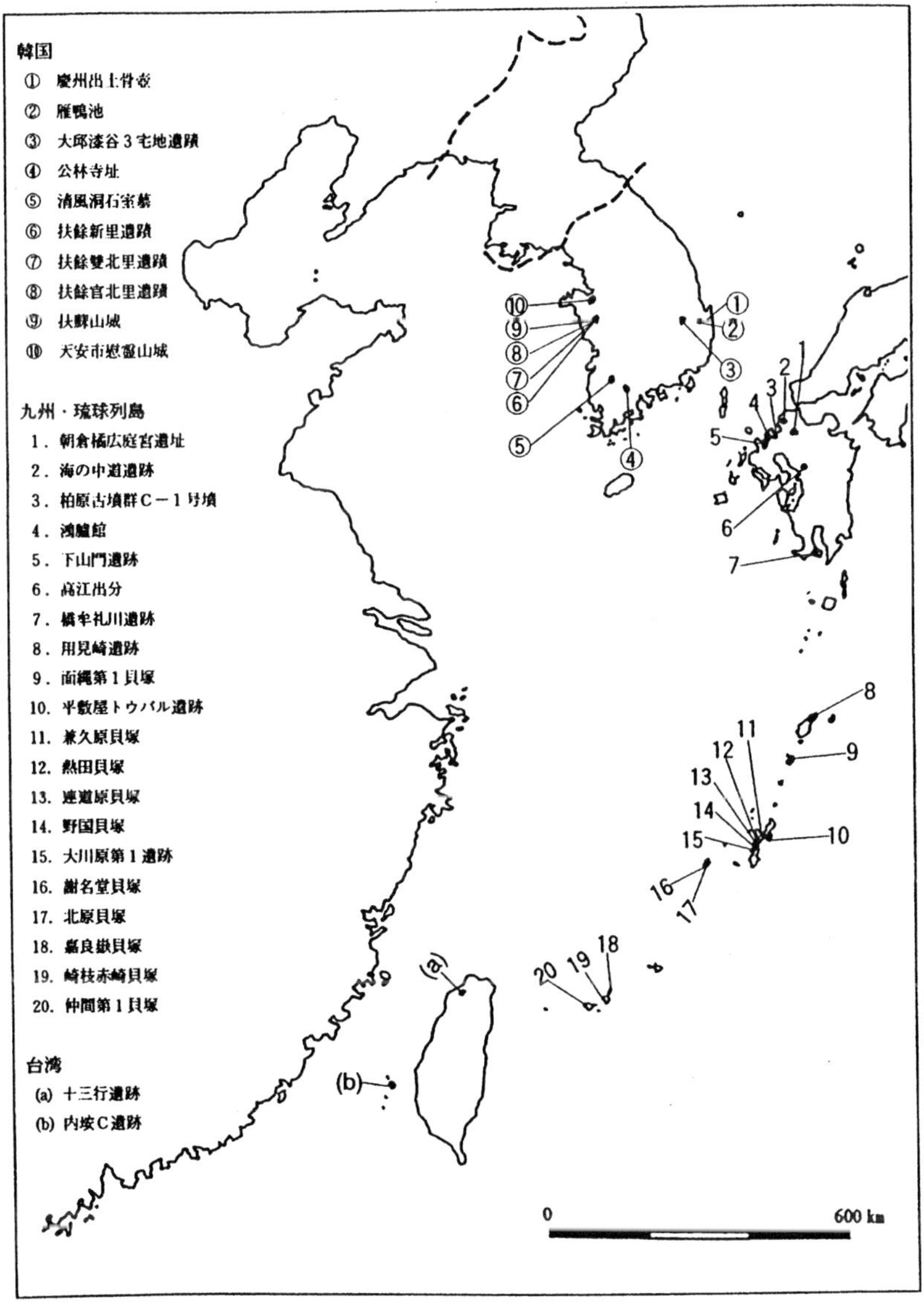

沖縄諸島

③本部町兼久原貝塚（一枚）
④恩納村熱田貝塚（二枚）
⑤読谷村道連原貝塚（九枚）
⑥嘉手納町野国貝塚（六枚）
⑦宜野湾市大川原第一遺跡（一枚）
⑧勝連町平敷屋トウバル遺跡（八枚）
⑨久米島具志川村北原貝塚（一三枚）
⑩久米島仲里村謝名堂貝塚（一枚）

先島諸島

⑪石垣島石垣市崎枝赤崎貝塚（三三枚）
⑫石垣島嘉良嶽貝塚（一枚）
⑬西表島竹富町仲間第一貝塚（一枚）

なお、開元通宝に伴って、貝札（＝貝符＝広田上層タイプ）を出土している遺跡がある。
これまで、南島の古代は文化内容の把握が困難であった。この広田上層タイプの貝札と開元通宝が共伴して出土する土器に兼久式と呼ばれる土器がある。この三者がそれぞれ共伴出土することによって、時期編年が確立し、この時期の文化内容が把握できるようになった。

貝札（＝貝符）出土遺跡地名表

（☆）は開元通宝が共伴出土している遺跡

鹿児島県

一　種子島・鳥ノ峰遺跡
二　種子島・広田遺跡
三　奄美大島・用見崎遺跡（☆）
四　奄美大島・マツノト遺跡
五　奄美大島・長浜金久遺跡
六　奄美大島・サウチ遺跡

七　奄美大島・イヤンヤ洞穴　　八　奄美大島・フワガネク（外金久）遺跡
九　徳之島・喜念貝塚

沖縄県

一〇　伊江島・具志原貝塚　　一一　伊江島・ナガラ原東貝塚
一二　沖縄本島・本部町兼久原貝塚（☆）　　一三　沖縄本島・恩納村熱田貝塚（☆）
一四　沖縄本島・読谷村中川原遺跡　　一五　沖縄本島・読谷村二重兼久貝塚
一六　沖縄本島・具志川市具志川グスク　　一七　沖縄本島・勝連グスク南貝塚
一八　沖縄本島・勝連町平安名貝塚　　一九　沖縄本島・勝連町平敷屋トウバル遺跡
二〇　沖縄本島・糸満市真栄里貝塚　　二一　沖縄本島・糸満市フエンサグスク貝塚
二二　沖縄本島・糸満市米須貝塚　　二三　沖縄本島・北谷町野国貝塚（☆）
二四　座間味島・古座間味貝塚　　二五　久米島・北原貝塚（☆）
二六　久米島・清水貝塚　　二七　久米島・ヤジャーガマ遺跡

開元通宝が発見されている遺跡の状況を見ると、九州島と南島では大きな違いが認められる。貨幣経済が発達した地域においては、貨幣が地鎮、六道銭、安産などの目的で使用されていることはよく知られていることである。西日本本土で開元通宝が発見されている状況をみると、蔵骨器や寺院の基壇・心礎などからの出土がほとんどであり、儀礼的・祭祀的な目的で使用されていたことがうかがえる。これに対し、古代の南島では船が接岸しやすい海岸部の生活を営んでいたと考えられる遺跡内から発見されている。開元通宝のこのような出土状況から、当時は島内あるいは隣接地域においては物々交換が行われていたと考えられる。開元通宝は中国の商人が、沖縄・奄美諸島の産物を求めた際に限定的に通貨として使用したのではなかろうか。すなわち、南島の古代は貨幣使用の試行期であり、物々交換から貨幣経済への移行期の段階であったと考えられる。

中国では、戦国時代（紀元前五世紀末～紀元前三世紀のはじめ）のころから貨幣が作られ、貨幣によって経済をまかなっていく経済システムが確立している。

日本では、奈良・平安時代になってようやく和同開珎をはじめとする皇朝一二銭などの貨幣が鋳造されるようになったが、貨幣経済が未発達なために、一般には稲・布などで物々交換が行われていた時代である。

沖縄諸島発見の弥生時代相当期の五銖銭と七世紀代の開元通宝は、東アジアにおける貨幣の交流の歴史を知る資料であるとともに、古代における琉球と中国との交渉（交易）を社会経済史的に捉えることの必要性を示唆している。

おわりに

中部文化圏の縄文時代相当期の土器の動きをみると、九州島からもたらされた縄文時代前期（轟式・曽畑式）、中期（春日式）、後期（市来式）、晩期（黒川式）などの土器や、それらが南島の在地の土器と接触して変容した土器が南島の各地に出土している。またそれとは逆に南島の土器（室川下層式・嘉徳II・一湊式・喜念式・宇宿上層式など）が種子島・屋久島・鹿児島県本土などに発見されていることは、早くから薩摩半島と南島との間に、交通の手段が確保されていたことを意味している。

縄文時代後期・晩期には、土器ばかりでなく、九州島産の黒曜石やヒスイが奄美諸島、沖縄諸島に出土している。縄文時代の中でもっともさかんに九州方面との交流を行っていたようである。黒曜石やヒスイなどの見返り品として、大形の貝があてられたであろうことは、座間味島古座間味貝塚でゴホウラにともなって黒曜石が発掘されていることなどから推定される。

弥生時代の南島産の貝（貝製品）の動きは目を見張るものがある。

鹿児島県金峰町高橋遺跡は、薩摩半島吹上浜砂丘の内側に立地する弥生時代初期の遺跡である。この貝塚から、イモガイ、オオツタノハ、ゴホウラなどの貝輪の未製品、加工途中に生じる破片が数多く出土している。これらは明らかに、高橋貝塚人が南島と交易を行い、南海産の貝を入手して、貝輪を製作し、北九州方面に輸出していたことを示唆している。

奄美・沖縄諸島で発見されている弥生式土器・弥生系土器は、九州島の弥生時代前期・中期・後期のほぼ全期間の土器型式にわたっている。とくに、沖縄諸島では弥生時代中期後半～後期にかけての、九州中・南部（とくに薩摩半島）の弥生式土器（入来式、黒髪式、山ノ口式、免田式など）が搬入されていることも明らかになりつつある。九州島から弥生人が頻繁に往来し、ヒトとモノの動きが激しかったことを物語っている。

北部九州にはじまる弥生文化の南島への伝播は、腕輪の素材である南海産の貝殻を入手したいという九州弥生人の強い願望が原動力であったのであろう。

縄文時代晩期から平安時代までの間に、南島（奄美・沖縄諸島）に搬入された外国産の搬入品（中国大陸・韓半島に淵源を求められると考えられるもの）には、孔列文土器、明刀銭、大陸系磨製石器、楽浪系土器、五銖銭、板状鉄斧、袋状鉄斧、鼎型土器、開元通宝、陶磁器などがある。これらの文物の多くが弥生時代の所産である。

奄美諸島の徳之島面縄貝塚からゴホウラ貝に雷文を線刻した貝製品が出土している。同様なものが採集品であるが、沖永良部島の住吉貝塚からも発見されている。

中国に起源をもつと想定される饕餮（トウテツ）文様を施した貝札が、奄美・沖縄諸島の弥生時代相当期の遺跡から出土している。また、種子島広田遺跡からも、貝札と貝製腕輪などが集中して出土している。貝札は九州島以北には全く出土していない。

これら大陸系の文物の受容のありかたについて、その大部分が九州島を経由して流入していると推定されているが、中国大陸からの直接ルートについてはあまり論議されていない。今後は東シナ海を直接渡ってきた可能性についても目を向ける必要がある。

韓国の古墳時代の遺跡から、南島のイモガイなどの貝製品が出土している事例もあるが、弥生時代の終末から古墳時代の沖縄諸島と九州島との交流は他の時期とくらべて消極的である。このころの日本は邪馬台国成立、倭国大乱などを経て、大和政権が全国統一をほぼ成し遂げ、韓半島へ進出していった時期である。南島へ目を向ける余裕がなくなり、南島への関心が次第に薄れていったのであろう。古代になると再び、南島との交渉が始まるようになる。古代には中国唐代の銭貨である開元通宝が、中世には須恵器の系統とされる徳之島産のカムイ焼、九州島産の滑石製石鍋や中国産の陶磁器、近世には東南アジア産の陶磁器類が多く出土している。

以上に見てきたように、先史・古代の沖縄は東シナ海に孤立した島ではなく、むしろ海を媒介として、日本（九州島）、韓半島、中国大陸などと積極的に文物の交流を行ってきたのである。

主要引用・参考文献

安里嗣淳・當眞嗣一・金武正紀・知念勇　一九七七『沖縄県の遺跡分布』沖縄県文化財調査報告書一〇。沖縄県教育委員会

安里嗣淳・上原静　一九八〇『伊是名ウフジカ遺跡』伊是名村文化財調査報告書五、沖縄県伊是名村教育委員会

安里嗣淳　一九九一「中国唐代貨銭『開元通寶』と琉球圏の形成」『沖縄県教育委員会文化課紀要』七

安仁屋政昭・安里進ほか　一九九四　考古学からみた宜野湾『宜野湾市史』通史編。宜野湾市史編集委員会

馬場悠男　二〇〇一「港川人はどこからきたか」『日本人はるかな旅展』国立科学博物館・NHK・NNKプロモーション

呉屋義勝・米田善治・松川章　一九八二『土に埋もれた宜野湾』宜野湾市文化財調査報告書一〇、宜野湾市教育委員会

呉屋義勝・豊里友哉・山里昌次・尾方農一・島袋紀子　一九九五『第五回　イガルー島宜野湾展　沖縄人のルーツを探る！』
　宜野湾市文化財保護資料四二
具志川市教育委員会　一九七九『苦増原遺跡』
橋本増吉　一九二八「那覇市外城嶽貝塚出土の明刀に就いて」『史学』七-一
本田道輝　一九九二「南島と市来式系土器」『南日本文化研究所叢書一八　奄美学術調査記念論文集』
池畑耕一他　一九八四『あやまる第一貝塚』笠利町文化財報告七
鹿児島大学法文学部考古学研究室　一九八五『中町馬場遺跡』鹿大考古三
鹿児島県教育委員会　一九八八『土浜ヤーヤ遺跡』主要地方道龍郷・新奄美空港線改良事業に伴う埋蔵文化財調査報告書
　鹿児島県埋蔵文化財発掘調査報告書四七
鹿児島県立埋蔵文化財センター　一九九八「特殊な土製品・石製品出土　市ノ原遺跡（第五地点）」『埋文だより一六』
上村俊雄　一九八六「一湊式土器の編年的位置について」『南島考古』一〇
上村俊雄　一九八七「喜念Ⅰ式土器の編年的位置について」『東アジアの考古と歴史』中巻
上村俊雄　一九九一「南島における弥生初期文化の様相」『九州文化史研究所紀要』三六
上村俊雄　一九九一「南九州における舟形軽石加工品と帆船について」『鹿大史学』三八
上村俊雄　一九九二「奄美諸島における弥生文化の諸様相」『南日本文化研究所叢書一八　奄美学術調査記念論文集』
上村俊雄　一九九二「沖縄出土の明刀銭について」『鹿大史学』三九
上村俊雄　一九九八「南西諸島出土の石鏃と黒曜石について」『人類史研究』一〇、人類史研究会
上屋久町教育委員会　一九八一『一湊松山遺跡』上屋久町埋蔵文化財発掘調査報告書
金関恕　一九五八「流通経済の発達　貨幣、度量衡」『世界考古学大系六』東アジアⅡ、平凡社
加藤晋平　一九九六「南西諸島への旧石器文化の拡散」『地學雑誌』一〇五-三、東京地学協会
河口貞徳　一九六五「鹿児島県高橋貝塚」『考古学集刊』三-一、東京考古学会
河口貞徳　一九七三「鍬形石の祖形――松ノ尾遺跡出土の貝製腕輪――」『古代学研究』第七〇号、古代学協会
河口貞徳・旭慶男・最所大輔　一九七六「下小路遺跡」『鹿児島考古』一一

河口貞徳・出口浩・本田道輝　一九七八「サウチ遺跡」『鹿児島考古』一二
金武正紀　一九七七『仲泊遺跡』一九七五・一九七六年度発掘調査報告書、恩納村文化財調査報告書一、沖縄県恩納村教育委員会、古代学協会
金武正紀・大城慧ほか　一九八〇「宇堅貝塚群・アカジャンガー貝塚」発掘調査報告書、沖縄県具川市教育委員会
金武正紀ほか　一九八四『シヌグ堂遺跡発掘調査概報』与那城村、沖縄県教育委員会。
金城亀信ほか　一九八九『宮城島遺跡分布調査報告　一、宮城島の遺跡分布　二、高嶺遺跡』沖縄県文化財調査報告書九二、沖縄県教育委員会。
金城亀信・久手堅稔　一九九二「久米島ウルル貝塚採集の鉄釘と五銖銭」『沖縄県教育委員会文化課紀要』九
木下尚子　一九九六『南島貝文化の研究』法政大学出版局
岸本義彦・山田正　一九七九『地荒原遺跡・苦増原遺跡』具志川市文化財調査報告書三、具志川市教育委員会
岸本義彦　一九八一『古座間味貝塚――第一次範囲確認調査概報』沖縄県教育委員会
岸本義彦・島袋洋・下地安広・大城剛　一九八二『古座間味貝塚』範囲確認調査報告書、沖縄県文化財調査報告書四三、沖縄県教育委員会。
岸本義彦　一九八三『地荒原遺跡　苦増原遺跡』沖縄県具志川市教育委員会。
岸本義彦　一九八三「沖縄出土の弥生土器瞥見（一）」『南島考古』八
岸本義彦　一九八四『野国』野国貝塚群B地点発掘調査報告、沖縄県文化財調査報告書五七、沖縄県教育委員会
岸本義彦　一九八六『具志堅貝塚』本部町文化財調査報告書三、沖縄県本部町教育委員会
岸本義彦　一九九七「南島の爪形文土器文化」『南島の人と文化の起源――どこまでわかったか、課題は何か――』公開学習会実行委員会代表嵩元政秀
北九州市立考古博物館　一九九四「九州の貝塚――貝塚が語る縄文人の生活――」第一二回特別展
国分直一・河口貞徳・曽野寿彦・野口義麿・原口正三　一九五九「奄美大島の先史時代」『奄美その自然と文化』九学会連合刊
国分直一　一九七二『南島先史時代の研究』慶友社

小牧實繁 一九二七「那覇市外城嶽貝塚発掘報告（予報）」『人類學雑誌』四二-八、東京人類學会。

熊本大学法文学部考古学研究室 一九七九「タチバナ遺跡」研究室活動報告四

熊本大学法文学部考古学研究室 一九八〇「タチバナ遺跡（二）」研究室活動報告七

松村瞭 一九二〇 琉球荻堂貝塚『東京帝国大學理學部人類學教室研究報告』三、東京帝国大學。

三宅宗悦・三島格（解説） 一九七五『南島の石器聚成――沖縄篇――』南島考古四、沖縄考古学会。

盛本勲・岸本義彦・池田栄史他 一九八九「清水貝塚」具志川村文化財調査報告書一

仲宗根求 一九九二「沖縄県中頭郡読谷村宇渡慶次中川原貝塚」『日本考古学年報』四三

仲曽根求 一九九三 企画展 砂丘は語る『資料館便り』二七、読谷村立歴史民俗資料館。

中種子町教育委員会 一九八九『鷹取遺跡・平松B遺跡・宮田遺跡・小牧野C遺跡』中種子町埋蔵文化財発掘調査報告書一

西之表市教育委員会 一九七八「下剝峯遺跡ほか」西之表市埋蔵文化財発掘調査報告書

新田重清 一九七〇「浦添貝塚調査概報」『南島考古』一 沖縄考古学会

新田重清 一九七一 沖縄古代史特輯、「沖縄浦添市浦添貝塚出土の市来式土器について」『古代文化』二三-九・一〇

小田富士雄 一九八四「沖縄における九州系弥生前期土器――真栄里貝塚遺物の検討――」『南島考古』九

小田富士雄 一九八二「山口県沖ノ山発見の漢代銅銭内蔵土器」『古文化談叢』九州古文化研究会

小田富士雄・韓炳三編 一九九一「日韓交渉の考古学 弥生時代篇」六興出版

小田富士雄 一九九一「日韓の出土五銖銭・第二報」『埋蔵文化財研究会一五周年記念論文集』

小田静夫 一九九七「沖縄県国頭村出土の丸ノミ形石斧二例」『南島考古』一六、沖縄考古学会

小田静夫 二〇〇三「沖縄の旧石器文化」『日本の旧石器文化』同成社

岡崎敬 一九八二「日本および韓国における貨銭・貨布および五銖銭について」（『森貞次郎博士古稀記念 古文化論集』上巻）

大島直行 一九九七「南島産貝の流通」『ここまで分かった日本の先史時代』岡村道雄編、角川出版

大城慧・玉城朝健・金城亀信 一九八四『伊是名村の遺跡』伊是名村文化財調査報告書七 沖縄・伊是名村教育委員会

大城慧・金城亀信 一九八五『牧港貝塚・真久原遺跡』――県道一五三号線バイパス工事に伴う発掘調査報告書――沖縄県文

化財調査報告書六五、沖縄県教育委員会
大城慧・安里嗣淳・島袋春美　一九八六『地荒原遺跡――県道一〇号改良工事に伴う発掘調査報告――』沖縄県文化財調査報告書七五、沖縄県教育委員会
沖縄県具志川市教育委員会　一九八三『地荒原遺跡　苦増原遺跡』
沖縄県伊是名村教育委員会　一九八〇『伊是名ウフジカ遺跡』発掘調査報告書、伊是名村文化財調査報告書五
沖縄県教育委員会　一九八二『沖縄考古展　掘り出された沖縄の歴史――発掘調査一〇年の成果――』
沖縄県教育委員会　一九八六『地荒原遺跡』沖縄県文化財調査報告書七五
沖縄県教育委員会　一九八九『宮城島遺跡分布調査報告』沖縄県文化財調査報告書九二
沖縄県恩納村教育委員会　一九七七『仲泊遺跡』一九七五・一九七六年度発掘調査報告書、恩納村文化財調査報告書一
沖縄県立博物館　一九九二「琉球王国　大交易時代とグスク」
沖縄市教育委員会　一九七九『室川貝塚　範囲確認調査報告書』沖縄市文化財調査報告書一
沖縄市教育委員会　一九九三『室川貝塚　総合庁舎建設に伴う範囲確認調査及び東地区発掘調査の報告書』沖縄市文化財調査報告書一七
奥平昌洪　一九七四『東亜銭志』二
新東晃一　一九九二「島嶼の縄文早期土器の様相――南島北部圏（種子・屋久）の縄文早期の土器について」『縄文通信六』南九州縄文研究会
新東晃一・児玉健一郎　一九九三『川上（市来）貝塚二』市来町埋蔵文化財発掘調査報告書二、鹿児島県日置郡市来町教育委員会
高宮廣衞　一九六八「那覇市の考古資料――一三城嶽貝塚――」『那覇市史』資料篇一－一　那覇市役所
高宮廣衞・岸本義彦・金城亀信・山里将光　一九七九『室川貝塚』沖縄市文化財調査報告書一、沖縄市教育委員会
高宮広衛　一九八六「沖縄と弥生文化」『弥生文化の研究』九、雄山閣
高宮廣衞　一九八七「城嶽と明刀銭」『東アジアの考古と歴史』中　岡崎敬先生退官記念論集、同朋社出版
高宮廣衞　一九九一「沖縄本島発見の明刀銭について」『第三回中琉歴史関係国際学術会議論文集』中琉文化経済協会（台

湾）
高宮廣衞 一九九三『沖縄縄文土器研究序説』第一書房
高宮廣衞 一九九三 室川下層式土器と南島『考古論集』潮見浩先生退官記念論文集
高宮廣衞 一九九四『沖縄の先史文化と遺跡』第一書房
高宮廣衞 一九九四「先史時代の交流」『読谷村立歴史民俗資料館紀要』一八、読谷村立歴史民俗資料館編
高宮廣衞 二〇〇〇 開元通宝から見た古代相当期の沖縄諸島『アジアの中の沖縄』
宝島大池遺跡発掘調査班 一九九七「トカラ列島宝島大池遺跡」『国立歴史民俗博物館研究報告』七〇、国立歴史民俗博物館
嵩元政秀 一九七〇「沖縄県内出土の銭貨について」『南島考古』一、沖縄考古学会
嵩元政秀・安里嗣淳 一九九三『日本の古代遺跡四七 沖縄』保育社
知念勇 一九八六『牧港貝塚』浦添市史 六 資料編五 自然・考古・産業・歌謡 浦添市史編集委員会。
友寄英一郎 一九七〇「沖縄出土の弥生式土器」『琉球大学邦文学部紀要 社会篇』一四
友寄英一郎編 一九七七『琉球考古学文献総目録・解題』寧楽社
東京国立博物館 一九九二「海上の道 沖縄の歴史と文化」
當眞嗣一・上地正勝・上原静・比嘉賀盛 一九七七「沖縄県読谷村渡具知木綿原遺跡の発掘調査」『考古学ジャーナル』一〇
當眞嗣一・上原静 一九七八 木綿原『沖縄県読谷村渡具知木綿原遺跡発掘調査報告書』読谷村文化財調査報告書五、沖縄県読谷村教育委員会・読谷村立歴史民俗資料館。
當眞嗣一・上原静・佐野一・宮里末廣 一九八〇『大原――久米島大原貝塚群発掘調査報告――』沖縄県文化財調査報告書三二
東門研治 一九九七「キャンプ桑江内試掘調査における曽畑式土器の出土状況について」北谷町教育委員会
上原静 一九八三「奄美・喜界島荒木農道遺跡出土のイトマキボラ製利器、弥生式土器他」『南島考古』八
八幡一郎 一九五〇「考古学上より見た琉球――琉球先史学に関する覚書――」『民族学研究』一五-二
読谷村教育委員会 一九七七『渡具知東原――第一次～二次発掘調査報告』
李進熙 一九五九「戦後の朝鮮考古学の発展――初期金属文化期――」『考古学雑誌』四五-一

〔写真資料等の掲載許可について〕

写真は上村が撮影したものを使用しているが、写真撮影の折、公式発表後の使用については関係者の了解を得ている。ご芳名を記して謝意を表したい。

盛本勲、仲宗根求、當眞嗣一、知念勇

2 東アジア的視座に立った弥生時代の再解釈

——九州・南西諸島・朝鮮半島・中国——

中園　聡

一　関係する四つの異文化

弥生時代は、国家形成過程を考えるうえで、その萌芽がみられる重要な時期である。そして弥生時代は中国王朝を中心とする東アジア世界の一員となった外交的にも画期的な時代であった――このように筆者はとらえている。

今日の世界は、政治的にも経済的にも、また文化的にも宗教的にも、各地域が密接で複雑な関係性のもとに成り立っており、どこか一つの国のできごとが世界に影響するものである。もはや真の意味での石器時代も、真の遊動的狩猟採集民も、二〇世紀中に地球上から消滅してしまった。また、国家も地球上を埋め尽くしている。人類史的には、多様化の一方で等質化が進行しているといえよう。もとより唯一不変の解釈・説明などというものが求めて求め得ないことは科学史の語るところであるが、このような世界のとらえ方の一つとして世界システム論の観点は有効性が高いものであろう。人類進化の脈絡での説明も可能であるし、伝播論的脈絡での説明も可能であるが、いずれにせよ弥生時代は、列島内の社会が歴史上初めて国際社会の一員になった時代であり、それを考察することによって、現代を考えることにも資することができると考える。

上記のような認識に立脚するうえでも、また考古学的事実や解釈においても、従来の弥生時代研究には様々な問題点があることが指摘できる。従来、弥生時代について、稲作の開始と定着、それに伴う階層化社会の萌芽の時期としてとらえられてきた。これは、戦後の日本考古学において主流であり続けた、素朴なマルクス主義的発展段階論と素朴な伝播論的枠組みの産物である、といってもよい。それによって弥生時代の特質が把握できるのであろうか。E・サーヴィス流にいえば、稲作は文化・社会の変化の原動力ではなく、あくまでも「可能性賦与者」にすぎない。こうした前提を再検討することなく弥生時代観を再生産しつづけるのは、ある意味で罪なことではなかろうか？

ここでは倭社会の対外交渉のあり方を実際の資料の検討をもとに論じ、その意義について検討するものである。

弥生時代の異文化交渉については、もっぱら北部九州と朝鮮半島・中国との対外交渉がクローズアップされてきた。弥生時代において、対外交渉の痕跡が質・量ともに動かしがたい証拠を伴って確認されているのは、たしかに北部九州である。北部九州において特殊な地位が築かれた大きな要因は、この対外交渉にあるといっても過言ではあるまい。

一方で、北部九州でやはり威信財として消費される南海産貝輪の入手に特化した交渉が、九州と南西諸島の間にあったことが指摘されている。しかし、南西諸島との交渉は朝鮮半島・中国とのそれに比べて研究者層も薄く、実態と意義について十分に説明しそこなっているのが現状であるといわざるをえない。これは明らかに、研究者の目が大陸を向いているということを示している。しかし、九州弥生社会を解釈するうえでその両者ともに重要なものであり、どちらからもさらなる情報を引き出さなくてはならない。

以下では、弥生社会と南西諸島・朝鮮半島・中国との交渉について、より適切な解釈と説明を試みることにする。

二　弥生時代の開始——縄文人の戦略と意図せざる結果——

(1)　朝鮮半島との交渉

弥生時代は縄文時代との対立の図式によって記述されることが多い。縄文時代と弥生時代の対比は、狩猟採集に基盤をおく獲得経済vs水稲農耕に基盤をおく生産経済、非階層化社会vs階層化社会、という塩梅式の図式がそれである。学校教科書の記述も基本的にはこれに沿ってきたし、一般に広く知られているといえる。こうした単純な二項対立の縄文・弥生観は、戦前の研究にはじまり戦後においてさらに深まった、考古学者の「信念」にすぎないと断言できよう。少なくともここ二十年来、農学・民族学・文化財科学等の諸分野から縄文時代後半期の農耕の存在が指摘されてきたし、考古学者の一部にもそれを認める者があったのは事実である。しかし、農耕の証拠については、多くの考古学者にとって見れども見えずという状況であった。これが「信念」であるゆえんである。S・ネルソンは朝鮮半島新石器文化について、直接的証拠が出ないかぎり農耕の存在を認めない「悲観主義者」と、間接的証拠を積み上げて農耕を認めようとする「楽観主義者」とに分けている（ネルソン 一九九二）。このいい方に倣えば、日本考古学者の大半は限りなく「悲観主義者」に近いということになろう。日本考古学者にとって「実証」とは、水田遺構など遺跡・遺物として動かしがたいコンテクストで眼前にたち現れることであるに違いない。

日本考古学者に憑依した「信念」から逃れ、近年のプラントオパール分析の進展が示す様々な証拠やイネ遺体のDNA分析の成果をながめれば、その示唆するところは、縄文時代後半期における稲作を含む農耕の存在はほぼ確実だということである。したがって筆者は、縄文農耕は存在・不在の議論を超えて、その内容・質を検討すべき段階に到達していると考える。そのような立場からいえば、弥生時代の農耕は、水田・灌漑設備・大陸的農耕具を備えた大陸的水稲農耕に大きな特徴があり、イネの比重が相対的に低く大陸的技術とも大きく異なると思われる縄文時代の農耕とは一線を画すことだけは確かであろう。しかし、従来の縄文と弥生を極端に対立的にとらえるむきは不適切だといわざるをえず、むしろ連続性に着目しなければならない。

また、社会の階層化をめぐっても、縄文時代が議論の余地なく非階層化社会とされてきたのに対し、渡辺仁が民族考古学的立場から『縄文式階層化社会』（一九九〇）を発表して話題をさらった。土器の器種分化・工芸品・集落・定住・農耕・住居の格差、こうした物質文化の複雑さや複雑化の傾向が示唆するものは、複雑な物質文化を必要とした複雑な社会の存在である。いまだ伝統的な見方が主流であることには変わりないが、少なくとも縄文時代後半期の遺跡のあり方を虚心坦懐にみれば、松本直子（二〇〇〇a）が指摘するように階層化社会は存在するとみるほうが状況に即していると考える。

このようにみていくと、「ある日突然、海の向こうから船に乗って移住者たちが米を携えてやってきた」とするような従来ありがちな記述は物語的に過ぎるし、別のいい方をすると、大航海時代の地理的「発見」に伴うヨーロッパ文明の伝播のような、壮大で単純な伝播モデルで弥生時代の成立を語ることもできないということになろう。

実際、北部九州では、かつて考えられていたよりも古くから朝鮮半島との接触があったことが指摘されている。縄文時代の最終段階に近い後期の新しい段階から晩期を通して、物質文化の複雑さは刻々と増していく。また、西日本一帯で、土器に類似性が増すことや、精製土器の移動があること、また北陸産翡翠製の玉などの威信財または奢侈品の遠隔地流通も盛んであるなど、交流は盛んであった。さらに、松本（二〇〇〇）が明らかにしているように、後期の新しい段階から北部九州の玄界灘沿岸を中心に、土器の色調や無文化傾向、深鉢の器形など朝鮮半島との連動性が明らかにみとめられるのである。したがって、弥生時代は突然開始されたのではなく、そのしばらく前から文化要素の部分として少しずつ導入が開始されていたということになる。

また、松本の指摘を参考にすると、遠隔地交渉による統率者の権威の増大という観点が重要であり、縄文社会において他集団より優位な立場にたち、統率者の権威を増大させるために「異界」との交渉が積極的に実施されたと考えるのが妥当であろう。とりわけ玄界灘沿岸西部の集団においては朝鮮半島との接触戦略をとり、権威の増大には成功したといえる。それに対して、東日本的社会・文化システムを導入して既存の社会・文化の延命を図る戦略をとった熊本北部の集団のように異なる対応がみられた。その結果、熊本北部の集団は新たな動きに抗しきれず、弥生時代開始の一段階前には諸集落の断絶という形で社会の崩壊、カタストロフィーを迎えてしまうのである。

要するに、考えられてきたよりも古くから朝鮮半島の接触があり、特に統率者やその集団の権威増大戦略の一環としてそれが行われたと考えるべきである。そこには、これまでの縄文人ないし縄文社会のイメージ――意志がなく、静的で、環境要因のみに支配される，受身の——そのような考古学者が作り上げた像とは全く逆の積極的なあり方がうかがえる。こうした説明は、松本や筆者が、能動的個人を積極的に評価するポストプロセス考古学に一定の理解を示していること、認知考古学を提唱し実践する中で、より人間そのものに注意を払っていることによるところが大であろう。もとより多様な説明が可能であろうが、どのような立場であれ、学問であるかぎり論理面に関しては議論・評価することが可能である。ここに提示したものは従来の説明よりも事実レベルにおいてもいっそう妥当で、より論理過程が単純になるのではなかろうか。

玄界灘沿岸西部集団の戦略の成功により、近隣集団の追随もしくは朝鮮半島文化に対する希求が高まったと考えられる。その結果として行き着くさきに様々な物質文化、社会システム、生産システム、宗教システムの大変化としての弥生時代の成立があったとみるほうが、妥当性が高い。弥生時代の開始は、縄文人の意図と半ば意図せざる結果の産物だったのである。

弥生時代開始期の玄界灘沿岸部で発見された人骨は、朝鮮半島由来の支石墓に埋葬されているにもかかわらず、縄文人的形質をもっていた。ここからも弥生時代の開始、すなわち縄文的システムの根底からの変化を実施したのは、渡来人ではなく縄文人であったことが推定できる。さらに、土器に目を転じると、弥生土器の特徴は口のすぼまった「壺」という新しい器種が登場するなど、弥生時代には多様な器種が存在することにある。弥生時代開始期（弥生時代早期）の小型壺は、朝鮮半島の小型壺を模倣したものが定着していくことが明らかであり、プロポーションはもとより仕上げに丹塗（赤塗）と研磨が施され、外見上は非常によく似ている。ところが、詳細にみると、研磨の方向が朝鮮半島と異なっている。朝鮮半島のものは縦方向に磨くものがしばしばあるのに対して、九州のものは横方向が多い。この横方向の研磨こそ縄文時代の浅鉢など精製器種を磨いた際の磨き方であり、それが継承されたものとみられる。したがって、九州においては研磨を施すことで満足され、縦方向の研磨でなければならないとは理解されなかったということがわかる。ここにおいても、弥生時代の成立を担ったのは渡来人というよりもむしろ縄文人であったといえよう。

加えて、縄文時代と弥生時代の物質文化は著しい違いがあり、まるであらゆるものが朝鮮半島的になった、もしくはあらゆるものが朝鮮半島的要素をどこかに持ち合わせたものに変化したように見えるが、一部に明らかに異なるものがある。それは打製石鏃や石匙などの打製石器である。これらは縄文時代からの伝統的な石器であり、弥生時代開始期（早期）以降、北部九州でも弥生時代前期から中期初頭まで継続して使用されるものである。朝鮮半島では早くから磨製石鏃が使用されており、また石匙は新石器時代以来存在しなかった。これらは狩猟に関する石器であり、それについては伝統的なものが転換されることはなかった、ということになる。したがって、何もかもが朝鮮半島的になるのではなく、選択的であり、そこには何を導入し何を導入しないかという縄文人の意志が働いたと考えるのが妥当である。

極めて興味深いことに、いち早く朝鮮半島との交渉を開始した西北部九州は、弥生時代にはいってほどなくすると、福岡平野の新興集団にその権威・首座を奪われてしまうようである。ついには西北部九州は、西日本の弥生時代において最も「遅れた」地域の一つとなってしまうのである。西北部九州では渡来人との混血がほとんど起こらず、弥生時代になっても縄文人的形質を強く残し、環濠集落など朝鮮半島由来の新しい集落形態も十分発達しない。この地域での縄文時代以来の権威拡大戦略が弥生時代の開始をもたらしたわけであるが、それは縄文的システムの維持・拡大が目的であり、社会の根底からの変化を目的としなかったところに、さらなる飛躍が起こせなかった原因があると考える。それに比べて飛躍的に社会の様々な面を変化させた福岡平野は、渡来人との混血もいとわず、むしろ積極的に混血をしたと思われ、弥生時代中期にはほぼすべての甕棺人骨に渡来的形質が認められるようになる。

それにしても、弥生時代成立にあたって重要な役割を果たしたのが社会戦略の一環としての朝鮮半島との交渉であり、それがその後の西日本の弥生文化の特徴、つまり、渡来系の文物や文化に価値を見出す姿勢につながったものと考えられる。

朝鮮半島との交渉は、その後も性格を変えながら継続し、弥生時代前期末から中期初頭には、銅剣・銅矛・銅戈・多鈕細文鏡などが朝鮮半島系の威信財として、北部九州のエリートの墳墓に副葬される。銅剣・銅矛・銅戈という青銅製武器は「国産」として定着し、その後、形態を変えながら独自の型式変化を遂げていくのである。そして、紀元前一世紀代の後半（弥生時代中期後半新段階）を迎えると、大陸系威信財は大きな転換期を迎える。中国系への転換である。特に鏡は珍重され、北部九州に大量に持ち込まれている。これは漢王朝が朝鮮半島支配のために楽浪郡（現在のピョンヤン）を設置したことで、中国文明との接触が可能になったことが大きな要因であろう。漢王朝との交渉は「外交」と呼べるものであり、それまでのものとは大きく一線を画す。一方、北部九州弥生社会は、その成立当初からもう一つの異文化とのチャンネルをもっていた。それが九州の南方はるかに連なる南西諸島であり、とりわけ沖縄諸島との交渉が重要であった。

(2) 沖縄諸島との初期的交渉

南西諸島（特に奄美から沖縄諸島）の先史時代は、貝塚時代と呼ばれる。つまり縄文・弥生・古墳文化とは異なる、基本的に独自性の強い文化が長期にわたり展開した（ただし、その最も北に位置する種子島・屋久島では縄文時代から弥生時代までは九州と同一の文化であるといってよく、古墳時代以降、南西諸島の文化に転換する）。縄文時代に併行する時期は、貝塚時代前期、弥生・古墳時代に併行する時期は貝塚時代後期である。

ただし、貝塚時代前期の南西諸島は、縄文文化と全く無関係ではなかった。縄文時代前期に併行する時期には、沖縄本島でも九州系の轟・曽畑様式の土器がまとまって出土する遺跡があるが、これらは大まかには朝鮮半島新石器時代の櫛目文土器様式に含めうるものであり、このゆるやかなネットワークは朝鮮半島－九州－沖縄諸島という情報の行き来が多少ともあった可能性を示唆する。縄文時代後期併行期には南部九州の市来様式に類似する奄美諸島の嘉徳式、沖縄諸島の伊波式・荻堂式などがあり、沖縄諸島まで類似様式圏が成立する。このように、長い貝塚時代前期の中では九州と多少とも土器が類似する時期があったことは確かである。なお、この時期の九州との交渉を論じる際に、沖縄県浦添貝塚で出土した南部九州からの搬入品とみられる市来式の深鉢がよくとりあげられるが、あくまでも単発的なものに近く、それを過大評価してはならないであろう。

しかし、それ以外の時期にはほとんど土器の類似性はない。また、貝塚時代前期でも新しい時期になると、石鏃や黒曜石、翡翠などの搬入が認められるが、いずれも僅少である。南西諸島一帯の石器組成は、剥片石器を基本的にもたず、北海道から九州に至る縄文文化の石器組成と比較して著しく異なっている。

このように縄文時代併行期には異なる文化が展開した南西諸島であり、縄文文化とは異文化であるといってさしつかえない。おそらく南西諸島に点々とみられる縄文的遺物は、島づたいに集団から集団へと移動することによって搬入されたものであり、のちの弥生時代のように九州との直接交渉ではなかったと考えられる。

ところが、弥生時代開始期になると、沖縄本島で突然弥生土器が集中して発見される遺跡が出てくる。宜野湾市ヌバタキ遺跡がそれである。方形の大型住居である一四号竪穴住居址から関係する資料が出土している。主体となる土器は在地の仲原式であるが、それに混じって弥生土器がみられる。

図2-1の1は、弥生時代早期から前期前半の浅鉢または高杯と考えられるが、鉢としたほうがよいかもしれない。器形・胎土から薩摩半島西部を含む九州西部の可能性が強いように思われる。2は中型もしくは小型の甕、または鉢とみられる。口縁部形態や刻目の細かさなどからみて、早期のごく新しい段階から前期前半に併行する有明海沿岸以南のものの可能性が高いように思われる。3は外面に丹塗が施されており、壺の頸部から肩部への移行部の破片と考

えられる。そもそも丹塗磨研の壺は、九州では基本的には早期に限られ、新しくともせいぜい前期前半までである。本資料の所属時期は早期から前期前半の時期幅のうちに収まると考えられる。製作地については、九州東半部では弥生時代早期から弥生時代前期初頭まで壺は盛行しないため、蓋然性の高さからいって、九州西半部であることはほぼ間違いなかろう。特に九州西北部に集中するが、薩摩半島西部には高橋貝塚やそれに先行する下原遺跡があり、非常に早い段階に、拠点的に九州西北部と似た要素が入っている地域であるので、それも可能性の範疇に入る。4は壺の底部である。時期は、立ち上がりのある平底なので弥生時代早期の最も新しい段階から前期であろう。胎土や色調は明らかに弥生土器的で、有明海沿岸以南の可能性が高いように思われる。

図2－1

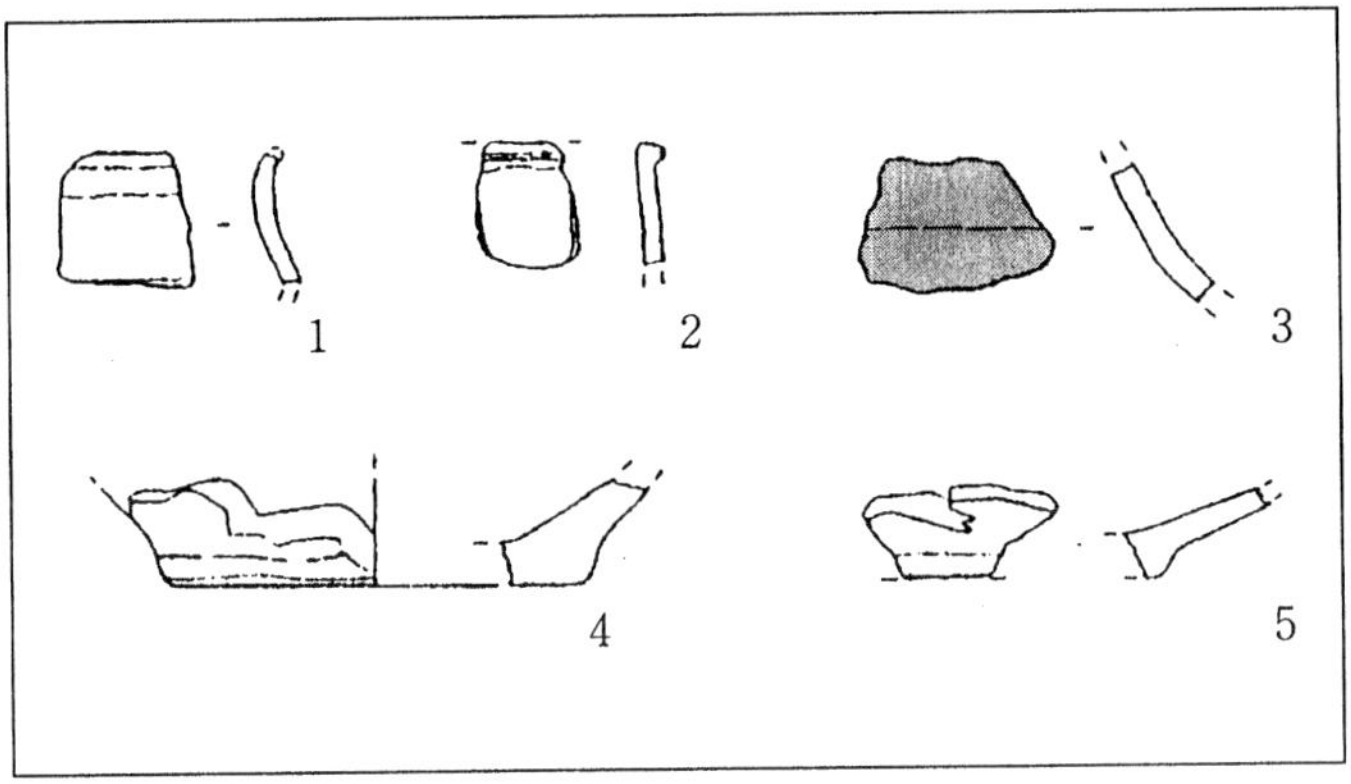

同遺跡の一号通路とされる遺構から出土した5は暗い灰黄色で器肉は黒灰色を呈している。平底で壺か鉢と思われる。色調の暗さが本来黒色磨研あるいはそれに近い焼成であることを示すとすれば、弥生時代早期から前期前半がその候補にあがる。ただし、九州南半の土器には中期にもこのような色調のものがないわけではない。

以上を総合的にみて、これら搬入土器が薩摩半島西部を含む九州西半部のものである可能性が高いことは注目すべきである。弥生時代開始からほどなくして、九州と沖縄諸島との直接交渉が開始されたとみてよかろう。そして西北部九州または薩摩半島西部の要素が強いことは、これらの地域との直接交渉であることを示している。そもそも薩摩半島西部の高橋貝塚は、九州南半では珍しく、甕の如意形口縁など土器の要素に北部九州から西北部九州の要素が強く認められる遺跡であり、特異な遺跡である。また、高橋貝塚では南海産貝輪の未製品が出土していることも注目すべきである。また、貝輪以外に南西諸島から九州に搬入されたものが皆無に等しい中で、高橋貝塚でわずか一点ではあるが、南西諸島の仲原式土器が出土している。こうした脈絡を総合すれば、薩摩半島西部の高橋貝塚は西北部九州の集団との関わりがきわめて密接であり、沖縄諸島との交渉の「中継基地」であったとの評価が可能であろう。したがって、弥生人が沖縄に向けて出航したのはこの高橋貝塚からであったと推定される。

ここで注目しなければならないのは、この初期の弥生人の目的が南海産貝輪の入手にあったことであり、その後も長きにわたってそれが一義的な目的であり続けたということである。

(3) 弥生時代開始期の朝鮮半島と沖縄諸島

以上をもとに、弥生時代開始期の弥生人にとって、「異界」の地である朝鮮半島と南西諸島（とりわけ沖縄諸島）とを統一的に考察する。

西北部九州あるいは玄界灘沿岸部の北部九州の集団にとって、朝鮮半島は縄文時代後晩期以来、最も近い異文化の地であった。特に晩期には、朝鮮半島の物資の獲得あるいは文化要素のごく一部の模倣などが行われており、遠隔地交渉を行うべき対象でもあった。それに対して南西諸島は基本的に縄文時代には遠隔地交渉の対象ではなく、しかしそれでもなお、玉突き的な情報の往来により互いにその存在自体は知っていたということになろう。すなわち、縄文時代の新しい時期において遠隔地交渉の対象でありつづけた朝鮮半島と、弥生時代開始期に突然遠隔地交渉が開始される南西諸島という二者があったことになり、両者では遠隔地交渉の性質に異なる面があったということになろう。土器の時期からみて沖縄諸島との交渉は、弥生時代早期の初めよりも若干遅れて開始されるようであるが、その若干の遅れは意味のあることと考える。

貝輪をめぐる南西諸島との交渉について、松本（二〇〇〇b）がM・ヘルムズ（一九八八）の遠距離交易の研究を引き合いに出しながら論じたモデルは非常に有効なものである。それをここでの脈絡に即して多少改変して述べると次のようになろう。

図2－2

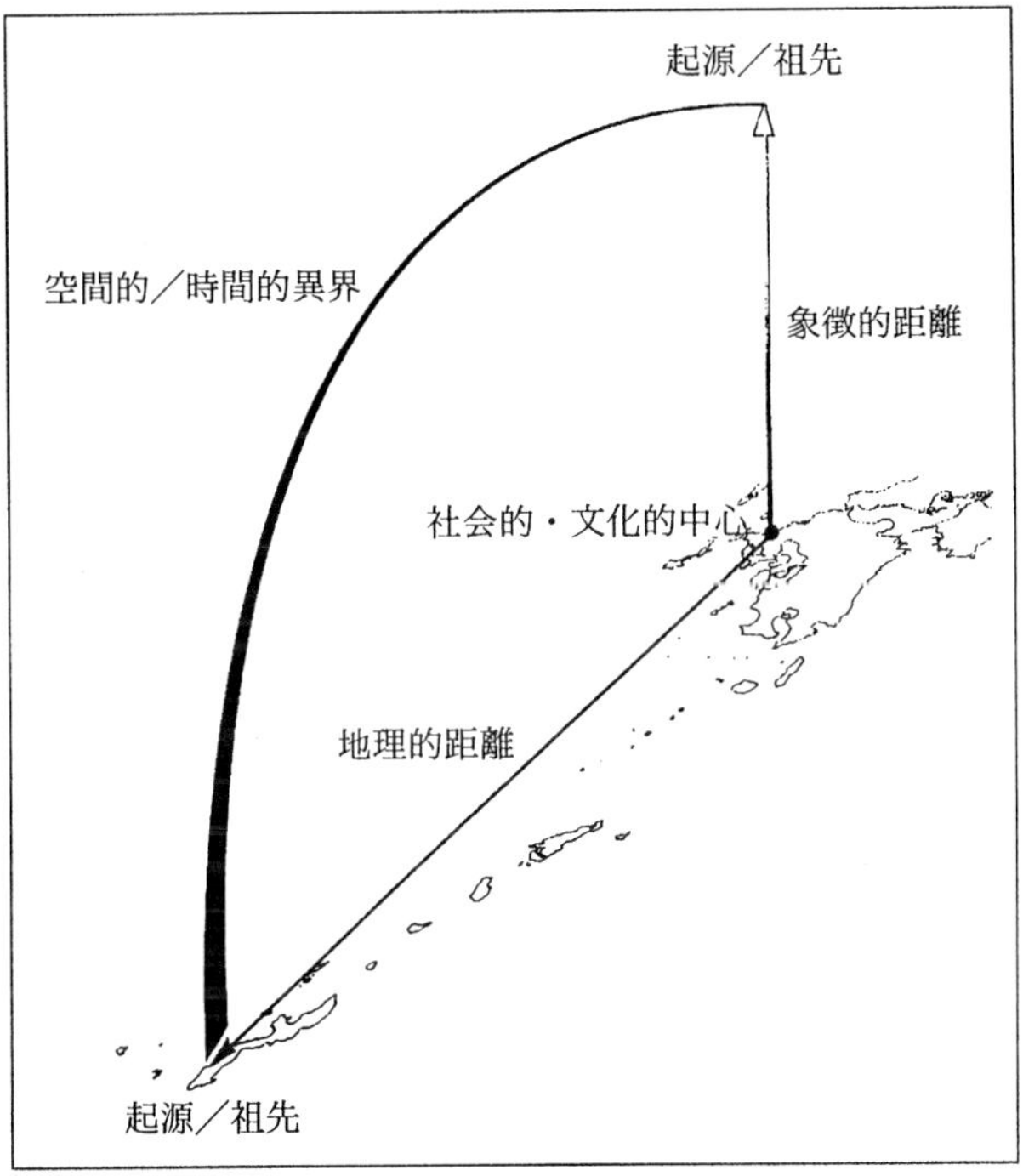

北部九州社会において南海産貝輪が希求されたものであっても、北部九州の集団が貝輪獲得のために直接南西諸島に出向いたという証拠はない。少なくともその当初は西北部九州沿岸海洋民の主導によるものと考えられ、薩摩半島西部の高橋貝塚のあり方や、南西諸島で突然出現し、西北部九州の墓制と何らかの関係があるとみられる「南島型石棺墓」（時津二〇〇〇）、あるいは南西諸島に搬入された土器からみても、西北部九州－薩摩半島西部－沖縄諸島というルートの存在が考えられる。

すでに述べたように、西北部九州では、縄文時代後晩期から統率者主導で朝鮮半島との遠隔地交易を行っていたが、集団間・集団内の競争が高じて、朝鮮半島から支石墓をはじめ様々な文化を取り入れるに至ったとみられる。縄文時代には達成されなかった朝鮮半島由来の文化・習俗の模倣やアレンジが、弥生時代早期前半に西北部九州で達成されると、より強烈に統率者の権威を示すことのできる遠隔地交渉を開始する必要があったと考えられる。その際、対象となった品目は南海産の大型巻貝を利用した貝輪であり、それは生活物資ではない奢侈品の範疇に入る。このような遠隔地すなわち「異界」との交渉の実行は、統率者の特別な能力の証として行われることが世界の先史時代の諸例から指摘できるが、民族誌的にも太平洋の島々に広くみとめられる。こうして入手された品目は、象徴的価値を付与され、一般に政治権力の維持・拡大と結びつくのである（図2-2）。したがって早期後半、遅くとも前期前半までに、南海産貝輪の獲得という遠隔地交渉が開始されることになったと考えられる。

西北部九州の初期の貝輪が福岡平野よりも先に出現することや、素材は縄文時代の貝輪と異なっていても、形態は縄文時代以来の伝統を保っていることはその証左である。これは南西諸島への土器の搬入や、中継基地としての特殊な性格を帯びた高橋貝塚の出現、南島型石棺墓の出現など、様々なコンテクストとみごとに調和する。

弥生時代開始期の遠隔地交渉のキーワードを挙げれば、統率者、「異界」、権威拡大ということになろう。

三　対外交渉の変質——漢王朝との外交——

統率者の権威拡大戦略として開始された朝鮮半島と沖縄諸島との交渉は、その後も引き継がれ、紀元前一・二世紀の弥生時代中期に至る。弥生時代中期後半、すなわち一世紀後半になると福岡平野を中心とする北部九州社会で、国家の萌芽ともみられる弥生社会でも突出した状況がうかがえ、中国の漢王朝との「外交」が実施されるようになる。ここでは漢王朝との外交に焦点をあてることにする。

(1)　弥生時代中期の朝鮮半島との交渉

弥生時代前期末から中期初頭の北部九州では、朝鮮半島系の木棺墓に加えて甕棺墓制が確立し、その後、甕棺墓は北部九州の墓制として定着する。北部九州の甕棺墓は、東アジア的にみても特殊なものであり、ここに独自の墓制が誕生したといえる。前期末から中期初頭のエリートの墓群として知られるのが、福岡市吉武高木遺跡である。この墓地では木棺墓と甕棺墓が併存しており、どちらからもほぼ等しく副葬青銅器が出土している。朝鮮半島系の銅剣・銅矛・銅戈という武器に加えて、銅鏡（多鈕細文鏡）などがあり、その他、大陸系管玉や縄文時代からの伝統をひく勾玉などもある。一方で、朝鮮半島南部の金海会峴里貝塚では、同時期の甕棺墓群が発見されており、短期的・部分的であれ明らかに九州系の遺物が出土する。銅剣などを副葬したこの甕棺墓群の被葬者が、どのような人物であったかは不明であるが、それ以前の伝統的な「異界」との遠隔地交渉という神秘的な面は減少していたと考えられる。したがって、弥生時代開始期までのあり方とはかなり異なっているといえる。また、この時期は福岡平野の諸岡遺跡や筑後平野北部の三国丘陵の諸遺跡、佐賀平野の諸遺跡にみられるように、北部九州内で朝鮮無文土器を集中的に出土する遺跡がある。土器の製作技法からみて、朝鮮半島の土器製作技術をマスターした人物が製作したことは明らかであり、朝鮮半島からの移住があったことがうかがえる。このことからも朝鮮半島がすでに「異界」としての対象から変質していたことを物語るものである。

朝鮮半島南端に所在する小島、勒島では在地の無文土器に混じって弥生土器ないし弥生系土器が比較的多く出土し、大いに話題になったことがある。調査にあたった釜山大学校博物館の協力により、資料をつぶさに実見し、図化することができた。その際、弥生土器そのものというよりも無文土器と弥生土器との要素を併せもつ、「折衷土器」というべきものが多いことが判明した（中園　一九九三）。時期は弥生時代中期前半代すなわち紀元前二世紀のものであり、

図 2－3

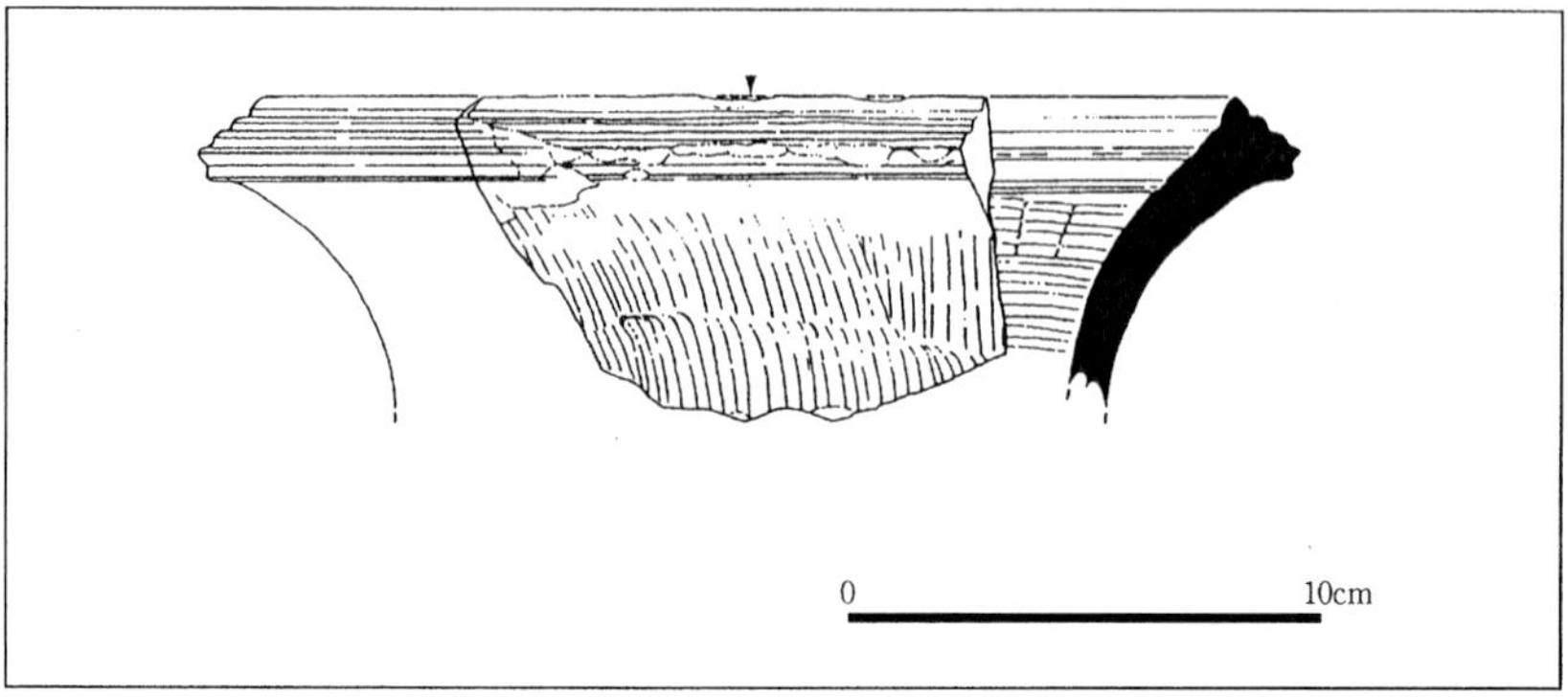

折衷のあり方の検討から、弥生人が無文土器の要素を模倣したものと、逆に在地の無文土器人が弥生土器の要素を模倣したものがあると判断された。このことから、当時の勒島社会では無文土器人に混じって弥生人も居住していたことがわかる。

また、同遺跡で実施された最近の調査では、弥生時代中期前半だけでなく、中期後半（紀元前一世紀）の須玖II式も少なからず出土することが明らかになってきた。東亜大学校博物館調査地点の遺物を実見したところ、弥生土器は比較的多くの器種が存在しており、その中には北部九州の須玖II式土器に特徴的な丹塗精製器種群も存在することがわかった。現在整理・研究中であり詳細は明らかにされていないが、今のところ折衷土器と積極的にいえるものは見出されていないようである。北部九州に最も近い朝鮮半島南端においてさえ、勒島ほど弥生土器やその要素が継続的で多くみとめられるものはほかになく、勒島の特殊性を暗示している。しかし、弥生土器や折衷土器は朝鮮半島南端で点々と見出されており、逆に朝鮮半島からは様々な物資が搬入されている。また、朝鮮半島との交渉の拠点と目される壱岐原の辻遺跡でも無文土器や折衷土器、楽浪系土器などが多く出土しており、両者の間に密接な交流があったことは確かである。

朝鮮半島南端部で出土する弥生土器は、ほぼすべてが北部九州系のものであるが、例外的なものとして筆者は勒島遺跡出土の瀬戸内系の凹線文土器を一点見出した（中園 一九九七b）。東亜大学校博物館に所蔵されているもので、一九八三年に実施された地表調査で採集されたものである（図2-3）。壺の口縁部から頸部にかけての破片であり、外反する口縁部の主要面には三条の凹線が施されている。色調は、外面が明黄灰色、内面が明灰黄色を呈し、外面のほうが灰色みが強い。このような諸特徴は、韓国南部地域から北部九州地域にかけての土器とは異なっており、日本列島の中でも中国地方の中期後半のものとみられる。中国地方からの搬入品である可能性がきわめて高いといえよう。

北部九州では瀬戸内系土器とは排他性があり、その出土は皆無に近い。すると、紀元前一世紀代に北部九州がほぼ独占的に朝鮮半島との交渉を行っていた中で、より東方の集団もわずかながら交渉を開始していたことが考えられるが、現状では証拠に乏しく、可能性の一つとしての指摘にとどまらざるをえない。

なお、紀元前一世紀代といえば、楽浪郡との接触により漢王朝と北部九州の王との「外交」が開始される時期であるが、勒島遺跡の状況は、魏志倭人伝にある「南北市糴」のような、より日常的な経済活動の一つの拠点とみてよいかもしれない。

こうしたことから日常的な様々な物資の移動、人的交流などをうかがうことができ、それが物語るのは、北部九州社会のエリート層が威信財を入手するために交渉を行っただけではなく、さまざまなチャンネルで交渉・交流が行われていたということである。また、折衷土器が相互に製作されていることから、日常的交流においては相互の地位に顕著な差がなかったといってよいかもしれない。北部九州にとって朝鮮半島は、伝統的に「憧れ」または「神秘」的対象であったが、弥生時代中期に至ってむしろ相対的なものとなっていき、楽浪郡の設置以降はますますその傾向が強まったと考えられる。漢王朝との関係という点からは、その権威や信頼をめぐって朝鮮半島南部社会との競争意識がすでに芽生えていた可能性が十分考えられる。

(2) 紀元前一世紀後半の漢との交渉

弥生時代中期後半、実年代で紀元前一世紀は、漢王朝と北部九州弥生社会との「外交」の時期であるといえる。そして、北部九州社会は突出したあり方をするに至った。それは、「都市」としての性格をもつとみられる大規模遺跡の出現と荘厳化、北部九州一帯から長崎、あるいは薩摩西部までを含む九州西半に影響力を及ぼす「王」の存在を示す特別な墓、外交によるとみられる漢王朝由来の文物など、考古学的現象として確認できる。

中国関係の遺物としては、それ以前にもきわめてわずかながら、戦国式の銅剣・銅戈などの中国系金属器が北部九州で発見されている。ただし、中国との直接交渉というよりも朝鮮半島経由で持ち込まれたものとみるほうが妥当であろう。楽浪郡設置に先立って朝鮮半島には衛氏朝鮮があり、中国由来の物質文化や情報の間接的入手が全く無理な状況ではなかったといえよう。したがって、中国というものの存在は、古くから認識されていたと考えられるが、本格的交渉の契機は、やはり従来指摘されてきたように、朝鮮半島に楽浪郡が設置されたことにあろう。朝鮮半島に楽浪・臨屯・真番・玄菟の四郡が設置されたのは紀元前一〇八年である。既述のように、北部九州の甕棺墓から前漢鏡をはじめとする中国系副葬品が出土するようになり、エリートの威信財に大きな転換があったということができる。前漢鏡の型式からみれば、北部九州と楽浪郡との本格的な交渉は、紀元前八二年・紀元前七五年の四郡再編によるいわゆる「大楽浪郡」の成立以後、紀元前一世紀後半からとみられる。

この時期は朝鮮半島でも中国文化の影響がみられ、例えば慶尚南道義昌郡茶戸里遺跡の一号木棺墓からは、副葬品として、星雲文鏡一面、帯鉤、五銖銭などの前漢系遺物のほかに、銅剣、銅矛、鉄矛、黒漆高杯、土器などが出土している。筆も五本出土しており、共伴した鉄製刀子は「書刀」とみてよいとされている。書刀とは墨書を削りとるためのものであり、筆とセットになって筆記具として用いられるものである。したがって、朝鮮半島の非漢人層である在地エリート層周辺でも文字が使用され、楽浪郡と文字による伝達が行われていたことを暗示させる（岡村 一九九九）。このことから、同時期の北部九州と楽浪郡との交渉にも、文字が使用されたと推定する研究者も出てきている。

茶戸里遺跡の墳墓と北部九州の甕棺墓の副葬品と比べれば、鏡や武器類は共通しているが、帯鉤や五銖銭など相当量日本列島に入っていたはずのものが甕棺墓からは出土していない。北部九州では、楽浪郡とも朝鮮半島とも異なる、しかし中国系の鏡を頂点とした、独自の副葬品の選択基準があったということができる。なお、この時期の甕棺墓から出土する漢鏡の総数は、楽浪郡地域よりも、また朝鮮半島南部地域よりも非常に多いことは注目できる。さらに、漢鏡の中には外交以外では入手不可能とみられる大型鏡が含まれており（高倉 一九九五、岡村 一九九九）、ガラス璧など中国で用いられても朝鮮半島南部にみられないものが存在しているのである。ここから、近くを薄く遠くを厚く遇するという漢王朝側の異民族政策の影響を読みとる意見もある（岡村 一九九九）。

筆者が行った北部九州の甕棺墓の研究からは、副葬品の質・量・組み合わせにはきわめて厳密な規則があり、須玖岡本遺跡D地点甕棺墓と三雲南小路遺跡一号甕棺墓（図2-4）という最高位の「王墓」を頂点として、大きく五段階のランクがあったことがわかっている（中園 一九九一）。ここからわかるように、北部九州の紀元前一世紀代は、威信財による明確な階層表示がなされており、弥生社会の中で突出した階層化社会であったのである。

最高位の王墓には、三〇面を超える漢鏡が副葬されており、しかも外交以外での入手が不可能な、皇帝からの下賜の可能性のある大型鏡が含まれていることは注目すべきである。中型・小型鏡はより低いランクの墓から少枚数出土し、質・量においてランク差を顕著化していることも注目される。おそらく、こうした鏡の多くは、楽浪と北部九州最高首長との外交によって入手されたものであり、北部九州社会内で再分配されたものであろう。そして確立された副葬品システムに沿って、注意深く選択され、副葬されたとみなければならない。なぜならば、鏡の質・量の関係に乱れがなく、地方エリートに至るまで規則が貫徹しているからである。

図2－4

北部九州における最高位の王墓の副葬品（三雲南小路1号甕棺墓）

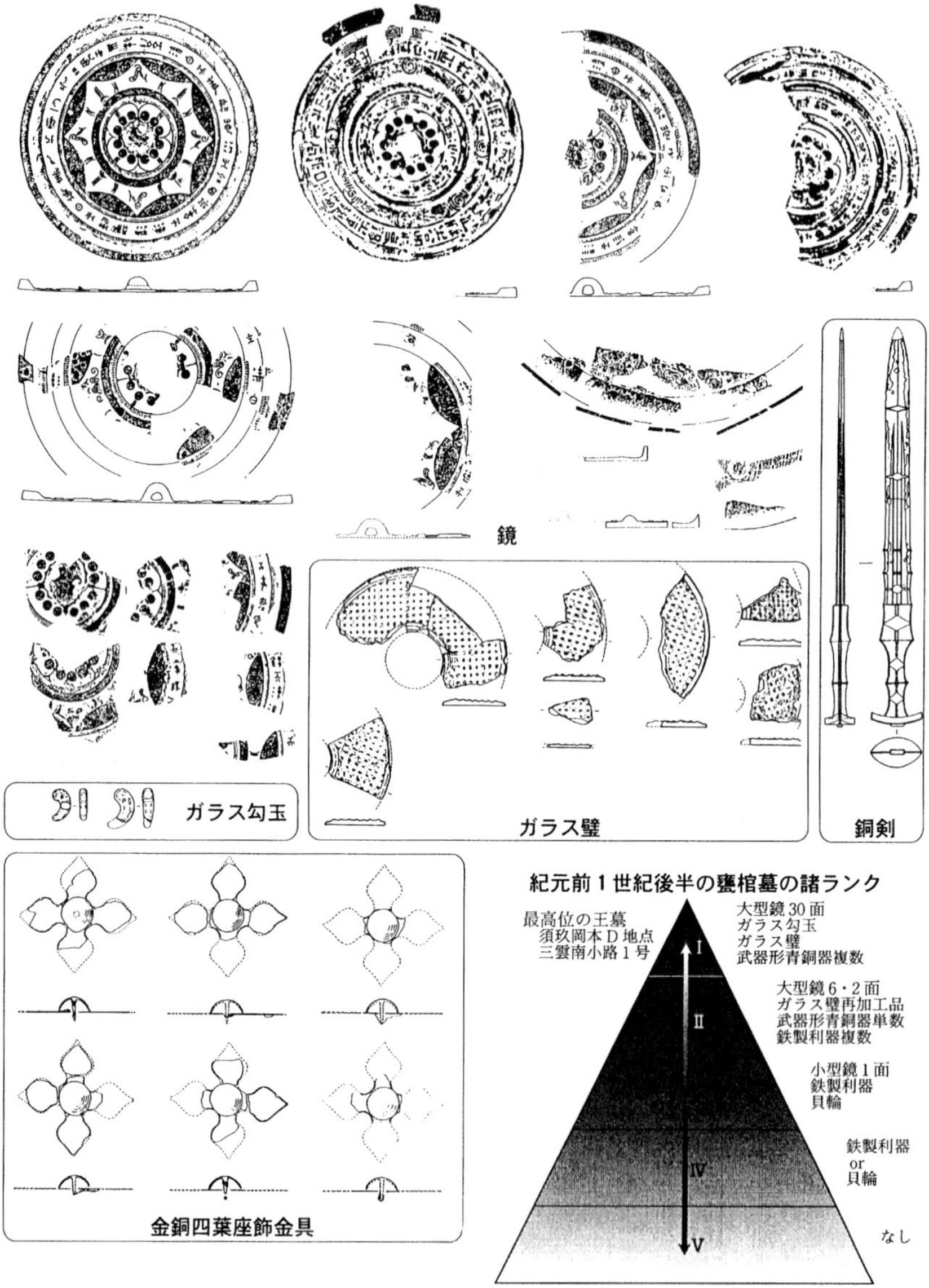

なお、宮本一夫によると、南越王墓でも階層関係と漢鏡のサイズが対応しており、「蛮国の地域首長を漢王朝側の階層秩序に応じて遇する必要」があり、「漢王朝側の鏡の階層秩序が、この後の我が国の鏡による階層秩序の原型をもたらしたもの」とし、漢王朝側の意図に注意を向けている（宮本 二〇〇〇）。そうした漢王朝側の意図と同時に、再分配においてもそれが大きくくずれてはいないとみなせることから、こうした漢王朝を中心とするアジア世界の副葬品システムに対して、一定かつ高度な理解が存在したと考えなければならない。もちろん、甕棺墓の副葬品には北部九州製の青銅器や鉄戈、さらに、貝輪も存在している。副葬品による階層表示システムは、国際的理解があったうえで、なおかつ独自に作り出された体系であったということができる。

また、町田章が指摘するように、三雲南小路遺跡一号甕棺墓出土の金銅四葉座飾金具など、「王」の死に際して漢王朝から葬具として下賜されたとみられるものも存在している（町田 一九八八）。漢王朝側の意図もある程度理解し、かつ既存の副葬品を含んだ副葬品による明確な秩序の再構成が行われたと考えられる。

このようにみてくると、やはり中期後半の北部九州は、政治人類学的定義はともかくとして、漢王朝からみれば国であり、その代表は王として遇され、外交の対象であったとみなさなくてはならない。このころのことを書いたと考えられる『漢書』地理志に、「楽浪海中倭人有り。分かれて百余国と為る。歳時を以て来り献見すと云う」という記述があるのは、すでに多くの研究者が指摘しているように、北部九州と漢王朝との朝貢関係の樹立を示すものであり、外交の存在を証するものであろう。

北部九州中枢部を中心として、あたかも地理的に同心円構造をとるように地方エリートの墳墓が発見されている（中園 一九九一）。そうした地方エリートの墓においても北部九州の副葬品秩序が厳守されており、例えば長崎県大村市富の原遺跡では、在地墓制である石棺墓から構成される墓地の中に、北部九州的甕棺墓が集中する区画があり、副葬品が伴っている。人骨の形質や埋葬法から在地のエリートであることはほぼ確実であり、北部九州の王を頂点とし、地方首長を系列化していることは疑いなかろう。想像をたくましくすれば、こうした地方エリートがわざわざ在地墓制でなく甕棺墓を採用していることからしても、また副葬品秩序が貫徹していることからしても、漢王朝の支配システムを北部九州の王とその周囲のエリートたちが模倣し、実現しようとした可能性が考えられる。彼らはいわば「ミニ漢帝国」を弥生社会の中に実現しようとしたのではあるまいか。

四　沖縄諸島との交渉

弥生時代開始期ごろの南島世界との交渉は、すでに述べた。統率者主導の「異界」との交渉として、貝輪の入手のために、弥生人が沖縄諸島に目を向けること、その中継基地としての薩摩半島西部の高橋貝塚が特殊なあり方をすることなどをみた。その後も、南西諸島は貝輪をめぐる交渉のルートであり続けたが、やはりゴホウラとイモガイという大型巻貝が安定して採れるためか、沖縄諸島が弥生人の交渉相手であり続けたようである。途中の奄美大島などでも弥生人との接触の痕跡がみとめられるが、あくまでも島伝いの航海の中継点でしかなかった。ここでは、弥生時代中期を中心とする弥生社会と沖縄諸島の貝塚時代後期社会との交渉について述べる。

従来の研究では、「貝輪交易」に力点がおかれてきた（木下　一九九六）。たしかに南西諸島との交渉は貝輪をめぐるものであったことは疑いないが、一方で、南西諸島、特に沖縄諸島で出土する弥生土器や弥生土器類似の土器は注意にのぼる程度で、型式や製作地の同定などが不十分もしくは不正確なまま放置されてきたといわざるをえない。このままでは、交渉の時期や実態を詳細に論じることができないばかりか、誤った解釈が行われてしまいかねないし、実際にそのような不適切な解釈もなされている。そこで、沖縄諸島出土の弥生土器関係資料のより正確な同定を試み、さらに交渉とその影響について考察する。

一九六〇年代に沖縄諸島の貝塚時代後期の遺跡から九州系の弥生土器が出土することが注意された（友寄 一九七〇）。その後、岸本義彦など沖縄在住の研究者により熱心な集成が行われたが、近年の発掘調査によってさらに多くの弥生土器関連資料が追加されつつある。

(1) 沖縄諸島の弥生土器関連資料

ここでは沖縄諸島で弥生土器関連資料を出土した主要遺跡ごとにみていく。関係者のご理解により多くの資料を実見できた。筆者は九州の弥生時代中期を中心とする土器編年の再検討を行い、その地域性や併行関係がほぼ把握できている（中園 一九九六、一九九七a、二〇〇四）。その結果、従来の認識の中で、年代や併行関係に関して重大な誤りがあることを指摘している。ここでは筆者の編年観、年代観にしたがって記述する。なお、以下の記述では弥生土器を中心としてとりあげるが、もちろん、各遺跡とも量比は在地の沖縄貝塚時代後期土器が圧倒的に多い。

浦添市嘉門貝塚B区（松川（編）一九九三）では、多くの弥生土器が出土している（図2-5）。弥生土器は、弥生時代早期後半、最大限下ったとしても前期初頭とみられる甕が一点ある（1）。その他、前期前半の薩摩半島のものとみられる刻目突帯文系の甕が二個体出土している（2・3）。また、前期中頃から後半の壺も三点あるが（8・9）、いずれも薩摩半島的である。これらが弥生時代早期から前期という弥生時代でも古い時期のものであるが、形態・胎土から薩摩半島との関連が考えられることは、中継拠点としての薩摩西部の高橋貝塚の存在を想起すれば興味深いことである。

また、中期では入来I式とみられる甕も二点あり（4・5）、中期初頭に位置づけられる。本遺跡では中期前半の入来II式が最も多く出土している。二点の壺の肩部は、入来II式または山ノ口式に該当する（11・12）。入来II式と明確に判断できるものは、いずれも薩摩半島的な特徴をもつことはやはり注目される。一方、大隅半島的胎土をもつ

図 2－5

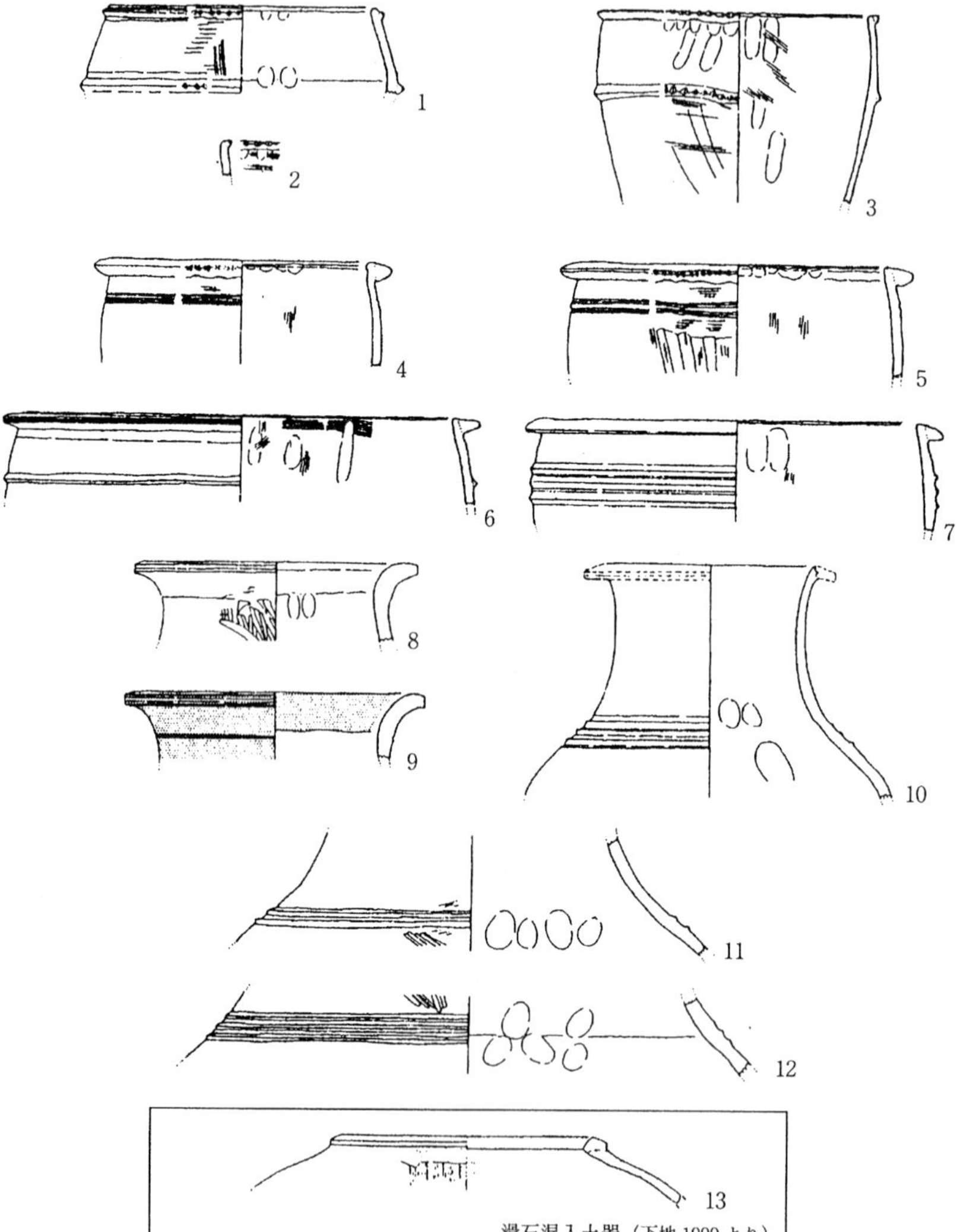

滑石混入土器（下地 1999 より）

嘉門貝塚 B 地区（松川（編）1993 を一部改変）

のは、入来II式か山ノ口式まで下る可能性をもつ個体が一点と、もう一点中期の壺の底部があるのみで、あとはほとんど薩摩的胎土のものである。本遺跡では、弥生時代早期後半から中期後半までの長期間にわたる弥生土器が出土していることは注目される。また、中期土器の一部に大隅半島産と考えられるものがあるが、多くは薩摩半島産と考えられることも注意しておきたい。なお、楽浪系の可能性が指摘されている滑石混入土器も出土している（13）（下地一九九九）。

読谷村木綿原遺跡（當眞・上原（編）一九七八）は、南島型石棺墓を含む埋葬遺跡である。石棺の周辺から前期後半から中期初頭（入来I式）頃の弥生土器壺の破片が数点出土している。このうち、製作地の推定が可能なものは、いずれも薩摩半島的特徴をもっており、大隅半島産の可能性のあるものはわずか一点にすぎない。

名護市部瀬名貝塚（岸本利枝　一九九六）（図2-6）では、入来II式と山ノ口式が九点出土している。いずれも壺である点は注目される。うち二点は実見していないが、山ノ口式とみられる四点は大隅半島的胎土であり、その一点は山ノ口II式の二叉状口縁壺である（7）。奄美産とみられる中期前半頃の甕口縁部が二点あり、その他有文の奄美系の土器もある。

名護市大堂原貝塚は近年調査されたものである。ここでは弥生時代中期の土器を中心に前期から後期に及ぶ土器が出土している。奄美諸島産と考えられるものも一定量出土している。特筆すべきものとしては、中期の丸味を帯びた甕棺の口縁部片がある。甕棺片出土地の南限は薩摩半島南端の成川遺跡であったが、南西諸島では初見である。口縁部の微細形態等から、製作地は有明海を中心とする地域から、可能性としては長崎県の東シナ海側までの範囲が候補となろう。なお、出土状況からみて実際に埋葬に使用されたとは考えにくい。

本部町具志堅貝塚（岸本義彦（編）一九八六）（図2-6）では、比較的多くの弥生土器が出土している。一部、前期末に遡るかと思われるものと、南部九州のものとみられる後期の壺があるほかは、ほとんどが中期に属するが、中

図 2－6

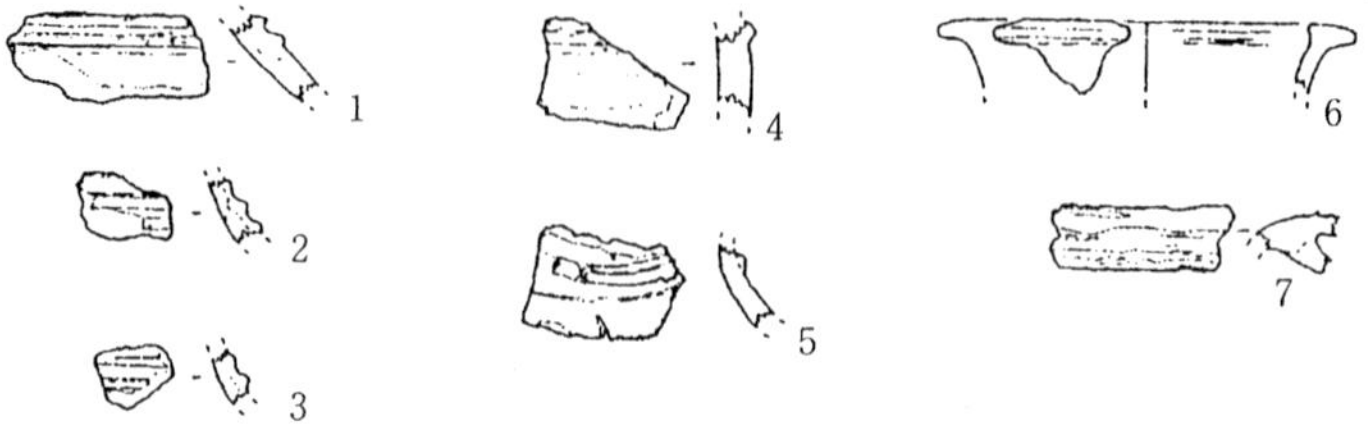

部瀬名貝塚（岸本利枝 1996 より）

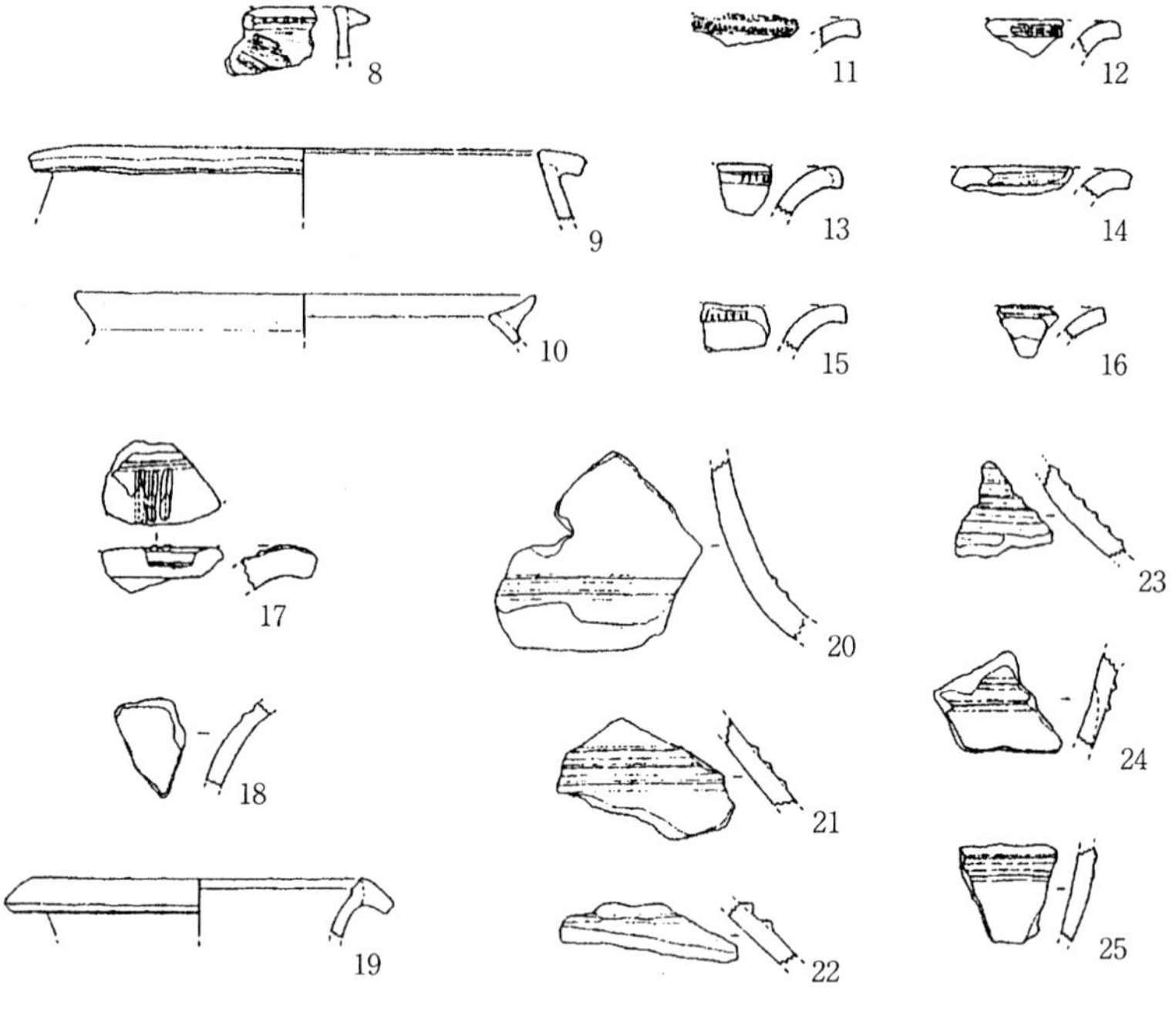

具志堅貝塚（岸本義彦（編）1986 より）

期のものは初頭から末まで全期間にわたる。南部九州のものがほとんどであるが、このうち入来Ⅰ式とⅡ式の大半が薩摩半島的胎土をもち、中部九州系の土器では黒髪Ⅰｂ式～Ⅱａ式の甕が一点みられる（10）。中期初頭以降に併行する奄美系の甕も比較的多い。奄美系のもの以外は壺が目立つことが注目される。

伊江島具志原貝塚（友寄・高宮 一九六八、友寄 一九七〇、安里（編）一九八五、岸本義彦（編）一九九七）（図2-7）は、沖縄諸島で最も早く弥生土器が確認された遺跡として著名である。友寄の調査で出土した弥生土器は現在の見地からみてもほとんどが山ノ口式であり、大隅半島的胎土である。ただし、1は黄橙色を呈する明るい色調で、黒雲母も目立たない。また、突帯の形状からも、中期後半または下っても後期初頭頃の薩摩半島西部の壺と考えるのが妥当であろう。同一個体かと思われるものがもう一片ある。

その後行われた調査では後期の免田式が多く出土し、注目を集めた（安里（編）一九八五）。やはり後期関係の土器が出土しており、刻目突帯をもつ壺の胴部（20）や、後期後半～古墳時代初頭とみられる壺の口縁部（19）なども含まれる。免田式（21～23）を除くと南部九州のものであろう。免田式はいずれも文様部分が見出されているが、文様が特徴的であることもあり、本遺跡ではそれのみが目立つ印象がもたれている。しかし、同時期のもので無文の南部九州の土器が多く含まれているのではないかと思われる。また、このときの調査で出土した弥生土器が、ほとんどが壺であることも注目される。本遺跡の中でこの調査地点は、弥生時代後期に併行する時期に営まれたものであろう。

一九九五年の調査では入来Ⅱ式から山ノ口式を中心とする資料が得られており、山ノ口式と大隅半島的胎土はよく相関するようである（岸本義彦（編）一九九七）。

以上から、この遺跡では弥生時代中期から後期を中心とする弥生土器が出土していることになる。

具志川市宇堅貝塚（金武正紀（編）一九八〇、大城 一九九二、福岡市博物館（編）一九九八）では、比較的多くの弥生土器が出土しており、その時期も弥生時代前期後半から後期という長期にわたっている。したがって、長期間

図 2－7

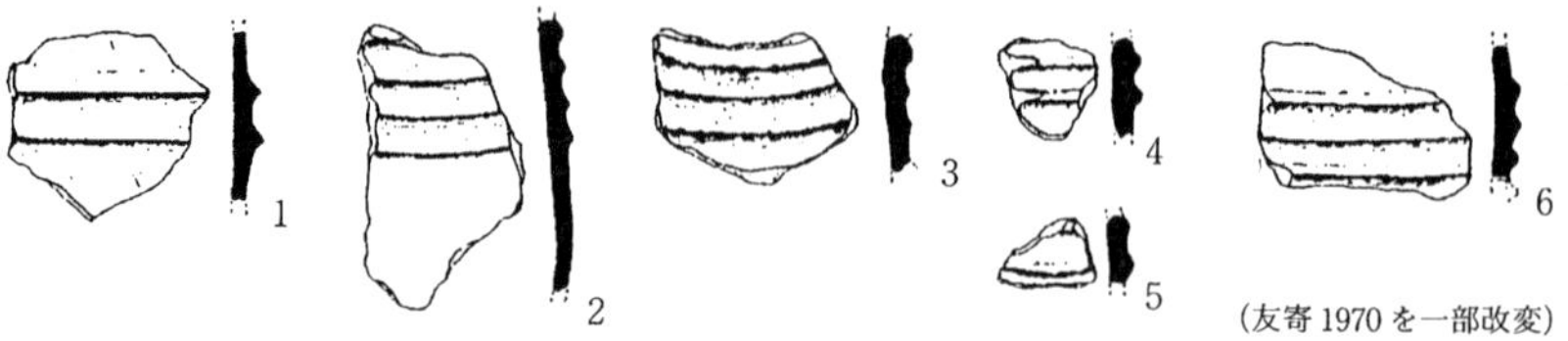

（友寄 1970 を一部改変）

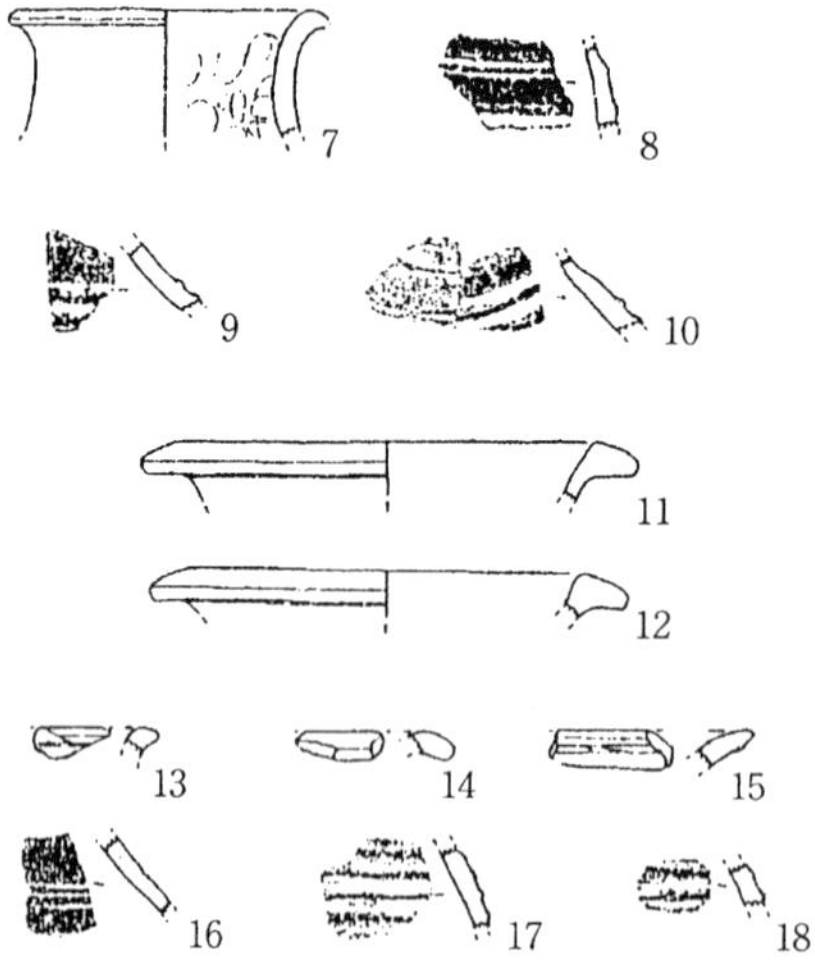

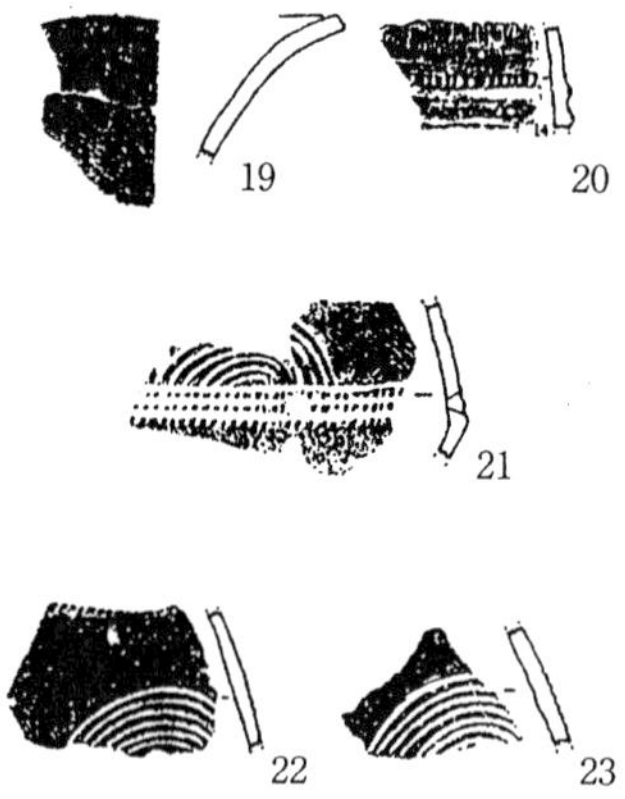

（安里（編）1985 より）

具志原貝塚（岸本義彦（編）1997 より）

宇堅貝塚
折衷の可能性のある甕

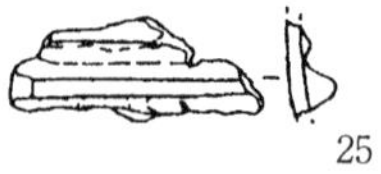

具志川グスク崖下（大城 1997 より）

にわたり弥生土器の搬入がみとめられることになるが、その大半は薩摩半島的胎土であることは注目される。中には中期末～後期初頭頃とみられる薩摩半島西部的な多条突帯壺もある。また、中期後半の山ノ口II式を南西諸島的製作技法で模倣した可能性のある甕もある（図2-7の24）。この土器の胎土は明らかに南西諸島のものであり、調整技法なども南部九州とは異なったものである。沖縄諸島で製作されたものか、奄美諸島で製作されたものかまでは、現状では判断できないが、南西諸島の貝塚時代後期土器の製作者によることは明らかである。

本遺跡では、弥生土器のほかにも金属器など大陸系・弥生系の注目すべき遺物があることが知られている。鉄斧と砥石、青銅製鏃（いわゆる漢式三翼鏃）や後漢鏡片も出土しているなど、一遺跡としての金属器類の集中度は九州南半の遺跡をはるかに凌駕している。このこと自体、沖縄諸島の遺跡の性格を暗示するものであるが、それは後述する。

弥生時代中期土器を多く出土している第一shell moundと呼ばれる地区では在地の浜屋原式等が出土しており、後期の免田式が出土した第二shell moundと呼ばれる地区では在地の大当原式等が出土している。本遺跡では、薩摩半島西部的な中期末～後期初頭頃の土器を含めて、免田式など弥生時代後期土器も少量あるが、他の遺跡と同じく主体はやはり中期にある。また、近隣の遺跡としては、具志川グスク崖下からも壺や、大型甕または大型壺の胴部突帯が出土しており（西銘・宮城 一九九八）、薩摩半島西部の中期末～後期前半頃のものである可能性が高い（図2-7の25）。このようにみてくると、宇堅貝塚とその周辺でみられる土器はほとんどが薩摩半島的である。北部九州の須玖II式らしき破片もあるが、長崎や熊本で製作されたものかと思われる特徴を有しており、これも薩摩（西部）経由での持ち込みを示唆するものである。上記の免田式も熊本県地方に分布の中心があるが、南部九州では薩摩半島で散見されるため、薩摩半島で製作されたか、もしくはいったん熊本方面から薩摩半島に持ち込まれたものと考えられ、やはり薩摩西部経由であることを示唆する。

読谷村中川原貝塚（仲宗根 一九九二a、一九九二b、仲宗根ほか 二〇〇一）（図2-8）も宇堅貝塚と内容的に似た面があり、注目される遺跡である。弥生時代前期後半から後期の各時期にわたる弥生土器が出土している。ほとんどが南部九州のもので、前期後半の壺（1）、中期初頭の入来Ⅰ式の壺（2?・4）、中期後半の入来Ⅱ式の甕・壺、中期後半の山ノ口Ⅱ式の壺などがあり、後期土器も一定量あるようである。やはりこちらも中期土器が最も多い。大隅半島的胎土としては入来Ⅱ式（18・20）、山ノ口Ⅱ式（15）があるが、その他の多くは薩摩半島のものではないかと思われる。また、中部九州の黒髪Ⅱa式と思われる甕もある（19）。形態・明瞭なハケメ・明るい色調の諸点からみて明らかに北部九州～西北部九州的特徴をもつといえる前期末～中期初頭の甕も一点ある（17）。

なお、口唇部の丸い逆L字状口縁をもつ甕も出土している（8）。形態からは北部九州の須玖Ⅰ式にも似ているが、口縁部内面側の張り出しがない点や断面の上面に須玖式特有のうねりがない点、口縁部外面側の付け根のナデが甘いことなど須玖式とは異なっている。同様の土器は、最近、少量ながら薩摩半島西部の加世田市・金峰町や川辺町などを中心に薩摩半島で点々とみとめられるため、薩摩半島産である蓋然性が高いと思われる。筆者はこの種の特徴は入来Ⅱ式の時期に須玖Ⅰ式の要素を模倣した可能性、あるいは須玖Ⅰ式や黒髪Ⅰ式の口唇部が丸い要素などを部分的に模倣した可能性を考えている。

奄美諸島の特徴をもつ甕も一定量みられる（9・10?・21）。

本遺跡でも、宇堅貝塚と同様、大陸系あるいは弥生系の金属器など注目すべき遺物が多く出土している。五銖銭、青銅製鏃（いわゆる漢式三翼鏃）、細形銅剣茎片や、鉄斧、ガラス製小玉、小型の柱状片刃石斧がみられる。宇堅貝塚と多少の異同はあるが、内容に類似性がみられることは重要な点であろう。

その他、楽浪系かとされる滑石混入土器も出土していることも、嘉門貝塚B区と並んで注目される。

読谷村大久保原遺跡（仲宗根　一九九一b、仲宗根ほか　二〇〇一）（図2-9）は、中川原貝塚と同じ読谷村に位置するが、弥生時代前期初頭頃とみられる刻目突帯文系の甕（5）や中期前半の入来Ⅱ式（6）など、南部九州のもの

図 2－8

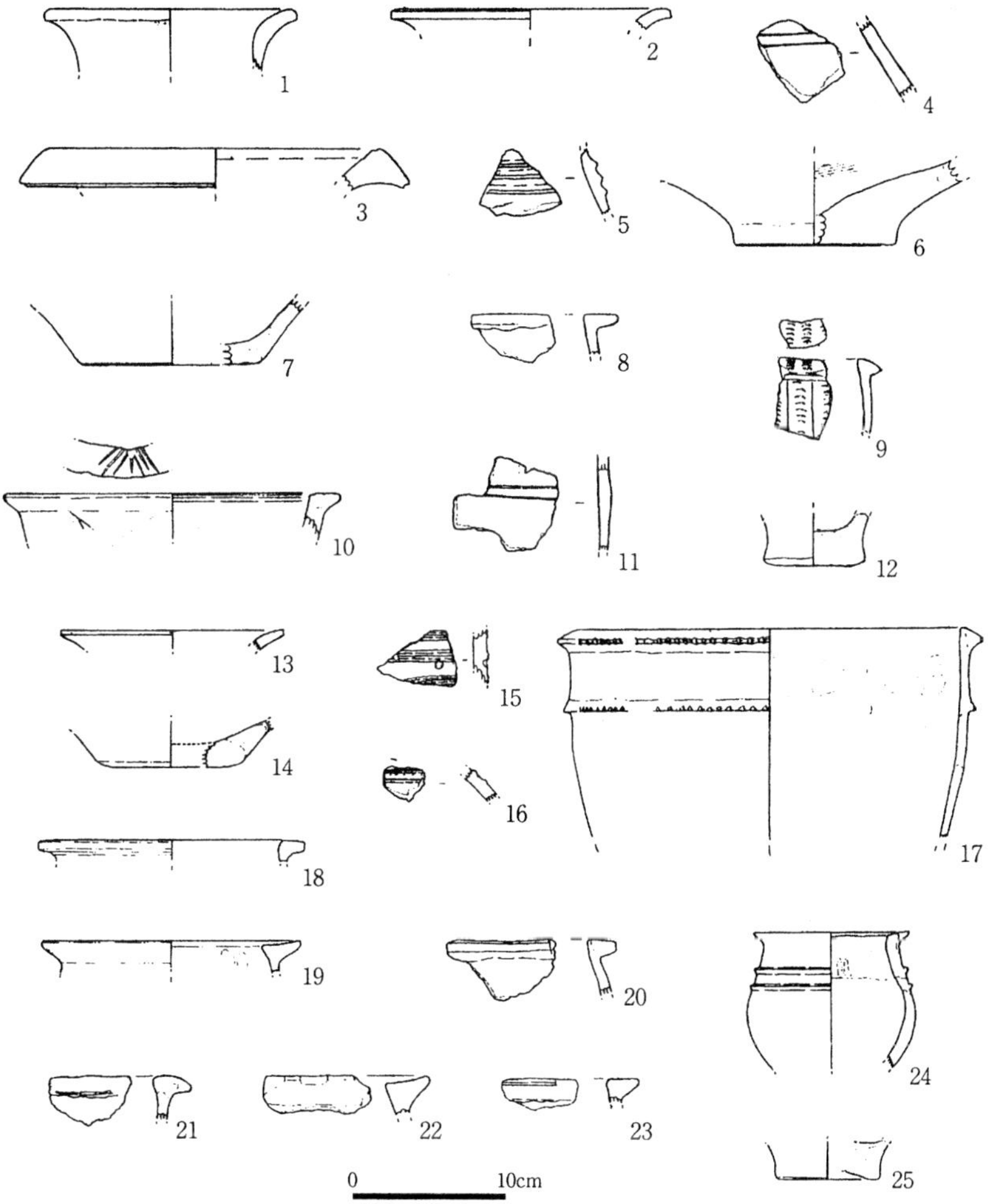

図 2－9

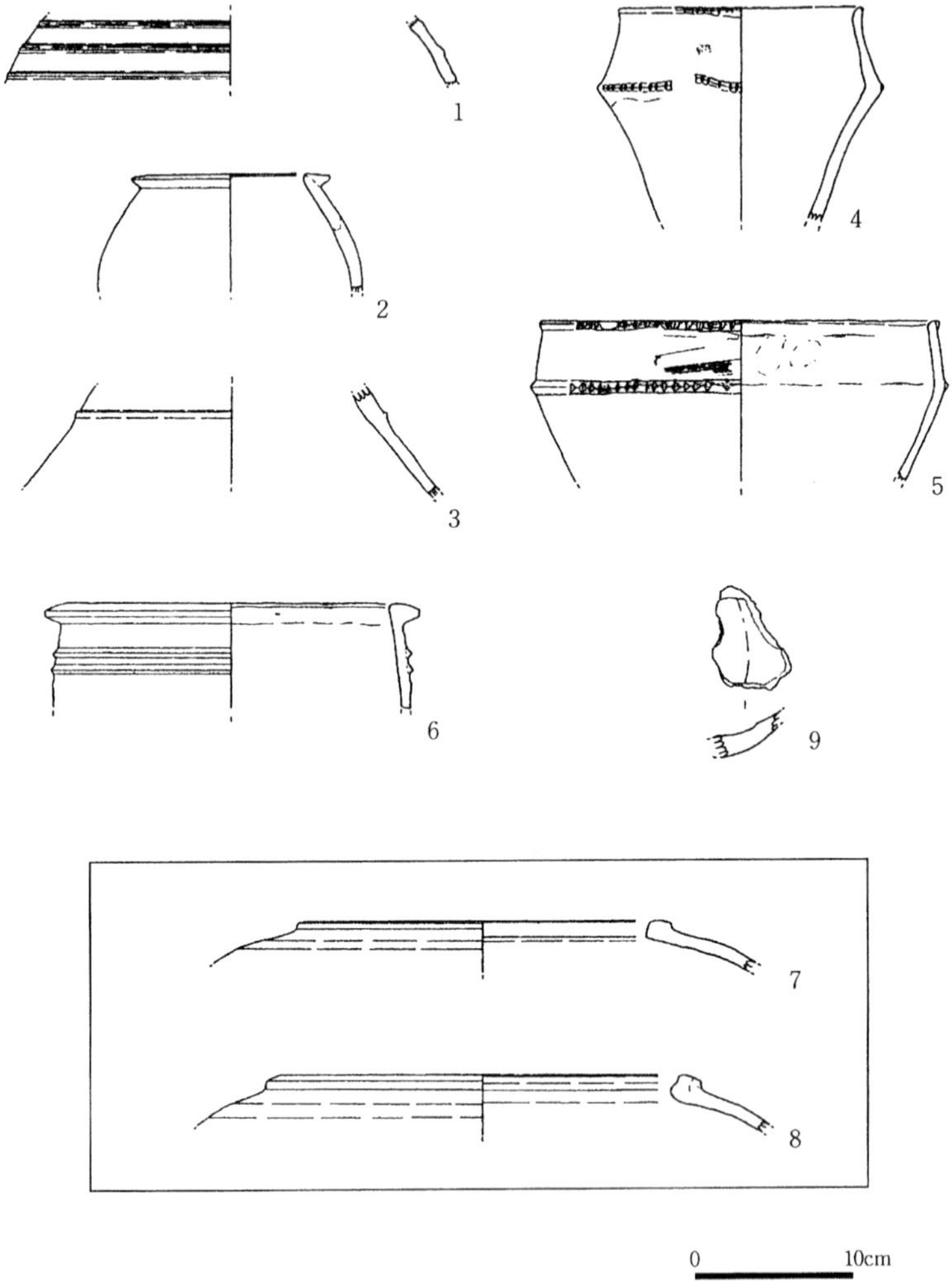

図2－10

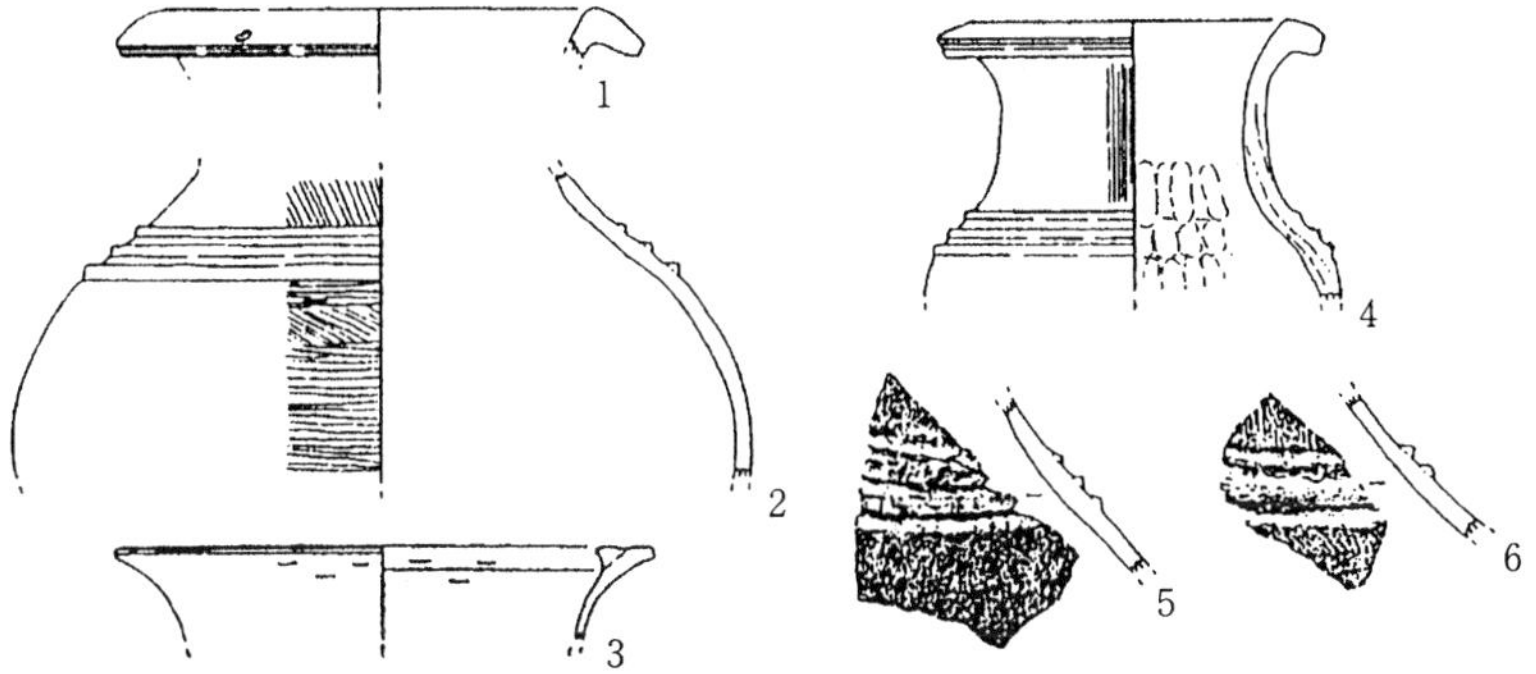

大原第二貝塚（3 西銘・宮城 1998 より / 他 盛本・比嘉 1994 より）

平敷屋トウバル遺跡（島袋（編）1996 より）

と思われるものが出土している。これらは薩摩半島的と思われる。5は薩摩半島西部の高橋貝塚などでみられるものとよく似ている。大隅半島的胎土をもつものは、山ノ口II式または後期初頭の高付式とみられる壺が一点ある（1）。4も前期でも比較的古い時期の刻目突帯文系の甕であるが、製作地については不明である。

なお、ここでも楽浪系かとされる滑石混入土器（7・8）が出土している。

久米島大原第二貝塚（盛本 一九九四、盛本・比嘉 一九九四）（図2-10）は、沖縄本島以外で弥生土器が出土した遺跡として注目される。久米島は沖縄本島からさほど遠くはないが、やはり沖縄本島だけが特別なのではなく、少なくとも久米島は沖縄本島と同様の脈絡にあったと考えてよかろう。入来II式から山ノ口式の壺が数個体出土している（1・2、4～6）が、ここでもほとんどが大隅半島的胎土である。中には須玖Ia式～IIb式とみられる壺口縁部もある（3）。この地点から出土した弥生土器は弥生時代中期前半から後半に限られており、比較的短期間のものといえる。

五銖銭が一〇枚も出土しており、注目される遺跡である。弥生土器とは層位がやや異なっているようであるが、関連があるとすれば、はからずも弥生土器の実年代の参考資料となろう。

勝連町平敷屋トウバル遺跡（島袋（編）一九九六）（図2-10）では、後期後半頃の壺の口縁部（7）と刻目突帯をもつ壺の胴部（8）が出土している。後者は古墳時代前期に下る可能性もある。これらは形態・胎土から南部九州のものと考えられる。7は焼成後穿孔があるのが注目される。在地土器は長期に及ぶものがみられるが、これらの搬入土器が所属する時期は、在地の大当原式であるとみられる。本遺跡では弥生時代中期土器がみられず、他の遺跡と様相を異にする。おそらく本遺跡では弥生時代中期において弥生人との交渉はまったく、ないしほとんど行われていないのであろう。

弥生土器関連資料は以上ですべてではなく、一部割愛したものもある。このほかに弥生土器が出土した遺跡は、一点やせいぜい数点しかみられない。それらの時期や器種等は右の例の範囲を越えるものではないが、概ね入来II式から山ノ口式である。

(2) 沖縄諸島出土弥生土器の傾向

以上、長くなったが沖縄諸島でみられる弥生土器関連資料について記述した。沖縄諸島でいかに多くの弥生土器が出土しているかおわかりいただけよう。従来、弥生時代中期・後期土器が出土しているという認識があり、わずかに前期のものがあるということも知られていたが、このように詳細にみていくことによって、ほぼ弥生時代の全般にわたっていること、また時期的な出土量の変化もわかる。すなわち、上限は弥生時代早期後半が最古のものである。今後の調査で早期の前半段階、つまり弥生時代最古段階の資料が出土するかどうかはわからないが、従来考えられていたよりも、ずっと古い段階から九州系の弥生土器がみとめられることになる。早期土器は少ないが、前期になると多少増え、特にその後半期には増加する傾向にある。中期土器には爆発的に増える。中期初頭段階はさほどでもないが、中期前半の入来I式になるときわめて多く出土するようになり、中期後半がそれに次ぐ。後期初頭にはだいぶ減るが一定量の出土は認められる。それより後はきわめて少なくなり、弥生時代終末から古墳時代初頭を最後に九州系の土器の出土は途絶してしまう。なお、このうち中期前半の実年代がとりわけ長いと考えることはできないことから、やはりこのころがもっとも土器の搬入が活発であったということができよう。

すでに述べたように、縄文時代併行期（貝塚時代前期）には土器様式が九州と類似性を増す時期もあったが、土器の搬入は単発的であり、弥生時代のような継続的で活発な搬入はなかったといってよい。また、古墳時代についても、ごく初期に微量みとめられるだけで、基本的には搬入は皆無である。すると、弥生時代早期後半から突然、土器が搬入されはじめ、その後継続するのはきわめて注目すべきである。したがって、弥生時代は前後の時代と比べて、特異な時代ということができる。

沖縄諸島に持ち込まれた弥生土器で圧倒的に多いのは、南部九州産のものである。奄美系のものも一定量存在しているが、その他は中部九州、北部九州のものがごく少量にすぎない。右で述べた資料の中で最も古いヌバタキ遺跡で出土している弥生土器は、完全な一括資料とはいえず、多少の時期差を含んでいるようである。これが示すことは、短期間に搬入が繰り返された可能性が高いということである。嘉門貝塚B区・大久保原遺跡でも刻目突帯文系土器が出土していることからすると、弥生時代成立期に活発な交渉が開始されたとみなしてよかろう。なお、そうした土器が有明海以南の九州西半部産とみられることは、薩摩半島西部の高橋貝塚周辺（田布施平野）でみられる土器のバリエーションと調和的である。従来、高橋貝塚は貝輪「交易」の中継拠点と考える説があったが、それを支持するといえる。

出土量は、それ以降中期前半にかけて漸増する。中期前半の入来II式が最も多く、この時期までは一貫して薩摩半島的特徴をもつものが大半を占める。中期後半の山ノ口式はその多くが大隅半島産とみられるが、製作地の主流が薩摩半島産から大隅半島産へと転換したとはいいがたい。やはり同時期に薩摩半島西部産とみられるものがあり、薩摩半島西部との交渉は続いていると考えられる。

従来、沖縄諸島でみられるもので、南部九州以外に分布中心がある土器については、それぞれの地域からの直接的搬入であると暗黙のうちに考えられてきた。こうした短絡的思考は考え直されなければならない、というのが筆者の考えである。なぜならば、①薩摩半島西部は、そうした南部九州以外の九州西半部系の土器が比較的多く出土する地域であること、②沖縄諸島の遺跡では南部九州以外の土器は薩摩半島西部の土器と共存していること、③薩摩半島西部の在地土器が沖縄諸島で多く出土しつづけること、④この地域の高橋貝塚では貝輪の未製品や仲原式土器が出土しており、沖縄諸島との交渉を裏付ける直接的証拠があること――このような脈絡から薩摩半島西部にいったん持ち込まれるなどしてすでに存在していた土器が、沖縄諸島へと運ばれたと考えるのが自然であるからである。

では、沖縄諸島に搬入された弥生土器の器種についてみてみよう。搬入が多い弥生時代中期土器に関して検討すると、そもそも九州では多くの器種があるにもかかわらず、搬入された器種には偏りがあることがわかる。つまり、概ね壺類と甕に限られており、器種のバリエーションが少ないのである。小破片も多いため、甕としたものの中に鉢が含まれる可能性もあるが、せいぜいその程度であり、甕用の蓋、長頸壺・無頸壺や小型の椀、高杯、器台などは極めて少ないか皆無である。また、薩摩半島西部産とみられる大甕や大壺、大堂原貝塚で出土した小型の甕棺などのような、在地土器にはない大型器種の搬入もあるが、量的には問題にならない。

搬入された弥生土器の中で、本来の弥生土器の器種構成から欠落するものは、小型器種であり、また高杯が出土しないことも注目される。これは、煮炊き（甕）、貯蔵・運搬（壺）に使用される器種が搬入されており、食膳具としての土器は基本的に搬入されていない、と言い換えることができる。そもそも沖縄諸島はもとより南西諸島の在地土器は、器種分化に乏しく、甕のほかは壺がある程度で、その他はせいぜい鉢が加わるにすぎない。つまり、南西諸島では在地の土器様式の中に食膳用土器が本来存在しておらず、それが弥生土器様式と著しく異なる点である。その点について、南部九州でも中期までは高杯や器台が欠落し、食膳用土器が少ないため、それが搬入土器の器種構成に影響していると考えることもできるが、無頸壺や長頸壺、椀など南部九州に存在するものでさえほとんど搬入されていないことは重要である。したがって、搬入にあたっては強い選択がかかっていること、器種のバリエーションが沖縄諸島の在地土器と類似していることが指摘できる。

高杯や器台が欠落する南部九州でも、弥生時代後期のやや新しい段階になると高杯や器台が製作されるようになるが、沖縄諸島ではこの段階になってもそれらの器種の搬入がみられない。このことからも、やはりなんらかの強い選択がかかっていると考えなければならない。

弥生土器の器種のうち壺が比較的多いことについて、輸送用のコンテナとみる意見がある。また、本来煮炊きに使用される甕もコンテナとしての転用は考えられないことではない。さらに、ごく一部ではあるが大壺などの大型器種がみられることも調和的である。したがって、コンテナ説は一応成立する。ただし、別の面に着目する必要もある。それは、搬入土器の器種のバリエーションが沖縄諸島の在地土器の甕・壺という器種のバリエーションと対応するということである。言い換えれば、搬入土器と在地土器の間で、甕は甕、壺は壺という、土器に対する在地人のカテゴリーに合致するものが搬入されているのである。こうした搬入土器には在地人による使用の痕跡がみとめられる。これらのことから、沖縄諸島の在地人にとって必要であるもの、または認知的に不協和を生じないものが搬入されているということができる。搬入土器の選択性には在地人の意図が働いた可能性もあろう。なお、これはコンテナ説と必ずしも対立せず、両立しうるものである。

なお、搬入された弥生土器が沖縄諸島の在地人によって使用されたとする根拠は、穿孔が施されているということである。土器に入ったヒビの両側に孔を穿ち、紐で縛ったと考えられる補修痕である。こうした補修痕は弥生土器には通常みとめられず、九州では基本的に縄文時代に限られる。弥生人の基本的態度は、補修をせず廃棄するというものであったはずである。一方、弥生時代併行期の南西諸島では、在地土器にしばしば穿孔による補修がほどこされている。したがって、搬入された弥生土器は少なくとも最終的には在地人によって使用されていると判断されるのである。

南西諸島の中で沖縄諸島は、弥生土器が最も集中して出土している。沖縄諸島より九州寄りにある奄美諸島においても弥生土器の搬入がみられるが、集中度は沖縄諸島ほどではない。ここに、沖縄諸島の特殊性が看取できるのである。大陸系遺物の出土についても沖縄諸島のほうが圧倒的に多く、沖縄諸島の性格を考えるうえで避けて通れない問題といえよう。

(3) 沖縄諸島の大陸系遺物と社会変化

南西諸島の中で沖縄諸島は、弥生時代併行期に弥生土器ばかりでなく大陸系遺物が多く出土することが特徴である。金属器を中心に大陸系遺物が多く存在しており、その質・量は北部九州の比ではないが、九州南半部と比較しても遜色がない、あるいはそれを凌ぐものともいえる。このような現象はどう理解すればよいのであろうか。

すでにみた弥生土器を出土する遺跡の多くは、集落とみなしてよい。そうした集落遺跡の中には長期間継続して、しかも多くの弥生土器が搬入されるものがある。嘉門貝塚B区、具志堅貝塚、具志原貝塚、宇堅貝塚、中川原貝塚などがそれである。筆者はこれを「継続型」と呼んでいる。それに対して、限られた時期の弥生土器が少量出土する遺跡もある。つまり、遺跡間で弥生土器の出土量に多寡があり、搬入の時期的継続性にも長短があるということができる。このことは、弥生時代併行期において集落間格差が生じていた可能性があるといえよう。

このような見方は、土器以外の遺物においても支持される。継続型の遺跡では、弥生土器だけでなく、大陸系遺物や金属器が出土する傾向があるのである。とくに中国のものが搬入されている。宇堅貝塚や中川原貝塚では、青銅製鏃（漢式三翼鏃）、後漢鏡片、五銖銭などが出土している。また、継続型といえるかどうかは議論の余地があるが、大原第二貝塚では五銖銭が多数出土している。これらは決して九州で普遍的に出土するものではなく、沖縄諸島で集中的にみられることはきわめて注目すべきである。北部九州で威信財ないし階層表示的シンボルとして用いられたものについては、沖縄諸島では欠落しており、それ以外のものが認められるのである。さらに、宇堅貝塚でも中川原貝塚でも金属器などの品目の内容が非常に似通っているため、何らかの選択がかかっていることになる。

また、評価は安定しないが、楽浪系の可能性のある滑石混入土器が出土している。類例は宜野湾市真志喜荒地原第一遺跡（呉屋ほか 一九八九）、浦添市嘉門貝塚B地区、読谷村大久保原遺跡、中川原貝塚の四か所にあり、しかも複数出土している。いずれも沖縄本島からの出土である（下地 一九九九）。筆者はこれらの大部分を実見したが、日本列島で他に壱岐の原の辻遺跡くらいしか類例がないため、本当に楽浪系であればその意味するところは大きい。時期は楽浪郡設置以前の可能性も指摘されており（同書）、すると弥生時代中期前半以前に持ち込まれたものということになる。そしてそれは共存する弥生土器の時期とも概ね調和的である。

こうした沖縄諸島で出土する大陸系遺物については、あまり明確な評価がなされてこなかった。そしてむしろ、中国大陸からの直接的な搬入が想定されてきた（上村 一九九三ほか）。しかし、大陸系遺物がみられる遺跡のほとんどは、九州系の弥生土器を出土する継続型の遺跡である。弥生土器との共伴がみられる以上、大陸からの直接的搬入とみなすことは無理があろう。また、青銅製鏃（漢式三翼鏃）や五銖銭のように、北部九州で威信財として用いられるわけではないが北部九州の遺跡で何らかの形で発見されているものである。さらに、時期の認定などに疑問を残すが中国戦国時代の燕で製作されたとみられる明刀銭も沖縄本島内で見出されているが、これは中国東北部を中心に遼東半島や朝鮮半島北部などに分布するものである。加えて、滑石混入土器についても朝鮮半島北部産の可能性があることなどから、地理的に中国大陸からの直接搬入を示唆するというよりも、むしろ朝鮮半島から北部九州を経由して搬入されたとみるのが自然である。したがって、これらの大陸系遺物は、北部九州にいったん持ち込まれたものが弥生土器と同じルートを経由して沖縄諸島に持ち込まれたと判断すべきであろう。従来のような大陸との直接交渉を想定する意見は、とりたてて証拠がなく、他の状況証拠からみても成立しがたい。アド・ホックな意見といわざるをえない。

なお、沖縄諸島での大陸系遺物、とくに青銅製品のあり方は意味深長である。おそらく青銅製鏃（漢式三翼鏃）などは、北部九州においては鋳潰されるべき原料であったと考える。また、北部九州では滑石混入土器は壱岐を除き皆無といってよく、むしろ同時期の楽浪系や朝鮮半島系土器としては灰色・瓦質の土器が珍重された形跡がある。こうしたことから沖縄諸島に搬入された大陸系遺物の多くは、北部九州弥生社会においてさほど象徴的価値が見出されなかったと考えるのが妥当であろう。ただし、五銖銭については後述するような別の解釈が成り立つかもしれない。

大陸系の金属器のほとんどは、弥生社会の中で価値が非常に低いとはいえないが、特定の権威と結びつくようなものではない。弥生人が沖縄諸島との交渉においては、自分たちにとって価値の高くないものを用いたとみることができる。弥生土器や大陸系遺物などは、九州側から沖縄諸島へと搬入されたものであるが、沖縄諸島側から九州側という逆方向に移動した遺物はないのであろうか。じつのところ九州側では沖縄諸島はもとより奄美諸島を含む南西諸島の土器が搬入された例は皆無に近く、弥生社会では権威のシンボルとして貝輪のみが必要であったと考えられる。このことからも弥生人の真の目的は貝輪の原材料の入手にあったといえよう。したがって、沖縄諸島との交渉が漢王朝と北部九州との間の外交関係などとはほど遠い性質のものであると判断してよかろう。ここからも、弥生人の目的が貝輪原材料の入手にあったということができよう。

一方、沖縄諸島でまとまって出土する五銖銭については、別の解釈が成り立つかもしれない。これらは概ね弥生時代中期後半に併行する時期のものである。弥生社会で貨幣経済が一般に行われていたとは断じていえないが、北部九州の沿岸部の「港」では大陸・半島との交渉において限定的に貨幣が使用された可能性は考えるべきであろう。楽浪郡設置以後の中期後半においては、北部九州と大陸・半島との間の経済活動に中国系の商人の介在を想定する意見がある（中村 一九九五）。また、壱岐原の辻遺跡で出土した五銖銭や弥生時代後期代の貨泉について、商取引を想定する意見もある（田川 二〇〇一）。沖縄諸島との交渉に関与した弥生人の中には、貨幣の意味と使用法を知っていた人物がいた可能性は考えておいてよかろう。

これよりずっと新しくなるが、しかし依然として先史時代であった沖縄では開元通宝が比較的多く出土する。これについて高宮廣衞は、メラネシアのティコピア島、台湾紅島嶼のヤミ族などの民族誌を参照しながら貨幣経済移行期について論じており、日常的には物々交換が行われていても、対外的な交渉においては貨幣の意味が速やかに理解され、限定的に使用された例を挙げている（高宮 一九九六a、一九九六b、一九九七、二〇〇〇）。沖縄諸島でも弥生文化との接触が強かった弥生時代中期～後期前半併行期において、交換にあたっては一時的に貨幣が用いられた可能性を考えうるのではなかろうか。

沖縄諸島の集落遺跡の立地は、弥生社会との交渉が開始されるころに内陸部から海岸砂丘地へと変化する。それとともに、遺跡内に貝輪の原材料であるゴホウラやイモガイを並べてストックした集積遺構が出現してくる。こうした集積遺構は、貝輪原材料を求めて季節的に頻繁に往来する弥生人との交渉のためのものであることは疑いない。また、集落立地の変化については多様な解釈が成り立ちうるが、弥生人との交渉が大きな要因の一つではないかと考える。

このように、もともとは弥生社会側の要求で開始された沖縄諸島との交渉は、南西諸島の社会に様々な影響を及ぼしたと考えられる。沖縄諸島で大規模な継続型遺跡とそうでない遺跡という集落間格差が生じた可能性が高い点、そうした格差に対応して大陸系遺物や弥生土器が集中する遺跡とそうでない遺跡が生じている点は、そうした脈絡でとらえられよう。おそらく、沖縄諸島の社会内部において、階層化が起こっている、もしくは階層化が促進されたと考えるのが自然である。弥生社会との接触の比較的早い時期から、南西諸島では南島型石棺墓と呼ばれる新型の墓制が採用され（時津 二〇〇〇）、限られた人物たちに採用されたと考えられる点もその証拠の一つかもしれない。

ただし、南西諸島全般において、集落のセトルメント・システムに関わる諸点が明らかにされていないため、集落の規模や継続性を集落間の社会的格差と解釈してしまってよいか、ということについては疑問も残る。しかし、土器の編年に関心の中心があり、南西諸島の社会について論じられること自体が少なかった点や、生業や環境との関係のみがクローズアップされてきた点には反省が迫られよう。社会のありかたについて深く踏み込んでいくことが重要である。したがって、弥生社会との接触が大きな社会変化をもたらしたというモデルは研究上それなりの意味をもちうるし、これまで論じてきたような諸点から成立する可能性も小さくないと考える。

沖縄諸島との交渉は、伝統的に薩摩半島西部を経由する九州の西回りルートであったと考えられ、主たる持ち込み先は北部九州であったことは疑いない。ただし、北部九州の威信財が中国系に転換する弥生時代中期後半（紀元前一世紀）には、貝輪は副葬品の最下ランクまで落ちてしまう（中園 一九九一）。同時に畿内・瀬戸内地域でも貝輪が出土しており、北部九州から流出したと考えられる。貝輪入手をめぐっては、北部九州にとって、異世界との遠隔地交渉によって統率者の権威を増大させるという当初の論理がしだいに変質し、威信財としての価値を低下させていった。しかし、その時期も既存のルートによる貝輪の入手は継続しており、畿内・瀬戸内地域という新たな市場に対する経済的側面が浮上してきたと考える。

なお、この中期後半からは、北部九州と急に勃興してきた畿内・瀬戸内地域の集団との間で、様々な面において競争関係が出てきたと考えられる。この一時期前の中期前半段階から大隅半島には瀬戸内系土器が搬入されており、岡山県南方（済生会）遺跡をはじめ瀬戸内地域のいくつかの遺跡で大隅半島的特徴をもつ入来II式が出土している。中期前半には大隅半島から瀬戸内への海上ルートが開発されていたとみてよかろう。畿内・瀬戸内地域の土器が沖縄に搬入された形跡はないが、大隅半島的特徴をもつ土器はある程度搬入されていることから、薩摩半島南端や大隅半島を経由して九州の東回りで瀬戸内・畿内に至るルートを想定することは不可能ではない。

なお、弥生時代後期以降（一世紀以降）になると、沖縄諸島をはじめ南西諸島に搬入される土器の量が激減している。北部九州の王は、中国王朝を中心とする東アジア社会の一員となることへの政治的指向性をもち、大陸との交渉・大陸系文物獲得に情熱が向かっていた。沖縄諸島への関心が本来貝輪の入手一辺倒であり、威信財としての貝輪の価値の低下は、沖縄諸島への関心の薄れにつながったものと考えられる。

それとともに、南西諸島の北端にある大隅諸島（種子島・屋久島）の土器は、後期のある段階から古墳時代併行期全般まで九州とは差異を深め、南西諸島の土器様式に近づいていく（中園 一九八八）。それに呼応して、イモガイに独特の文様を施した貝札が南西諸島一帯で広く共有される。貝札は広田遺跡などのある種子島が北限で、沖縄諸島の久米島が南限である。大隅諸島から沖縄諸島までが土器においても、貝札というシンボリックな遺物においても類似性を強めていくのである。ここに、「南島世界の再編」というべき現象を読みとることができ、九州とは本質的に異なった南島世界の広域でのイデオロギーの形成をうかがうことができる。

この時期の沖縄諸島では、弥生土器が減少する反面、奄美諸島の土器が増加しており、また、南西諸島一帯での土器様式の類似性の増大や貝札の共有などの現象があることとも併せて考えると、南西諸島内部では島嶼間の交流が頻繁であったとみてよかろう。古墳時代の九州では、五・六世紀代の横穴墓や群集墳の横穴式石室からも南海産貝輪が出土することがあり、交渉は何らかの形で継続している。その交渉のあり方は、かつてのような弥生人が直接出向くものではなく、南部九州と南西諸島北端の大隅諸島のような、両文化の境界間で交渉が行われたと考えられる。おそらく南西諸島内部では沖縄諸島から大隅諸島まで玉突き的な物資の移動がなされたのであろう。こうした古墳時代の交渉を経て、古代の畿内で珍重された貝匙や螺鈿に用いられる「屋久貝」、すなわち夜光貝を利用した貝製品の移動へとつながる性質を有していたのではあるまいか。

五　九州・南西諸島・朝鮮半島・中国

弥生時代の諸特徴については、古くから論じられてきたが、近年の認識としては、中国を中心とする東アジア世界の一員として組み込まれてくる時代というものがある。これについては筆者も同意見であるが、むしろさらに強調されてよいと考えている。

みてきたように、弥生社会はその成立段階から、周辺の諸社会との関連のうえで成り立ってきた。もし、それをなしうるような地理的・文化的環境が周囲に存在していなかったら、あのような弥生文化は成立しえなかった、ということは誰しも納得できるであろう。特に北部九州社会で紀元前一世紀代に、国家の萌芽ともいえる先駆的段階を経験したことが、後の畿内の邪馬台国を中心とする広域での「倭国」の誕生、そして古代国家の成立へと継続的に結びついていくのである（中園 二〇〇四）。

新石器時代以来、独自に社会を変革させていった一次国家としての中国は、東アジア世界を超える周辺諸社会に重大な刺激を与え、次々と新興の二次国家を生み出していった。弥生社会の中で国家の萌芽と段階的進展がすでにみとめられることは、それを証するものである。北部九州が紀元前一世紀には漢王朝と、漢委奴国王金印が示すように一世紀には後漢王朝と外交関係を取り結んだのと同じく、三世紀の倭国（大和の邪馬台国を中心とする）では特に魏王朝との外交関係を取り結んだ（付記）。

朝鮮半島との交渉は、弥生時代の成立に重要な役割を果たし、その後交渉の意味を変質させながら継続する。その朝鮮半島においても中国王朝から直接・間接に受けた影響ははかりしれない。楽浪郡やのちの帯方郡の設置はとりわけ重大であったといえよう。また、弥生社会は朝鮮半島社会と政治的、あるいは様々なレベルでの経済的交渉を行っていたと考えられ、両者は深い結びつきがあった。

南西諸島においては、弥生時代開始期以来、弥生社会との交渉があった。弥生社会にとっては、階層構造を維持・強化するシンボルとしての貝輪の入手のみに重点がおかれた交渉であったといえる。弥生土器が多く搬入される割には在地土器にその要素が取り込まれた形跡はきわめて乏しく、また弥生社会との交渉が途切れた後まで個性の強い文化が維持されることを考えると、社会やそこに生きる個々人のメンタリティーを根底から変質させることはなかったといえる。両者の結びつきは、中国・朝鮮と弥生社会との政治的活動を含む交渉とは明らかに異質なものである。

しかし南西諸島では、弥生社会との交渉により階層化が促進された形跡があり、大きな社会変化をもたらしたものと考えられる。なによりも、そのために集落立地に著しい変化があった可能性があることや、定期的に往来する弥生人のために貝輪原材料を採取・管理しストックしておくなど、少なくとも生活レベルでの変化は著しいものであったはずである。弥生社会との交渉がもたらした階層化がその後のグスク時代の成立にどのような影響を与えたか、あるいは与えなかったのかは、将来の課題といえよう。

また、沖縄諸島に搬入された大陸系金属器については、弥生社会においては価値がさほど高くないものが選別されているけれども、大陸系であることにはかわりない。大陸系のものに価値が見出されていることは疑いなく、おそらく弥生人だけでなく南西諸島の在地人にとっても、中国や朝鮮半島などの存在や、それらに対する何らかのイメージが形成されていたとみることができよう。さきに、北部九州では「ミニ漢帝国」を弥生社会の中に実現しようとした可能性を指摘したが、中国の周辺にある諸国は、漢王朝をはじめ中国古代王朝と朝貢関係を取り結び「冊封」されることで権威を獲得しようとした。中国王朝からは様々な物品が下賜されたが、北部九州では鏡をはじめとするそうした物品は、威信財としてさらに周辺のエリートに再分配された。周辺のエリートがもつことができる威信財が沖縄諸島で出土しないことは、たんに貴重であるからだけでなく、北部九州中枢部との政治的関係、いわば「ミニ冊封」を取り結ぶ関係ではなかったからかもしれない。つまり、政治的関係の証しとしての物品の目的外使用はなされなかったために、強い選択がかかったという解釈も可能である。したがって、沖縄諸島出土の大陸系金属器は、たんなるガラクタによるあくどい商売というよりも、適切な交換品目として注意深い選択がなされたものかもしれない。

このようにみてくると、九州を結節点として、中国・朝鮮半島・九州以東・南西諸島の各地が関係しあっていた弥生時代という視点が得られるであろう。弥生時代はその当初からこうした中国・朝鮮半島・南西諸島という異文化の諸地域との交渉を行っていたということができ、対外交渉の時代としてみなすことが可能である。弥生社会の複雑化はそのようにして深化していったのである。

付記

邪馬台国については、一般に九州か畿内かというような位置論争があるが、魏志倭人伝を主たるテキストとする文献史料の検討だけでは限界があり、事実、その方法では解決できていない。考古学は物的証拠が最も重視され、そこに研究の根幹があるが、考古学的に示される様々な証拠からは、邪馬台国は畿内であり大和盆地にその中心があることは疑いない。考古学者の大半は畿内説を支持していると思われ、もはや位置は解決済みの前提として、政治体制や社会システム、交易活動などのより高次の議論に関心が移行しつつある。

文献

安里嗣淳（編）（一九八五）『伊江島具志原貝塚の概要』沖縄県文化財調査報告書六一、那覇、沖縄県教育委員会

大城剛（一九九二）「具志川市宇堅貝塚出土の土器」『沖縄考古学会・鹿児島県考古学会第三回合同研究会 テーマ弥生土器
沖縄考古学会資料集』那覇、合同研究会実行委員会
岡村秀典（一九九九）『三角縁神獣鏡の時代』東京、吉川弘文館
上村俊雄（一九九三）「沖縄諸島出土の五銖銭」『鹿大史学』四〇
岸本利枝（一九九六）『部瀬名貝塚』名護、名護市教育委員会
岸本義彦（編）（一九八六）『具志堅貝塚』本部町文化財調査報告書三、沖縄県本部、本部町教育委員会
岸本義彦（編）（一九九七）『伊江島具志原貝塚発掘調査報告』沖縄県文化財調査報告書一三〇、那覇、沖縄県教育委員会
木下尚子（一九九六）『南島貝文化の研究――貝の道の考古学――』東京、法政大学出版局
金武正紀（編）（一九八〇）『宇堅貝塚群・アカジャンガー貝塚発掘調査報告』具志川、具志川市教育委員会
呉屋義勝ほか（一九八九）『土に埋もれた宜野湾』宜野湾市文化財調査報告書一〇、宜野湾、宜野湾市教育委員会
島袋洋（編）（一九九六）『平敷屋トウバル遺跡』沖縄県文化財調査報告書一二五、那覇、沖縄県教育委員会
下地安広（一九九九）「沖縄県嘉門貝塚出土の楽浪系土器」『人類史研究』一一
高倉洋彰（一九九五）『金印国家群の時代』東京、青木書店
高宮廣衞（一九九六a）「唐・大和時代の沖縄――開元通宝の示唆するもの――」『月刊文化財発掘出土情報』六月号
高宮廣衞（一九九六b）「開元通宝と貨幣経済の開始」『考古学ジャーナル』四〇四
高宮廣衞（一九九七）「開元通宝と按司の出現」『南島文化』一九
高宮廣衞（二〇〇〇）「金属貨幣使用開始期の民族例――一国二制度的慣行？――」『出土銭貨』一三
田川肇（二〇〇一）「一海を渡ること千余里、一支国に至る――原の辻遺跡を掘る――」『三国志がみた倭人たち』東京、
山川出版社
當眞嗣一・上原静（編）（一九七八）『木綿原』読谷村文化財調査報告書五、沖縄県読谷、読谷村教育委員会・読谷村立歴
史民俗資料館
時津裕子（二〇〇〇）「南西諸島における箱式石棺墓の再検討」『琉球・東アジアの人と文化』上、那覇、高宮広衞先生古
稀記念論集刊行会

友寄英一郎（一九七〇）「沖縄出土の弥生式土器」『琉球大学法文学部紀要社会篇』一四
友寄英一郎・高宮廣衞（一九六八）「伊江島具志原貝塚調査概報」『琉球大学法文学部紀要社会篇』一二
仲宗根求（一九九二ａ）「沖縄県中頭郡読谷村字渡慶次中川原貝塚」『日本考古学年報』四三
仲宗根求（一九九二ｂ）「最近の弥生土器出土遺跡について（沖縄県読谷村の事例）」『沖縄考古学会・鹿児島県考古学会第三回合同研究会 テーマ弥生土器 沖縄考古学会資料集』那覇、合同研究会実行委員会
仲宗根求・西銘章・宮城弘樹・安座間充（二〇〇一）「読谷村出土の弥生土器・弥生系土器について」『読谷村立歴史民族資料館紀要』二五
中園聡（一九八八）「土器様式の動態――古墳の南限付近を対象として――」『人類史研究』七
中園聡（一九九一）「墳墓にあらわれた意味――とくに弥生時代中期後半の甕棺墓にみる階層性について――」『古文化談叢』二五
中園聡（一九九三）「折衷土器の製作者――韓国勒島遺跡における弥生土器と無文土器の折衷を事例として――」『史淵』一三〇
中園聡（一九九六）「属性分析と多変量解析を用いた土器の型式分類――その意義と実践」『情報考古学』二（一）
中園聡（一九九七ａ）「九州南部地域弥生土器編年」『人類史研究』九
中園聡（一九九七ｂ）「三千浦勒島遺跡出土の凹線文弥生系土器について」（原文ハングル）『文物研究』一
中園聡（二〇〇四）『九州弥生文化の特質』福岡、九州大学出版会
中村慎一（一九九五）「世界のなかの弥生文化」『文明学原論』東京、山川出版社
西銘章・宮城弘樹（一九九八）「沖縄諸島における土器研究の現状」『考古学ジャーナル』四三七
ネルソン、サラー・Ｍ（一九九二）「朝鮮における初期農耕の証拠」（リサ・Ｊ・ホジキンソン訳）『九州考古学』六七
福岡市博物館（編）（一九九八）『弥生人のタイムカプセル』福岡、福岡市博物館
町田章（一九八八）「三雲遺跡の金銅四葉座金具について」『古文化談叢』二〇（上）
松川章（編）（一九九三）『嘉門貝塚Ｂ』浦添市文化財調査報告書二一、浦添、浦添市教育委員会
松本直子（二〇〇〇ａ）『認知考古学の理論と実践的研究』福岡、九州大学出版会

松本直子（二〇〇〇b）「縄文・弥生変革と遠距離交易に関する一試論――Helmsの説と南海産貝輪交易――」『琉球・東アジアの人と文化』上、那覇、高宮広衞先生古稀記念論集刊行会
宮本一夫（二〇〇〇）「彩画鏡の変遷とその意義」『史淵』一三七
盛本勲（一九九四）「久米島大原第二貝塚B地点の発掘調査」『考古学ジャーナル』三七三
盛本勲・比嘉優子（一九九四）「沖縄出土の貝庖丁様製品について」『南島考古』一四
渡辺仁（一九九〇）『縄文式階層化社会』東京、六興出版

3 古代の沖縄と『隋書』流求伝
——六～七世紀、沖縄史への接近——

中村明蔵

はじめに

古代の沖縄を記述したのではないかとする文献としては、『隋書』流求（国）伝がよく知られているが、その記述の内容は一様ではなく、はたしてこの書の流求とは沖縄のことなのかという疑問にはじまって意見は別れ、まさに諸説紛紛の状況である。

本稿は、その『隋書』流求伝の記事を峻別し、考古学的資料を援用して、六〜七世紀の沖縄の実態を解明しようとする試みである。

筆者は、これまで日本古代史のなかで、南部九州がどのように位置づけられているかを論じてきた。その過程でつねに念頭を離れない地域が南に連なる奄美・沖縄諸島の古代の実態であった。

また、南部九州を軸として海の向こうに位置する中国大陸・朝鮮半島の古代の状況であった。

本稿では、その一角に視点を据えて論じてみたいと思う。

一　流求・夷邪久はどこか

文献・記録を軸にして、古代の沖縄、あるいは琉球を究明しようとすれば、『日本書紀』（以下『書紀』と略す）と『隋書』の諸記事が、まず筆頭にあげられる。

それでも、両書はそれぞれに記事内容に不安を拭いきれないものをもっている。『書紀』には沖縄あるいは琉球を明確に表記したと限定できる記事はない。いっぽう、『隋書』には「流求伝」がある。しかしながら、その流求が琉球を指すとするには、沖縄説、台湾説、沖縄・台湾説、さらに他の地域とする説と先学の主張が交錯しており、少なくともその記事内容のすべてを沖縄とするには問題を残している。としても、『隋書』は『書紀』の成立（七二〇年）より早く、紀伝等五五巻は六三六（貞観一〇）年、礼義志等は六五六（顕慶一）年の成立とされている。したがって、「流求伝」の記述内容がとりあげている時期に、より近い時期の編修である。なお、「流求伝」といわれているのは通称であり、『隋書』巻八一、列伝第四六、「東夷」のなかの一部で、正確には「流求国」となっている。また、「流求伝」のほかにも『隋書』には流求についての記事が二カ所にわたって見える。その一カ所は巻三、帝紀第三、「煬帝上」で、他の一カ所は巻六四、列伝二九、「陳稜」である。まずそれらの要所の一部を抜粋して、以下に載せて論述を進めたい。

煬帝上

（大業三年三月）一癸丑、遣羽騎尉朱寛使於流求國。

流求國

大業元年、海師何蠻等、毎春秋二時、天清風靜、東望依希、似有煙霧之氣、亦不知幾千里。三年、煬帝令羽騎尉朱寛入海求訪異俗、何蠻言之、遂與蠻倶往、因到流求國。言不相通、掠一人而返。明年、帝復令寛慰撫之、流求不從、寛取其布甲而還。時倭國使來朝、見之曰、「此夷邪久國人所用也。」帝遣武賁郎將陳稜、朝請大夫張鎭州率兵自義安浮海擊之。至高華嶼、又東行二日至黿鼊嶼、又一日便至流求。初、稜將南方諸國人從軍、有崐崘人頗解其語、遣人慰諭之、流求不從、拒逆官軍。稜擊走之、進至其都、頻戰皆敗、焚其宮室、虜其男女數千人、載軍實而還。自爾遂絕。

陳稜

煬帝卽位、授驃騎將軍。大業三年、拜武賁郎將。後三歲、與朝請大夫張鎭周發東陽兵萬餘人、自義安汎海、擊流求國、月餘而至。流求人初見船艦、以爲商旅、往往詣軍中貿易。稜率衆登岸、遣鎭周爲先鋒。其主歡斯渴剌兜遣兵拒戰、鎭周頻擊破之。稜進至低沒檀洞、其小王歡斯老模率兵拒戰、稜擊敗之、斬老模。其日霧雨晦冥、將士皆懼、稜刑白馬以祭海神。既而開霽、分爲五軍、趣其都邑。渴剌兜率衆數千逆拒、稜遣鎭周又先鋒擊走之。稜乘勝逐北、至其柵、渴剌兜背柵而陣。稜盡銳擊之、從辰至未、苦鬪不息。渴剌兜自以軍疲、引入柵。稜遂塡塹、攻破其柵、斬渴剌兜、獲其子島槌、虜男女數千而歸。帝大悅、進稜位右光祿大夫、武賁如故、鎭周金紫光祿大夫。

これらの記事によると、煬帝は大業三（六〇七）年以後、朱寛らを流求に遣わし慰撫するが、従わないので、つぎに陳稜らを遣わして流求を討ち、陳稜は「虜男女數千」の戦果をあげたので、帝は大いに悦んだという。

その征討の際、陳稜は義安より海洋へと出航したという。現在の広東省潮州である。「南方諸國人」を従軍させたという理由からか、その出港地は沖縄・台湾に近い福州（福建省）よりもやや南に寄っている。ここにも、「流求」がはたして琉球かの疑問を生じさせている余地がある。当時、隋は高句麗遠征を計画して実行に移すなど、周辺諸国に勢力を伸張させていたが、その一端が流求国にも向けられていたことが知られる。陳稜は、煬帝のそのような意向を受けて活躍し、その功績によって爵位を進められて、列伝にも載せられるほどになっていた。

ところで、これらの諸記事のなかで倭国との関連でもっとも注目される箇所は、大業四（六〇八）年のこととして「流求伝」が記述する「寛取其布甲而還。時倭國使來朝、見之曰、「此夷邪久國人所用也」」の部分であろう。すなわち、煬帝の命によって流求を慰撫した朱寛が、「流求不従」として交渉が不調に終ったとき、流求から布甲を取って帰還し、時に来朝しての倭国使に見せたという。そしてこれを見た倭国使は、これは夷邪久国人が用いるものだといったというのである。ということは、隋が「流求国」といっている国は、倭国では「夷邪久国」すなわちイヤク国とよんでいた可能性がきわめて高くなってこよう。

この倭国使については、『書紀』に記録されている。前年の推古一五（六〇七）年七月に隋に遣わされた小野妹子は、翌一六年四月に隋使裴世清とともに帰朝し、同年九月に再び隋に遣わされている。したがって、倭国使が小野妹子一行であったことは認められる。ただ、大業四年＝推古一六年のうちの、妹子らの帰国までの時期のことか、再度入隋した後の時期のことかは明らかでない。それでも、朱寛が流求国に遣わされたのは、前年（大業三年）の場合は三月とあり（煬帝上）、布甲を持ち帰った「明年」の記事には月日の記載がないので、明年も同じ時期に流求国に遣わされたとすると、妹子らの帰国までの時期では、その時間的余裕は少なくなろう。とはいえ、帰国直前とみられる三月壬戌条に、倭が百済・赤土・迦羅舎国とともに「遣使貢方物」の記事が見えるので（煬帝上）、その可能性を否定することはできない。ただ、時間的余裕からすると、再度入隋したときであろうか。このときは、一行のなかに高向玄理・旻・南淵請安ら八名の留学生・僧も加わっており、布甲を確認するためには、かれらの知識が役立ったことも考えられる。

布甲が武装具であろうとの推測はできても、流求伝のなかに「編レ紵爲レ甲」という記述が別の箇所にはあるものの、具体的にどのように材料を用いて、どのように仕立てられていたのかについては明らかでない(1)。それよりも、七世紀初頭の倭国で「布甲」と「夷邪久国人」が直ちに結びつけられるほどに知られていたことは十分に注目してよいであろう。夷邪久＝流求の可能性が高くなると、つぎにはこの時期にほぼ該当する『書紀』の記事に見える「掖玖」人・「夜勾」人などとの関連が見出される。これらが「ヤク」人と読めることは、夷邪久のイヤクと同一であろうと推測できるからである。

倭国使がヤクと発音したものを、隋側の人物がイヤクと聞いて表記したのか、それとも東夷のヤクの意なのか、そのどちらにしても、蓋然性としてはイヤクとヤクは同じ地域を指している、と筆者は考えている。

そこで、ヤク人の見える『書紀』の記事を摘出し、さらに検討を加えてみたい。

推古二四(六一六)年

○三月、掖玖人三口歸化。

○夏五月、夜勾人七口來之。

○秋七月　亦掖玖人廿口來之。先後幷卅人。皆安二置於朴井一。未レ及レ還皆死焉。

推古二八(六二〇)年

○秋八月、掖玖人二口、流二來於伊豆嶋一。

舒明元(六二九)年

○夏四月辛未朔、遣二田部連闕名、於掖玖一。(翌年、九月歸朝)

舒明三(六三一)年

○二月辛卯朔庚子、掖玖人歸化。

ヤク人が日本の文献・記録に見えるのは、この『書紀』の記事が初めてであり、またここに集中している。しかし、さきの『隋書』の倭国使についての記事は、時間的には少しさかのぼる。その倭国使たちが、すでに布甲などのヤク人についての知識を持っていたということは、ヤク人たちの倭国への来航はこの時期以前からあったことを示唆していよう。遅くとも推古朝の初年(五九三)ごろから来航していたのではないかとみてよいのではなかろうか。

そのヤクとはどの地域をさすのであろうか。まず、のちの鹿児島県熊毛郡・屋久島を限定してさすものではないとみられる。屋久島はそれほど大きな島でないうえに、宮之浦岳（一九三五メートル）をはじめ高山が林立しており、平坦地は島の縁辺部の海岸線にそってわずかに見られるだけである。その縁辺部に集落がへばりつくように点在する状況なので、いまも人口は多くない。したがって、古代にもさほど多くの人が住んでいたとは想像しにくい島である。

そのような屋久島だけから、なぜ人びとが漂着したり、帰化したりするのであろうか。また朝廷では、それを何回も記録したりするのであろうか。さらには、そこに往復一年半近くも要する使者を派遣するほどの関心を示しているのであろうか。いずれも理解しがたいことである。

ヤク人の来着記事は、三口・七口・廿口・二口などいずれも少人数であり、いかにも丸木舟の一〜数艘で来航したようすを示している。それもくりかえしているところからすると、はるかな遠距離からの来航ではなく、潮流・風向を利用しての経験の積み重ねにもとづく航海によるのであろう。そして、ときに伊豆島に流来していることからすると、のちに「南島」と呼称される地域とほぼ重なり合うとみられる。したがって、「ヤク」はいまの南西諸島に列在する島々の総称的表現であろうと、筆者は考えている。

そのヤク地域の入口に位置するのが、のちの屋久島で、ヤクの地名は後代に島名として固定されてくるようになったとみている。地名におけるこのような変遷は、九州島を筑紫島といい、その入口の九州北部をまた筑紫というのと類似している。

ヤクの呼称は『書紀』では七世紀前半であるが、七世紀末〜八世紀初めにかけては「南島」の用語が散見されるようになる（『続日本紀』）。この表記は、畿内を中心としての方位で示すことからみても政治的な地名である。そのいっぽうで、ヤクの地名も存続していた。というのは、平安時代後半期の諸文献に、この地域に産出して重宝された「屋久貝」がしばしば見えることから、ヤクが南西諸島域をさしていることが指摘できるからである。ヤクガイは、のちに「夜光貝」の表記となるが、平安時代後半期の諸文献では、そのほとんどが「屋久貝」などと表記されていた。なお、ヤクガイは屋久島近海ではほとんど捕獲されず、ときに採取されたとしても、小さくて細工には向かないといわれている。その主産地は奄美大島近海か、それ以南だという。なお、ヤクガイについては後節でとりあげたい。

ヤクの地域名を、このように南西諸島域と重ね合わせてくると、『隋書』に見える「流求」あるいは「夷邪久」が、少なからず沖縄を含んでいた可能性が高まってくる。したがって、「流求」をどこに比定するかの論争に、筆者も従来の沖縄説を主にして、それに次ぐ沖縄およびその周辺説を支持する立場の一端に加わることになる。

それにしても、筆者はいまだ十分には納得できない部分を残しているのが、「流求」についてのこれまでの先学による地域比定諸説である。というのは、沖縄本島から北に連らなる諸島、および奄美大島がほとんど視野に入っていないことである。

沖縄本島の北端に立てば、北に連なるいくつかの島は遠望できるし、それらの諸島ぞいに島影をたどれば奄美大島本島に至る。それらの島々はまた、沖縄に類似した習俗・産物などがあり、両地域には共通点が多い。

そのいっぽうで、沖縄本島とその南の先島（宮古・石垣両島を主とする）との間には海上約三〇〇キロの隔りがあり、台湾がそれよりさらに隔てられていることである。したがって、沖縄・台湾説は地域的には成立しがたいが、両者の記事が混入していることは事実であろうと思っている。

先学諸説については山里純一氏が学説史として紹介しているので(1)煩を避けるが、奄美大島までを視野に入れる必要を提言しておきたい。

二　『隋書』流求伝の沖縄的記事

『隋書』流求伝に見える布甲・夷邪久国、また倭国使についての記述と、『書紀』に見える掖玖人、夜勾人についての記述との関連について論じてきた。その結果、イヤクはヤクと同一であり、そのヤクは現在の南西諸島にほぼ重なる地域であろう、と述べてきた。さらには、『隋書』に載せられている流求国は倭国使の知見ではイヤク国とほぼ同一地域とみられることも指摘した。

それにしても、『隋書』流求伝の描く世界は一様ではない。そこで、あらためて『隋書』流求伝などの列伝類の成立事情・内容についても考えてみたい。

『隋書』は、いうまでもなく隋の正史であり、唐の魏徴らによって編修された奉勅撰書である。本稿で引用したのは、六三六（貞観一〇）年に完成した帝紀五巻、列伝五〇巻のうちの一部である。したがって、六一九年の隋の滅亡後二〇年も経ないうちの記述であり、編修者らが実体験した時代でもあって、その精度は高いといえそうである。編修の中心になった魏徴（五八〇～六四三）自身、隋末から活躍し、唐に帰降して唐朝に仕え諫官の代表とされたというから、公正な視点をそなえた人物のようである。

しかし、帝紀は別にして、列伝の一部として魏徴のもとに集められた周辺諸地域の情報のなかには、風聞の類まで含めて雑多なものが混在していたとみられる。編修者らの間にそれらの諸情報を正確に識別するだけの現地に対する知識と体験が十分に備わっていなければ、そこに恣意的選択をせまられる場合があったとしても、それは不可避なことであろう。したがって、遠辺諸地域の状況の記述に、編修者らによる類推が入ったとしても、それは仕方のないことといわなければならない。また、この時期に編修された正史の底流に華夷思想があったことは、十分に推察できることであるから、そこに辺境蔑視の過大な描写が見られることも予測しておかなければならない。

このように考えてくると、ほぼ同時代に編修された正史といえども、記述内容には検討・吟味が必要である。先学の諸学説をみると、『隋書』流求伝の記述を全面的にそのまま受けとめて、その記述に振り回わされている場合も少なくない。諸学説は、『隋書』編修過程に十分考慮して、今後の学説構築にのぞむべきであろう。

筆者は上述のような考え方から沖縄説を主とする立場を支持して『隋書』流求伝を読み、解釈しようと試みている。その場合に重要な視座は、まず、沖縄史の上での隋の時代、すなわち六世紀末から七世紀初めを、前後を見据えてどのように位置づけるかであろう。つぎには、東アジア世界のなかで、沖縄がどのような位置にあり、どのような動きをしようとしていたかを明らかにしたいという試みである。

いうまでもなく、史料・資料にそれほど恵まれない状況での試みであるから、このような意図を貫くことは容易ではない。それでも、『隋書』流求伝の「流求」を沖縄を主とする立場から、その記述のいくつかをとりあげ、以下に筆者なりの解釈を加えてみたい。

まず、冒頭の「流求國、居海島之中、當建安郡東、水行五日而至」の記事は、流求の位置を知る重要な手がかりとなろう(「流求伝」の全文は本稿末)。

海島の流求国は建安郡の東に位置するという。建安郡は福建省の地域にほぼあたるとされているので、まさに沖縄はその東方に位置する海の中の島である。後代の冊封使などが福建省の福州から沖縄に向かう場合の多いことをみても、この地域から出航するのが古くからの通例とみられる。そして航海日数は五日という。しかし、この日数は順風を得た場合とみられる。

小葉田淳氏によると、『中山伝言録』による冊封使のその間の所要日数は短かい例で三日(出航日から到着日まで入れると四日）であり、長い例では一八日かかっている。それも登船から開洋にいたるまでに相当の日数を要する場合もあるので一様ではない。氏は結論的には、「渡洋の時日は順風を得れば意外に早い」と述べている（『南島通交貿易史の研究』第二篇第三章、刀江書院刊）。

ちなみに、古代における遣唐使船の帰路においての例をあげると、唐僧鑑真らが乗っていた第二船は、天平勝宝五（七五三）年一一月一六日に揚子江河口の黄泗浦を出航し、同月二一日に沖縄島（阿児奈波嶋）に着いている。同時に出航した第一船も同日に到着したが、第三船は「昨夜已泊同處」とある。この例からすると、四日または五日の渡航で中国大陸から沖縄に到ったことになる（『唐大和上東征伝』）。福州・沖縄間と、黄泗浦・沖縄間の距離は大差ないとみられるので、参考までにあげておきたい。ただ、前者は東方への航行であるが、後者は南東方向へと進路をとることになる。

つぎに、当時の流求国には王が存在したことである。また小王も存在していた。このような王・小王の体制から、ただちにのちの王国を想定するよりも、倭国における三世紀の邪馬台国体制との類似が浮上してこよう。小国が連合しての体制で、小国の王たちが連合して共立して軸になる「王」を立てていたのではないかとみられる。海島であったから、地域連合としてまとまりやすい一面があったともみられるが、中国大陸との間が五日ほどの航行距離であったことから、周辺からの脅威、あるいは侵攻に備えての連合体制も、おのずから成長していたと考えられる。

そのいっぽうで、先述の倭国人による布甲の認知、あるいは『書紀』の記事のヤク人の倭国への渡来からみると、六世紀代ごろからは交易活動も活発化しており、小国が地域ごとに形成されて、その活動の基盤になっていたことが推察される。また、儀式などにおける状況でもあろうか、「王乘木獸、令左右轝之而行。導從不過數十人。小王乘机、鏤爲獸形」の記述は、その前文に刀・矟・弓・箭・劍・鈹などの武器類の記述があるだけに、共立連合王国の武力誇示の記述とも読みとれる。

しかし、王には専制とみられる側面は少ない。というのは、定期的税制がなく、「無賦斂、有事則均税」とある。また、刑罰については、「用刑亦無常准（中略）、王令臣下共議定之」とあることなどから共議体制が推測できる。

つぎに、容貌・習俗などの記述が注目される。容貌については、「人深目長鼻、頗類於胡」とある。この点については、筆者が沖縄を旅して、しばしば目にするところである。端的にいえば、目鼻だちがはっきりしており、眉毛の濃い人によく出会うことである。その容貌は奄美諸島でも共通しているように見受けられる。

また習俗では、まず、「婦人以墨黥手、爲蟲蛇文」の記事である。沖縄・奄美両諸島で女性が手の甲に入れ墨をする習俗は、近年まで見られた。筆者も老女のそれを実見したことがあり、興味深く身近かに観察した。その後、奄美大島北部で一九三〇（昭和五）年の調査にもとづく資料も入手することができたので、その文様とともに拙著で紹介したことがある（『古代隼人社会の構造と展開』岩田書院刊）。

その一部を摘記すると、つぎのようである。入れ墨（奄美大島では針突《はづき》という）は女性が手首から先の甲の部分に施したもので、三六名分の資料（それぞれ手の左・右で文様が異なる例がほとんど）であった。当時五五〜九四歳までの年齢分布があり、施術した年齢は一〇代がほとんどで、わずかに二〇代の数例があった。文様は渦巻文が多く、三角文・×文などが渦巻文の周辺部に施されている。入墨師も女性で、施術代が判明した例では米で「二升」「四升」などと記入されていた。また、二回施術例、三回施術例もそれぞれ一名あった。なお、このような入れ墨は、一八七六（明治九）年に禁止されたというが、昭和時代まで残存していた多くの例があったことから、その習俗には歴史の長さを感じさせる根強いこだわりがあったことが知られる。

つぎに、筆者が注目する習俗は、「産後以火自炙、令汗出、五日便平復」の記事である。「炙」には灼《や》くの意味もあり、「炙」に通じて、あぶる、たくとも解される。沖縄では産婦を温めるために、近くで火をたくことが近年までみられたという。また、類似の習俗が近世の奄美大島にもあった。薩摩藩士で幕末に奄美大島に流された名越左源太は、流配地での見聞を『南島雑話』にまとめているが、そのなかに「産婦之図」として、産婦のそばで火をたくようすが絵によって紹介されている。

このような沖縄・奄美の習俗が歴史的にどこまでさかのぼるかは明らかでないが、『隋書』流求伝の記事が、近世・近代にこの地域に見られたことは、考慮されるべきことであろう。

産室で火をたく話は、海幸・山幸神話でコノハナサクヤヒメの故事としても知られている。そこでは、身の潔白を明らかにする方策として語られているが、『古事記』『書紀』に載せられた南方系の神話として、その古さと習俗の類似には興味をひかれる。

習俗の最後に、「凡有宴會（中略）、一人唱、衆皆和、音頗哀怨。扶女子上膊、搖手而舞」の記事のありさまは、沖縄ではいまでも見られる情景である。沖縄の歌が哀調をおびていることは、古代までさかのぼるのであろう。現在の沖縄の酒宴を描写したようで、あまりにも似たようすに、とりわけ解説の必要をおぼえない。

これらは『隋書』流求伝のなかでも、沖縄の歴史・民俗として位置づけられる内容の記事である。まだ、ほかにもある。米を用いての処女たちによる造酒法、羽毛・珠貝・小貝による身体の装飾、死者の葬り方なども検討してよいものであろう。

そのいっぽうで、「國人好相攻撃」また「收取鬪死者、共聚而食之」、あるいは「懸髑髏於樹上、以箭射之」などの記事は、沖縄のこととは考えられないので、他の地域の習俗・習性が混入しているとみられる。このような記事が混入した事情については、すでに筆者の考えは述べたので、ここではくり返さない。

以上のように、多少なりとも『隋書』流求伝の成立と記事内容の整理をした上で、当時の沖縄の政治的段階や対外的状況について、さらに後節でとりあげたいと思っている。

なお、『隋書』流求伝を随所に部分的に引用したので、本稿文末にあらためて全文を掲出して参考に供した。

三　東アジアのなかの倭国・流求国

隋王朝が中国を統一したことは、数百年続いた中国の分裂時代に新しい段階の動きを生じさせ、それは周辺の東アジア世界にも波及した。隋が流求国に出兵したことはすでに述べたが、倭国の朝廷は隋に使節を派遣した。いわゆる遣隋使である。

この遣隋使の派遣は、当時の東アジア世界のなかで、どのような歴史的位置づけができるのであろうか。まず、派遣の実態から検討してみたい。

隋への使節派遣については、『書紀』では三回の記事がある。推古一五（六〇七）年の小野妹子・鞍作福利らの第一回目の派遣。かれらは翌一六年に隋使裴世清らを伴って帰国している。第二回は同一六年に隋使らの送使として、また小野妹子（大使）が吉士雄成（小使）、留学生・僧八人とともに入隋し、翌年帰国している。さらに第三回目は、犬上御田鍬らが派遣されて翌年帰国している。

ところが、『隋書』倭国伝・煬帝紀などには、『書紀』と重なる記述のほかに、開皇二〇（六〇〇）年、大業四（六〇八）年、同六（六一〇）年などに倭国使が「貢方物」などとの記事がある。したがって、『書紀』『隋書』を合わせると六回になる。しかし、推古一五年の遣使が翌年まで滞在していることから、『隋書』の大業四年の記事に見える使者との重複が考えられないこともないので、五回あるいは六回としておきたい。

隋王朝は、楊堅（文帝）が帝位についたのは開皇元（五八一）年であるが、陳を亡ぼして中国を統一したのは同九年（五八九）である。それから約三〇年、武徳元（六一八）年に煬帝が揚州で殺されて滅亡し、唐王朝に代わった。

したがって、倭国から使節が遣わされるようになったのは、隋王朝の後半期にあたるが、それでも後半期の一四年間に五回あるいは六回の倭国の使節派遣は、その頻度が多い。なぜ、それほど多くなったのであろうか。

それ以前の中国への遣使は、五世紀のいわゆる倭の五王の南朝へのそれであり、それも倭王武（雄略）が四七八年に宋に遣使して冊封を受けたのが最後で、それ以後は倭国と中国王朝との正式国交は杜絶していた。したがって、約一二〇余年ぶりの国交再開である。

その間に、倭国と朝鮮半島諸国との関係は緊張が高まっていた。倭国と百済との関係は親密で、その度合いを強めていたが、高句麗の南下はつねに警戒するところであった。加えて新羅の勢力伸張があった。新羅は半島南部の倭国の根拠地とされる加羅諸国を六世紀半ば過ぎまでに相次いで併合し、その回復をめざす倭国との対立が激化していた。そして、その対立は七世紀まで持ち越されようとしていた。

隋王朝への倭国からの遣使は、そのような状況のもとでのことであったから、この時期の遣隋使のたび重なる派遣は、当然ながら倭国の対新羅政策と深くかかわっていたことは否定できない。最初の遣隋使が派遣された六〇〇年に、『書紀』（推古八年条）はつぎのように記している。

> 春二月に、新羅と任那（加羅諸国）と相攻む。天皇、任那を救はむと欲す。是歳、境部臣に命《ことおほ》せて大将軍とす。穂積臣を以て副将軍とす。（中略）乃《すなは》ち新羅に到りて、五つの城を攻めて抜《ぬ》きえつ。

また、これより九年前の崇峻四（五九一）年一一月には、紀男麻呂ら四人の大将軍を任じ、二万余の軍兵を筑紫に送り、吉士金を新羅に遣わして任那のことを問わしめている。この四人の将軍らは翌年一一月になっても筑紫に待機していたとみられ、そこに駅使を遣わした記事が、同じく『書紀』に見える。

これらの記事からすると、新羅との対戦へ向けては以前からその態勢に入っていたが、遣隋使初見の年にいたり、朝鮮半島での交戦となったことが知られる。この交戦は半島南部でのことであったが、中国の新統一国家隋にとっては、すでに朝貢していた新羅と、いまだ遣使すら行なわれていない倭国との交戦は、そのまま黙視してはおけないものであったと推察される。

新羅は、高句麗・百済には遅れながらも、開皇一四（五九四）年に隋の文帝のもとに遣使し、新羅王金真平は「上開府楽浪郡公新羅王」に冊封されていたから、隋王朝を中軸とする朝鮮半島三国を包括した新しい東アジアの国際秩序が形成されていた。

そのような東アジア新秩序の枠組みに、倭国は参入を企図し、いっぽうで新羅と交戦していた。しかし、冊封された形跡は史料には見えない。たび重なる倭国による使節の派遣は、その企図の現われであろう。『隋書』煬帝紀は、倭国の使者らが両度にわたって「貢方物」したことを伝えているので、朝貢とみなしたことは明らかである。『隋書』倭国伝が伝える有名な文言がある。それは、倭国の国書に、「日出づる処の天子、書を日没する処の天子に致す。恙《つつが》無きや、云々」である。その文言に続く記事には、「帝（煬帝）之を覧《み》て悦ばず」とあり、さらに「蛮夷の書、無礼なる有らば、復《ま》た以て聞する勿《なか》れ」ともある。

これらの一連の記事から、倭国の対中国外交は、倭の五王時代までの朝貢・冊封関係と異なり、中国王朝に対して対等の立場であることを主張しようとする態度が認められる、と説明するのが通説である。

しかしこの通説の背景には、当時の隋王朝が倭国を朝貢国とし、国書の無礼を非難しながらも、それ以上の強硬な態度をとらなかったという、高句麗との間の対外事情があった。高句麗は、隋王朝が成立した年（五八一）の末には百済と前後して隋に遣使して、国王高陽（平原王）は冊封されて「大将軍遼東郡公」の爵位を授けられていた。

ところが、文帝の開皇一八（五九八）年になると、高句麗は遼西に侵入したことから、文帝は高句麗征討に三〇万の大軍を出兵させた。その出兵には百済が助力していた。この百済の助力が、百済と親密な関係にあった倭国への態度を緩和させたとみられる。また、隋はその後も数次にわたる高句麗遠征をはかっていたことから、倭国へ強硬姿勢をとって敵対的関係になることを回避したものと考えられる。さらには、倭国を東夷としながらも、海をへだてた遠夷であったことから、隋王朝体制への組入れを当分は猶予していたのであろう。

しかし、このように隋が主力を注いだ三次にわたる高句麗遠征も、ついには高句麗の反撃によって隋の敗北、そして滅亡へとつながった（六一八年）。隋の文帝の姻戚にあたる李淵が挙兵して、一時は煬帝の孫、侑（恭帝）が帝位についたが、煬帝が殺されると、李淵がみずから帝位につき（高祖）、武徳と改元、長安を都とした。唐王朝がこのようにして成立して戦後処理が一段落すると、武徳七（六二四）年に高祖はそれまですでに朝貢していた高句麗（建武）・百済（余璋）・新羅（金真平）各王に対してそれぞれ上柱国遼東郡王・帯方郡王・柱国楽浪郡王の爵位を授けて冊封した。

ところが、『旧唐書』倭国日本国伝には、貞観五（六三一）年の条に、「遣使献方物。太宗矜其道遠、勅所司、無令歳貢」とある。すなわち、倭国の方物献上に対して、太宗（唐朝、第二代）はその道の遠いことを矜《あわ》れみ、担当官に勅して、歳貢（毎年の入貢）を止めさせたというのである。

『書紀』によると、前年の舒明二（六三〇）年八月に、犬上御田鍬・薬師恵日らが初の遣唐使として入唐しているので、方物献上は一行によるものとみられる。しかし、その歳貢はとどめられていたことになる。

この措置からみると、冊封関係にある諸国は毎年の朝貢が義務づけられ、朝鮮半島三国にはその義務があった。しかし倭国に対しては、その枠外とされ、東夷とされながらも歳貢は免じられていたことになる。したがって、その後の遣唐使は承和三（八三六）年の藤原常嗣らの入唐まで（八九四年の菅原道真の遣唐大使は任命のみで、停止されていた）、実質一五回を数えるが、約二〇〇年間にわたることであるから、十数年に一貢程度になる。そして、唐末にいたるまで、倭国・日本は唐王朝の冊封外に置かれていた。

いっぽう、唐王朝の冊封体制に組み込まれていた朝鮮半島三国が、相互に安定して王国を維持していたわけではなかった。七世紀初頭から百済が新羅を侵し（六〇二年）、高句麗が百済を侵し（六〇七年）、つぎには新羅が百済を攻める（六一六年）、という状況が続いていた。このような三国間の対立・攻防は、唐朝が成立しても止むことはなかった。

その後も、百済が新羅を侵し（六二三年）、また百済が新羅を攻めたため（六二七年）、新羅は唐に救援を求めた。その新羅が高句麗を攻めることもあった（六二九年）。いっぽうで、唐の太宗が数次にわたって高句麗に遠征している（六四四〜四八年）。そしてつぎには、唐が三国間の対立に介入して、新羅を助けて百済、つぎに高句麗を討ち、百済はついに滅亡（六六〇年）、また高句麗も亡びることになり（六六八年）、新羅が両国の地域を併合して、統一新羅の時代が始まった。その間に、倭国が百済再興をはかって、半島に出兵して唐・新羅軍と戦い（白村江の戦い。六六三年）、大敗もしている。

朝鮮半島の三国と、それに唐が介入しての対立・攻防、盛衰のくり返し、そしてついに半島の統一王朝の成立と変遷する間に、倭国は海をへだてて、冊封の外にあって一応の独立を維持しながら、内外に大王による統治体制をしだいに強めていた。

すでに、五世紀の金石文（「稲荷山古墳出土鉄剣銘」「江田船山古墳出土大刀銘」など）に見える「治天下大王」の文言が倭国内で通用しつつあったが、『隋書』倭国伝によると、「倭王姓阿毎、字多利思比孤、號阿輩雞彌、（中略）倭王以天爲兄、以日爲弟」などとある。ここでは、大王は姓はアメ（天）、天を以って兄、日を以って弟などとする観念が倭国にはあり、さきにあげた小野妹子が隋の煬帝に上呈した国書の「日出ずる」「天子」の文言に通底している。ここでは、大王は「天下」を支配する「天子」としての存在であることを、隋王朝に誇示するところまでになっていた。

このように観念し、誇示するようになっていた大王号は、七世紀後半期の天武朝ごろには天皇号に代り、国号も倭から「日本」へと展開していく。この天皇号・新国号への変化も、倭国伝や国書に見られた文言からすると、その延長上の観念としての蓋然性が認められよう。そしてまた、国家としての自立性を高め、東アジア世界のなかにあって、従来からの中国を軸とした国際秩序と交差するように、新しく日本的中華思想にもとづく、日本を中心とした周辺地域に華夷を配する新秩序を想定し、形成するようになっていった。

八世紀初めに整う日本律令国家の法制観念では、中国は「隣国」であり、対等な国家であった。そのいっぽうで、新羅は「蕃国」とされていたから、朝貢国であった。また、日本列島内では蝦夷を東夷・北狄とし、隼人を南蛮とした。ところが、ヤク(掖玖・夜句)の地域の実態が朝廷によって調査され、しだいに掌握されるようになってくると、ヤクが「南島」として南蛮に加えられるようになり、ときに隼人と代わることもあった。その状況と推移については拙著で述べたことがある(『隼人と律令国家』名著出版刊)。

七世紀代の、このような東アジアの国際秩序とその変遷をたどると、七世紀前半期に見えるヤク(流求、夷邪久)は、その秩序のなかでどのように存立しようとしたのであろうか。また、なぜ倭国にしばしば来航したのであろうか。その問題をあらためて考えてみたい。

四　東アジアの中の流求・ヤク

『隋書』流求伝・同陳稜伝によると、隋の朱寛や陳稜が流求に出兵したのは、大業三(六〇七)年から大業六年までの四年の間のことであった。その直後の大業七年には高句麗攻撃の詔が出され、翌年から三次にわたる高句麗遠征が始まっている。

いっぽう、流求出兵の前からつぎつぎに副都建設、大運河の開削あるいは拡張整備のための大工事が続いていた。大業元（六〇五）年に主都長安に次ぐ副都東京（洛陽）の建設にかかり、毎月二〇〇万人の成人男子が酷使されたという。その洛陽の建設と同時に黄河と南の淮河《わいが》を結ぶ運河通済渠開削が始まり、また、大業四年には黄河から北上して北京の南、涿郡《たく》に達する永済渠が開かれているが、これは高句麗遠征の下準備であった。さらに、淮河と揚子江を結ぶ山陽瀆《とく》を拡張整備するために淮南の人民十余万人を徴発したという。

このような大土木工事と高句麗遠征の間の流求出兵に、はたして隋がどれほどの力を注いだのかについては、少なからず問題があろう。朱寛による大業三（六〇七）年の流求入国では「掠　人」とあり、翌年の再入国では「流求不從、寛取其布甲而還」とあるので、これはほぼ実態であろう。ところが、陳稜による大業六（六一〇）年の出兵では、南方諸国人を従軍させたとはいえ、「兵萬餘人」を率い、「虜男女數千而歸」とあるのは、やや誇張があるようにみられる。また、それだけの戦果をあげながら、流求伝の最後は「自爾遂絶」と結び、以後の国交の杜絶を伝えているような文言である。何のための出兵であったのであろうか。憶測すれば、人的資源の獲得を主に意図していたのであろうか。

ところが、当時の流求の社会の一面が陳稜伝の記事から読みとれる。それは、陳稜らの軍兵が海路流求国に至ると、「流求人初見船艦、以爲商旅、往往詣軍中貿易」とある記事の部分である。それまで流求国人は丸木舟などの小型船しか見たことがなく、軍船のような大型船を初めて見たというのである。それが軍船とは知らず「商旅」のための来航と思い、しばしば軍中に詣り貿易したというのである。

ここには、当時の流求国社会のありようが、よく示唆されている。流求国人は大型船が来航しても、それが軍船などという発想はしなかったのである。筆者はさきに、流求伝のなかの「國人好相攻撃」以下、いくつかの文言は沖縄のことではなく、他の地域の習俗・習性が混入したものであることを指摘したが、その筆者の指摘が相当であったことは、この陳稜伝の記事によっても明らかとなろう。

また、流求国人が交易を主目的として、他の地域の人びとと接していたことも、この記事は示している。おそらく、南へ北へ、西へと海を渡って交易し、海洋民として早くから周辺諸地域との間を往来していたのであろう。具体的地域をあげれば、中国大陸・朝鮮半島・台湾・東南アジアの一部などであり、そして倭国であろう。その倭国への北上の途次にある島々も当然ながら寄港地となる。

その交易形態は、流求産の陸・海諸物品と各地域の物品との交易のほか、周辺諸地域間をとりもっての仲介交易もあったとみられる。このような形態の交易は中世琉球の貿易形態に顕著であるが、それは六・七世にはすでに存在したことを、筆者は先の陳稜伝の記事から推察している。

このように考えると、『書紀』の推古・舒明朝に散見する、さきに引用したヤク人来航の諸記事の背景が浮かんでくる。二・三人の少人数、多くても二十人で丸木舟などの小型船で、かれらは周辺諸地域と交易を行なっていたのである。小野妹子らの使節が、かれらの用いる布甲を識別できたのは、ヤク人の来航がそれ以前からあったことを示唆しており、推古・舒明朝には来航頻度が高まっていたのであろう。そこには、陳稜による流求遠征もあって、中国大陸との交易が一時的に停滞したという事情も考えられる。また、朝鮮半島北部では隋による高句麗遠征がくり返され、高句麗がそれに反撃を加え、半島南部の百済が隋を支援して出兵するなど、朝鮮半島情勢も不穏であったことが反映していたとみられる。

交易活動に従事したのは流求の人びとばかりでなく、周辺諸地域からも往来して私的な商業行為が行われていたことが推定できる。それを示すのが、日本列島で出土する古代中国銭のうち、この時期にほぼ該当する開元通宝の出土例が沖縄諸島（本島および属島）に集中することである。

開元通宝は唐の武徳四（六二一）年の初鋳以来、鋳造がくり返されて長期にわたって使用された銭貨である。出土例の多い沖縄在住の研究者たちを中心にしてこれまでにもその性格が論じられてきた。それらの諸論考のなかでとりわけ注目されるのは髙宮廣衞氏の発言である。(2)

まず、最近発表された上村俊雄氏の研究によって、(3)その出土状況を概観してみたい。上村氏によると、開元通宝は古代（七世紀からグスク時代直前まで）の奄美・沖縄諸島の一三遺跡から八一枚出土している。これに対し、この地域に近い九州島では、鹿児島県指宿市の橋牟礼川遺跡で一例、熊本県一例、他は福岡県四例のみで、それぞれ一～二枚の出土であり、合わせて六遺跡八枚である。

奄美・沖縄諸島における開元通宝の遺跡ごとの出土数の詳細は上村氏の研究を参照していただくことにして、ここではその概況のみを記すとつぎのようである。

奄美諸島　二遺跡（五枚）
沖縄本島　六遺跡（二七枚）
久米島　二遺跡（一四枚）
石垣島　二遺跡（三四枚）
西表島　一遺跡（一枚）

このような状況を、その出土地点・環境まで分析した上村氏は、「西日本本土で開元通宝が発見されている状況をみると、蔵骨器や寺院の基壇・心礎などからの出土がほとんどであり、儀礼的・祭祀的な目的で使用されていたことがうかがえる。これに対し、古代の南島では船が接岸しやすい海岸部の生活を営んでいたと考えられる遺跡内から発見されている。開元通宝のこのような出土状況から、当時は島内あるいは隣接地域においては物々交換が行われていたと考えられる。開元通宝は中国の商人が、沖縄・奄美諸島の産物を求めた際に限定的に通貨として使用したのでなかろうか。すなわち、南島の古代は貨幣使用の試行期であり、物々交換から貨幣経済への移行期の段階であったと考えられる」、と述べている。

また、高宮氏はこれまでの開元通宝の出土例は氷山の一角であるとも指摘して、つぎのように述べている。「この時期に沖縄で発見される開元通宝の性格については、これまで通貨以外の用途を考えてきた。当時の沖縄は物々交換の時代であり、これらの中国貨幣が島内で流通していたとは考えにくいからである」と。ついで、「筆者はグスク時代に先行して貨幣が使用されたと考えている」とし、「開元銭は対外貿易の支払い手段として使用されたのではないかと見ている」と、従来の研究者とは異なる新しい見方を提示した。また、この考え方を補強する文化人類学的調査にもとづく民族例をあげている。それは、「ソロモン諸島のティコピア島では一九五〇年代ごろから貨幣の使用が始まる。当初、島民は島外へ出て労働を提供し、その代償として通貨を持ち帰るが、島内では依然として物々交換が行われ、貨幣は島外の物資（食物・綿布・タバコなど）を購入する際にのみ使用された。多少内容は異なるものの、貨幣経済移行期の状況はインドネシアのレンバタ島や台湾本島のブヌン族、同蘭嶼のヤミ族の間でも事例が知られており、このような民族例は、当時の沖縄の状況を示唆しているように思う。この時期の経験が次のグスク時代に継承されていくのではなかろうか」と述べ、沖縄における開元通宝の使用とその歴史的意義について、画期的ともいえる見解を述べている（注（2）の論文）。

高宮氏からは筆者はこのほかにも開元通宝関連の諸資料の恵送を受け、さきの上村氏ばかりでなく、啓発されるところが少なからずあった。

日本古代史では、八世紀初頭の銭貨和同開珎の鋳造とその使用が、貨幣史の上では一つの画期とされてきた。また、近年は奈良県飛鳥池遺跡から七世紀後半の天武朝にさかのぼるとみられる富本銭が出土し、国家形成の象徴的事物として注目されている。ところが、沖縄諸島ではそれ以前に対外交易用として一部の地域で銭貨が使用されていたとなると、いまだその可能性を論じる段階ではあっても、やはり十分に注目してよいことであろう。

つぎには、交易の対象となった物品の問題がある。『隋書』流求伝によると、身につけるものとしての衣類・装飾品類では、紵・布・布帛などがあり、植物としての麻も見えるし、鳥羽・珠貝・螺・小貝などを冠につけ、垂飾にしている。食用としては稲・麪（麵）・粱・黍・豆類（赤豆・胡豆・黒豆など）があり、猪・雞があり、酒もある。武器類では刀・矟・弓・箭・剣・鈹があり、刑罰用として鉄錐・鑽なども見える。ところが、「其處少鐵」とあって、鉄が少ないことを述べている。それを裏づけるように、「厥田良沃、先以火燒而引水灌之。持一插、以石爲刃、長尺餘、闊數寸、而墾之」とあり、耕作に石斧状とみられる大型の耕具が使用されていたことも記されている。

このような記述からすると、流求と、交易する周辺諸地域との間には、衣・食類において共通するものが多いとみられるし、それらで交易の必要が生じるのは、相互の間での多少の過不足の程度のものであろう。

その点では、食糧生産に必要な耕具、あるいは諸道具を作るための工具などの材料となる鉄は、流求が求めた代表的な物品であったとみられる。いっぽう、周辺諸地域の中国大陸、朝鮮半島、および倭国では、流求特有の産物に対する需要があったとみられる。暖海に囲まれた沖縄諸島の立地がもたらす、海・陸の諸産物である。とりわけ目につくのは、大・小の珍貴な貝類であろう。

貝類で早くから注目されていたのはコヤスガイ（子安貝）の類である。タカラガイ科の巻貝で、その貝殻の形と背面の美しい斑紋に特色がある。中国大陸では紀元前代から珍重され、内陸部の遺跡からの出土例もいくつか報告されている。日本でも安産祈願にこの貝を産婦が握って出産する風習があり、その例が『竹取物語』にも見られる。

つぎには、近年の出土例から過去にさかのぼって脚光を浴びるようになったヤコウガイ（夜光貝）の貝殻である。

ヤコウガイは径二〇センチにもなる内面に真珠光沢のある大型巻貝で、奄美大島名瀬市のフワガネク遺跡から出土した約九〇〇個にものぼる貝殻・破片などと、その製品の貝匙《さじ》状遺物がある。また、それ以前に同島北端近くの土盛・マツノト遺跡、沖縄久米島の清水・北原両貝塚などからも貝殻と貝匙状遺物がそれぞれ大量に出土していたことから、その関連性が再認識されるようになった。

これらの遺跡・遺物は古墳時代後期から平安時代に該当する時期のもので、古いものは六～七世紀にあたるという。また、貝殻の大量出土から、その量に見合う貝匙状製品が作られたと推定されるが、遺跡に残存していた製品は未成品を含めても少なく、島外に搬出された可能性が指摘されている。しかし、当時の倭国や周辺諸地域からは、朝鮮半島などのごく一部でそれらしい遺物例は報告されてはいても、いまだ搬出先を特定できるほどの報告はされていない。

ただし時代が下ると、ヤクガイと呼ばれて夜久貝・夜句貝・益救貝・屋久貝などの用字で平安時代の『和名抄』『儀式』『江家次第』『新猿楽記』『枕草子』などの諸書に見え、その多くは「杯」「盃」などの酒器・食器などに加工されて用いられていたことがわかる。これらの杯・盃は貝匙と同類か、鉢状のものとみられる。また、螺鈿の原材料として正倉院宝物などに多用された可能性もある。正倉院宝物の主体は奈良時代のものとされているが、それらの宝物の螺鈿原材料と南島産ヤコウガイの直接的関係についてはいまだ十分に解明されていない現状である。

平安時代の諸書に見えるヤクガイとその用字、さらにはその産地からみても、ヤクが南島地域をさすことはほぼ明らかであろう。世界の貝類の研究をしている白井祥平氏によると、(4)ヤクガイの後代の呼称となるヤコウガイは屋久島周辺部でほとんど生息していないという。屋久島を産地とすることにその名称の由来を求める説のあることについては、氏は「筆者は否定する。やはり、奄美大島から沖縄県下の島々に多い」と明言している。「ヤク」の地名がどの地域をさすかは、その産地からしてもおのずから明らかであろう。

ところで、ヤコウガイの殻やその製品が古墳時代後期以後、奄美・沖縄諸島から周辺諸地域に搬出されたとみられるが、その見返りとして搬入された主なる物品は何であろうか。

それは、さきに『隋書』流求伝の記載からいささか推定していた鉄と考えられることが、ほぼ認められつつある。高梨修氏によると、(5) ヤコウガイ大量出土の遺跡ばかりでなく、ほかのいくつかの遺跡からも、やはり古墳時代後期の遺物として、鉄器類が出土していることが確認されている。関連遺物として製鉄用の羽口なども出土している。

このような状況からすると、南島への鉄器の伝播は、従来のグスク時代（一二世紀以降）とする説を大きくさかのぼらせ、六〜七世紀まで引き上げられることになる。筆者の考えでは、さらに調査が進めば、髙宮氏が前記論考で表示しているように、より古い時代までさかのぼる確実性は高いとみている。

鉄器を導入するばかりでなく、羽口などの出土は溶鉱や加工技術が存在したことを想定させるものであり、その背景となる社会組織とその構造を浮上させてくる。

この地域の先史・古代の時代区分には、しばしば「貝塚時代」の用語が用いられてきた。その時代はほぼ新石器時代に相当し、いまから約七千年前から紀元後の一二世紀ごろまで続き、以後グスク時代に入るという。このような時代区分からすると、六千年以上の間の長期にわたって本土の縄文時代に相当する石器・土器を主体にした生活と社会が存続したことになる。しかし、そのような時代区分には少なからず問題がある。

奄美・沖縄諸島では縄文時代早期・前期から九州本土と交流があったことは、爪形文土器は一応おくとしても、曽畑式土器が出土し、後期になると松山式・市来式土器などが出土することから明らかである。弥生時代になると、さらに交流は活発化し、本土からは土器ばかりでなく、箱式石棺・青銅製鏃・鉄斧・ガラス製ビーズや小玉などがもたらされ、見返りとしてゴホウラ製・イモガイ製貝輪や原材料が北上している。このような日本列島内部間での交流ばかりではない。

縄文時代晩期には、中国の明刀銭が搬入されていたし、弥生時代になると、大陸系磨製石器・朝鮮半島楽浪系土器などのほか、中国の五銖銭・漢式三角鏃などが見つかっている。(2)これらの列島外製品の搬入については、いったん本土に入ったものがもたらされるとする考え方もされているが、直接的搬入も否定できないであろう。

このような先史時代からの交流の状況と、筆者がこれまで述べてきた奄美・沖縄諸島の六~七世紀の諸様相から推察すると、倭国の推古朝期にはこれら諸島の各地に豪族が台頭しており、『隋書』流求伝が記述する王・小王とみられる首長層が統治する社会が各地域に構成されていたとしても、歴史的発展段階として理解することができよう。

おわりに

『隋書』流求伝の記述内容は、その編者魏徴らが中国大陸南東部の辺境、さらに海をへだてた地域の諸情報をもとに、その実態のわからないままに書き上げたものであった。したがって、これら辺境諸地域の雑多な情報が混入しており、後世の読者を困惑させてきた。

その記述内容を、筆者は沖縄諸島を主体に、その北部に隣接する奄美諸島を含めて、歴史的考察を周辺諸地域の情勢も加えて整理してみた。また、『書紀』が推古・舒明朝のこととして記すヤク人渡来の諸記事と重ね合わせ、流求とヤク(イヤク)をほぼ同一の地域と推測して論じてみた。

その結果、流求=ヤクは日本列島の南端に位置するものの、周辺諸地域と早くから交流し、対外的には、限定的なものではあるが、銭貨の使用も本土より早い時期に見られ、金属器の使用も従来の説より早い時期に設定できることを論じてきた。そのいっぽうで、『隋書』流求伝には田畑の耕作が記述され、稲をはじめ多様な作物が栽培されていた。また紵・布あるいは布帛などの衣類の記述もあった。

さらにその記源をたどれば、沖縄・宜野湾市の上原濡原《ぬうりばる》遺跡から縄文時代晩期~弥生時代前期相当の畑跡が検出されているとの新聞報道もあり(6)、九州本土のそれとは大差のない時期という。

このような実態を前提にして、流求＝ヤクは七世紀後半の日本律令国家成立の段階になると、「南島」と呼称されて朝貢を強要されるようになっていくことになる。しかし、「南島」はあくまでも政治的呼称であって、人びとの間では「ヤク」も通用しており、この地域の象徴的産物がヤクガイであり、平安貴族たちの憧憬の的となっていた。ヤクの地域呼称は、唐でも通用したとみられ、『新唐書』東夷伝・日本条に見える「其東海嶼中又有邪古・波邪・多尼三小王」の「邪古」は日本人から伝え聞いたヤク（奄美・沖縄諸島）の呼称を記事にしたものとみられ、屋久島ではないと考えている。種子島には多褹嶋の国（嶋）府が存在しても、屋久島では他の二地域と並記される「小王」にあたる存在も見出しがたい。

参考

流求国（『隋書』巻八十一・列傳第四十六）

流求國、居海島之中、當建安郡東、水行五日而至。土多山洞。其王姓歡斯氏、名渴剌兜、不知其由來有國代數也。彼土人呼之爲可老羊、妻曰多抜荼。所居曰波羅檀洞、塹柵三重、環以流水、樹棘爲藩。王所居舍、其大一十六間、琱刻禽獸。多鬪鏤樹、似橘而葉密、條纖如髮、然下垂。國有四五帥、統諸洞、洞有小王。往往有村、村有鳥了帥、並以善戰者爲之、自相樹立、理一村之事。男女皆以白紵繩纏髮、從項後盤繞至額。其男子用鳥羽爲冠、裝以珠貝、飾以赤毛、形製不同。婦人以羅紋白布爲帽、其形正方。織鬪鏤皮幷雜色紵及雜毛以爲衣、製裁不一。綴毛垂螺爲飾、雜色相間、下垂小貝、其聲如珮。綴鐺施釧、懸珠於頸。織藤爲笠、飾以毛羽。有刀、矟、弓、箭、劍、鈹之屬。其處少鐵、刃皆薄小、多以骨角輔助之。編紵爲甲、或用熊豹皮。王乘木獸、令左右轝之而行、導從不過數十人。小王乘机、鏤爲獸形。國人好相攻擊、人皆驍善走、難死而耐創。諸洞各爲部隊、不相救助。兩陣相當、勇者三五人出前跳噪、交言相罵、因相擊射。如其不勝、一軍皆走、遣人致謝、卽共和解。收取鬬死者、共聚而食之、仍以髑髏將向王所。王則賜之以冠、使爲隊帥。無賦斂、有事則均稅。用刑亦無常准、皆臨事科決。犯罪皆斷於烏了帥、不伏、則上請於王、王令臣下共議定之。獄無枷鎖、唯用繩縛。決死刑以鐵錐、大如筯、長尺餘、鑽頂而殺之。輕罪用杖。俗無文字、望月虧盈以紀時節、候草藥枯以爲年歲。

人深目長鼻、頗類於胡、亦有小慧。無君臣上下之節、拜伏之禮。父子同牀而寢。男子拔去髭鬢、身上有毛之處皆亦除去。婦人以墨黥手、爲蟲蛇之文。嫁娶以酒肴珠貝爲娉、或男女相悅、便相匹偶。婦人產乳必食子衣、產後以火自灸、令汗出、五日便平復。以木槽中暴海水爲鹽、木汁爲酢、醸米麵爲酒、其味甚薄。食皆用手。偶得異味、先進尊者。凡有宴會、執酒者必待呼名而後飮。上王酒者、亦呼王名。銜杯共飮、頗同突厥。歌呼蹋蹄、一人唱、衆皆和、音頗哀怨。扶女子上膊、搖手而舞。其死者氣將絕、舉至庭、親賓哭泣相弔。浴其屍、以布帛纏之、裹以葦草、親土而殯、上不起墳。子爲父者、數月不食肉。南境風俗少異、人有死者、邑里共食之。

有熊羆豺狼、尤多猪雞、無牛羊驢馬。厥田良沃、先以火燒而引水灌之。持一插、以石為刃、長尺餘、闊數寸、而墾之。土宜稻、粱、床黍、麻、豆、赤豆、胡豆、黑豆等、木有楓、栝、樟、松、楩、楠、杉、梓、竹、籐、果、藥、同於江表、風土氣候與嶺南相類。

俗事山海之神、祭以酒肴、鬬戰殺人、便將所殺人祭其神。或依茂樹起小屋、或懸髑髏於樹上、以箭射之、或累石繫幡以爲神主。王之所居、壁下多聚髑髏以爲佳。人間門戶上必安獸頭骨角。

大業元年、海師何蠻等、每春秋二時、天清風靜、東望依希、似有煙霧之氣、亦不知幾千里。三年、煬帝令羽騎尉朱寬入海求訪異俗、何蠻言之、遂與蠻俱往、因到流求國。言不相通、掠一人而返。明年、帝復令寬慰撫之、流求不從、寬取其布甲而還。時倭國使來朝、見之曰、「此夷邪久國人所用也。」帝遣武賁郎將陳稜、朝請大夫張鎮州率兵自義安浮海擊之。至高華嶼、又東行二日至鼅鼊嶼、又一日便至流求。初、稜將南方諸國人從軍、有崐崘人頗解其語、遣人慰諭之、流求不従、拒逆官軍。稜撃走之、進至其都、頻戦皆敗、焚其宮室、虜其男女数千人、載軍實而還。自爾遂絶。

注

（1）山里純一著『古代日本と南島の交流』吉川弘文館、一九九九年、Iの第一章が参考となる。本稿では本書の他の部分も先行研究として参考にさせていただいた。
（2）高宮廣衞「開元通宝から見た古代相当期の沖縄諸島」第九回アジア史学会研究大会報告『東アジアの中の沖縄』一九九九年。
（3）上村俊雄「南島にみる中国文化」鹿児島国際大学地域総合研究所『地域総合研究』第三〇巻第一号、二〇〇二年。
（4）白井祥平著『ものと人間の文化史　貝II』法政大学出版局、一九九七年。
（5）高梨修「知られざる奄美諸島史のダイナミズム」法政大学沖縄文化研究所『沖縄文化研究』第二七号、二〇〇一年。
（6）新田重清他著『沖縄の歴史』沖縄文化社、一九九四年。

4 古代東アジアと奄美・沖縄諸島

——南島論・交易論への接近——

中村明蔵

はじめに

日本列島がアジア大陸の東の海洋に北から南へと細長く位置することは、列島史を考えるときにつねに配慮しなければならないことである。

その列島史のなかの、南端に立地する南西諸島、とりわけ奄美・沖縄諸島の古代史をとりあげて、中国大陸・朝鮮半島、ときに東南アジアとの関連を考えてみようとするのが本稿の目的である。

これら諸地域との関連では、人・物の交流に主眼をおき、それが具体的に見える交易に指標を据えてみた。といっても、主題の時代は古代であり、文献史料は必ずしも多くはない。その状況のもとでの考察であるから、隔靴掻痒の感はまぬがれない。

本稿よりさきに、筆者は「古代の沖縄と『隋書』流求伝」なる小稿を草したが、(1)本稿はその続編である。できれば、その前稿も合わせて読んでいただくと、本稿の内容が理解しやすくなるのではないかと思っている。

一 ヤクから南島へ

七世紀前半期にヤクと呼ばれていた奄美・沖縄両諸島を主とする地域は、七世紀末葉になると、史書で「南島」と呼ばれるようになる。『続日本紀』の主に前半部に散見するこの呼称は、歴史的には律令国家の確立期にあたる時期に符合しており、当時の畿内政権によるきわめて政治的な命名であるとみられる。その南島が、具体的にどこをさすかを、『続日本紀』から二例あげてみよう。

(A)　南嶋—奄美・信覺・球美等
(B)　南嶋—奄美・夜久・度感・信覺・球美等

(A)は、和銅七（七一四）年一二月戊午条で、信覺《しがく》は石垣島、球美《くみ》は久米島を指すとするのが通説である。(B)は、霊亀元（七一五）年正月甲申朔条で、夜久《やく》は屋久島、度感《とかん》は徳之島を指すとするのが通説である。したがって、この二例からみると、南島は屋久島より南で、沖縄諸島の先島（宮古・石垣両島を主とする）までを含む地域の大概的呼称とみられる。その地域は、七世紀前半期の「ヤク」の地域とほぼ一致するとするのが筆者の見方である。

この地域の新呼称「南島」の出現により、「ヤク」（掖玖・夜勾・屋久などと表記される）の呼称が消えたとは考えられない。というのは、後述するように八世紀以後もヤクの地名は使われており、それが南島地域であることが、ときに認められるからである。

そのいっぽうで、七世紀末からはヤクが屋久島を指す場合があることも、『書紀』の記事から当然認められる。その屋久島はヤク地域の入口に位置することに由来するのであろう。このような地名のありかたは、九州を意味する「筑紫」の、その入口にあたる北部九州を同じくツクシと呼ぶのに類する。

七世紀の初頭期、倭国の政権は相つぐヤク人の来航から、ヤクの地域への関心を高め、舒明元（六二九）年には田部連らをヤクに派遣している。その使者たちは翌年帰国しているが、その出発から帰国までおよそ一年六カ月であった（舒明元年には閏月がある）。この使者たちの目的などについては『書紀』に記載はないが、のちの天武一〇（六八一）年に多禰島（種子島）に派遣されていた倭馬飼部造連らが、帰国してからの報告内容が『書紀』に摘記されているので、およその類推はできる。

その類推とは、ヤク各島の概略図、そこまでの航程と各島の位置関係、住民の状況（社会・習俗など）、そして陸・海の産物などであろう。この使者らのもたらしたヤクについての情報は、その後の倭国政権のヤクへの対処策に指針を与えたと推察されるが、それが具体的に見えはじめるのは、七世紀後半の天武朝である。

その間には、蘇我本宗家の滅亡、阿倍比羅夫による蝦夷征討、白村江への出兵、そして壬申の乱などの内外の対応に終始し、ヤクに関心が向けられることは少なかったのであろう。

壬申の乱が終結し、大海人皇子が即位して天武朝の政治基盤が固められてくると、律令国家形成の気運が急速に高まってくるが、その一環としてヤクの地域に再び政治的視点が向けられてきた。

その天武朝では、ヤク地域の島名が多禰（種子島）・掖玖（屋久島）・阿麻彌（奄美大島）などと個別に見えてくる。そこには、舒明朝にヤクに派遣された使者たちがもたらした情報によって、畿内政権が各島の概要を掌握していたという背景があったとみてよい。

その情報によって、天武朝以後の南辺地域の施策は進められることになる。その施策進行の頭初に見える島名が多禰島であった。その多禰島初見の記事は、『書紀』の天武六（六七七）年二月是月条で、つぎのようである。


饗二多禰嶋人等於飛鳥寺西槻下一。


この短い記事が、何の前ぶれもなく見えることにはややとまどいを覚える。多禰島人が九州南部あるいは西部に現われたのではなく、突如として政権の所在地飛鳥に現われたのである。「饗」の表現からすると、朝廷ではかれらをねぎらい歓迎しているようすが読みとれる。おそらくは、それ以前に朝廷側から多禰島人に招致のはたらきかけがあって実現したものとみられる。この記事はいまだ「貢方物」などの文言も見えず、この短文からは両者の間に服属関係などがうかがえる様相は見出せない。

この二年後の天武八年になると、朝廷はさきの倭馬飼部造連を大使とし、小使を副えて多禰島に使者を派遣している。大使・小使を擁する使節の組織的構成は当時の外国向けのそれである。推古一六（六〇八）年の遣隋使は小野妹子が大使で、吉士雄成が小使であった。近い時期では天武一〇（六八一）年七月に派遣された遣新羅使・遣高句麗使などや、天武一三年五月に派遣された遣高句麗使も同じ大使・小使の構成であった。当然ながら相応の従者が同行したことが想定できる。このことからも、朝廷が、当時の多禰島にどのように対応しようとしていたかがうかがわれよう。多禰島はいまだ「外《と》つ国」であった。

多禰島へ派遣された使節一行は、天武一〇（六八一）年に帰国して、「其の國、京を去ること五千餘里」「粳《うるち》稲常に豊かなり。一たび殖《う》えて兩たび收む」などの島の状況を、地図をそえて朝廷に報告している。

多禰島への使者は、『書紀』の記述からその後も二回、天武一二年三月に帰還した例、持統九（六九五）年派遣例などが見られ、天武・持統朝期の一五年の間に合わせて三回の遣使が行なわれたことになる。いっぽうで、その間にこの地域の他の諸島に使者を派遣した記事はない。なぜ、朝廷は多禰島ばかりに集中して使者を遣わしたのであろうか。

律令国家の確立をめざす天武の朝廷では、大王から「天皇」へ、倭国から「日本」へと改めるなど、新生国家にふさわしい政治体制を整えつつあったが、その一環としての統治領域拡大とともに、その地域への天皇権力の浸透をはかる施策に力を入れていた。日本列島本土の南辺、隼人の居住地域とその南に位置する諸島の統治領域編入は、北辺の蝦夷の地域のそれとともに、その施策の重要項目の一つであった。

列島南辺では、隼人居住域の南部九州、その南の奄美・沖縄諸島を領域編入するために、両者の中間に位置する多禰島に楔を打ちこみ、その地をまず支配の拠点にすることであった。列島南辺の北と南を視野に入れた橋頭堡が多禰島であったといえる。

この施策が、まず隼人支配に功を奏した。すでに隼人居住域の北方に迫っていた畿内政権の勢力は、この施策によって隼人を南方からも包囲し、そこに八世紀初頭には薩摩・大隅両国を設置するにいたった。そしてまた、種子・

屋久両島の地域に多褹嶋（国制に準じた嶋）を置くことにもなった。この間の推移については拙著で詳述したことがある（『隼人と律令国家』第三章、名著出版刊）。

多褹嶋に拠点を置いた畿内政権は、まずヤクで北半に位置する奄美諸島に勢力を伸張させ、『書紀』天武一一（六八二）年七月丙辰条に、

多禰人・掖玖人・阿麻彌人賜レ禄。各有レ差。

の記事が見える。この記事によって、種子・屋久両島の人びととともに奄美大島からも入朝していることがわかる。アマミの地名は、『書紀』斉明三（六五七）年七月己丑条に、覩貨邏国の男・女が筑紫に漂泊した記事のなかで「海見嶋」として見えるのが、おそらく初見であろう。その用字は、天武朝の「阿麻彌」をへて、『続紀』文武三（六九九）年七月辛未条では「菴美」となり、同書和銅七（七一四）年一二月戊午条・霊亀元（七一五）年三月甲申朔条では「奄美」となって、現在の用字にほぼ定着する。ちなみに多禰は文武朝から「多褹」の用字が多用されるようになるが、和銅二（七〇九）年六月癸丑条には従来の「多禰」も例外的に見られる。

その間に、多褹・奄美と畿内政権との関係が変化している。まず多褹・奄美ともにその来朝には「貢方物」「授位賜物」の文言が伴うようになり、朝貢関係が成立してくる。そのいっぽうで「授位賜物」には「各有差」とあって、それぞれ引率者とみられる首長層を中心に、その序列にしたがっての授位・賜禄がなされていた。そこには、確立されつつあった律令国家が日本的中華国家を標傍し、周辺地域をその冊封体制に組み込もうとする意図が読みとれる。

それを示すのが、『続紀』文武三年七月辛未条の、つぎの記事である。

多褹・夜久・菴美・度感等人、従二朝宰一而來貢二方物一。授レ位賜レ物各有レ差。其度感嶋通二中國一於レ是始矣。

この記事に初出する度感島を徳之島とすると、その度感島が中国（中華）に通い始めるようになった、というのである。七世紀末（六九九年）における畿内政権の中華意識がここに表出しているのを見ることができる。ついでに記すと、『書紀』持統九（六九五）年の多禰島への使者派遣に際しての記事には、多禰島について「蠻所居」の文言もあり、南蛮とみなしていたことがわかる。

七世紀末から八世紀初めにかけての記事からは、かつてのヤクの地域を、「南島」と呼ぶようになっていたことも知られる。ヤクから南島への呼称の変化には、その背後にこの地域に対する畿内政権のかかわり方の変化があったことが、諸史料によって裏付けられる。そのかかわり方については、さらに後節でとりあげるが、南島では、この時期までにおのずから社会的変容があったことを、ここで述べておきたい。

それは、七世紀における首長層の成長である。六世紀以降のこの地域の遺跡からは、鉄器が出土するとともに、大量のヤコウガイ貝殻、その貝殻を原材料に用いた貝匙《さじ》などが出土している。(2) その代表的遺跡は奄美大島北部笠利町の土盛・マツノト遺跡、同島名瀬市のフワガネク（外金久）遺跡などである。大量のヤコウガイ貝殻は遺跡周辺で産したものばかりでなく、奄美・沖縄諸島などを含む遠地、周辺各島から搬入され集められたものとの想定も可能であり、これらの遺跡はその集散地であろうと、筆者は推察している。

貝殻の大量出土は、それを用いた貝製品類の大量出土も予測させるのであるが、その実態は貝殻に比して貝製品類の出土は少なく、製品は他地域に運び出された可能性が大きい。そこで考えられるのは、周辺地域との交易である。貝殻、貝製品類を移出し、主に鉄器類を移入したとの想定である。周辺地域とは、大型貝の生息地として適さず、またその捕獲が容易でない中国大陸・朝鮮半島・倭国などが主に考えられるが、現在の時点では、これらの諸地域の文献記録・遺跡出土品あるいは伝世品などで、この時期に該当する可能性があるとみられるものは朝鮮半島の例などごくわずかで、それも奄美諸島からもたらされたとの限定は推測の域を出ない状況である。いっぽう、外部から移入されたものは鉄器を主とする周辺諸地域の先進的物品であろう。それも大量に持ち込まれたとは想定できない状況である。したがって、一部の者によって占有されて、それが首長層の成長を促進させる要因になったと考えられる。

ヤコウガイ貝殻の集積とその製品化、交易とそのルートの確保には、その背景に各地に首長層が存在していたことを推察させるものである。その首長層が七世紀末には各島から畿内政権への朝貢引率者として、「貢方物」の主体となり、「授位賜物」の対象になっていったと、筆者はみている。

そこには、交通・運搬手段としての舟船の発達も当然ながら想定されよう。七世紀初めの推古・舒明朝にはヤク人が小グループで何回も渡来していたことが、『書紀』の記事に見られた。その状況からして明らかに丸木舟による航行であったとみられる。海上の航行に丸木舟を利用することは近年にいたるまで種子島に見られ、原始的ではあっても、普遍的な側面を備えた舟だといえる。その欠点といえば、大量輸送には適さないことであろう。

七世紀末から八世紀初めになると、南島各島嶼からの朝貢が相ついで見られるようになるが、その時のかれらの方物ばかりでなく、食糧や護身用具・交易品なども携えて長途の航行に備えなければならなかった。朝貢人員も、ときには二三二人にもなっている（『続紀』養老四年一一月丙辰条）。となると、丸木舟より大量に積載できる複数の準構造船が使用されたことが想定される。

しかし、南部九州・南西諸島からは原始・古代にさかのぼっての、そのような遺物の出土は報告されてない。準構造船ばかりでなく、丸木舟すらも出土していない状況である。それでも、古代に描かれた舟の絵は見つかっているので、その概要を記してみたい(3)。

それは、鹿児島県指宿市十二町の原田遺跡出土の土器に刻まれていた絵で、四世紀末から五世紀初頭の時期と推定されている。成川式土器の底部に線刻された絵で、丸木舟に帆を張ったことがわかる、比較的明瞭な絵画資料であった。また、同じ指宿市十二町の南丹波遺跡からも、土器破片に帆を立てた舟を連想させる絵画資料が出土している。準構造船を模した埴輪が、宮崎県・西都原一六九号墳から出土したことはよく知られている。この古墳は径四四メートルもあり、西都原古墳群では最大級の円墳で、築造は五世紀前半から中葉に推定されている。南部九州の一角に、五世紀代には準構造船が存在したことを示す資料といえそうである。

丸木舟の段階から、それを帆を立てる段階、そして舷側板をとりつけて大型化した準構造船へと、七世紀のこの地域の舟船は推移し、進展しつつあったのではないかとの想定が可能であろう。

二　東アジアと南島

七世紀末の文武朝以後、八世紀初めの時期にかけて奄美・沖縄諸島を主にした地域の名称として「南島」の用語が見られるようになることを(『続紀』)、さきに述べたが、それは七世紀前半に散見する「ヤク」(掖玖・夜勾など)からの単なる地域名称の変化・改称であろうか。

畿内政権の編述した歴史書の用字であるから、畿内中心の見方は当然であり、畿内から見て日本列島の南端域に所在する島嶼群を一括して「南島」と呼称することになった、とも単純な見方からはいえる。

しかし、筆者は「南島」の呼称が始まり、その呼称が頻出するようになる八世紀初頭は、律令国家の確立期であり、きわめて政治的意図があっての呼称であろうと見ている。その一つは、日本的中華国家をめざした律令政府が、四夷を配置して、それらを天皇の徳化によって統治領域に編入しようとの構想をもってのぞんでいたことから生じた政治的呼称であったといえることである。このことは、隼人と律令国家を論じた拙著のなかでとりあげた(前節先掲拙著、

第一章)。

他の一つは、以前から念頭にありながら、その論点を課題として残していた問題である。その問題を、ここにあえて提示してみたい。

それは七世紀末から八世紀初めにかけて、西海道(九州)に九国三嶋体制が成立していたこととの関連である。三嶋とは国制に準じて成立した対馬・壱岐・多褹の三嶋で、それぞれが個別に嶋府(国府)・嶋分寺(国分寺)を設置・造立して存立し、国制に対応していた。この三嶋についで構想されていたのが「南嶋」ではなかったのか、という問題である。ここで「嶋」の用字を使ったのは、地理的島嶼の意味でなく、国制に準じた政治的地域区分であり、以後は山偏を付けた「南嶋」と表記して論を進めたい。なお、この用字は『続紀』を主に見られる用字であっても、その編者が恣意的に使ったものではないであろう。

まず、三嶋について略述しておきたい。

対馬・壱岐については、『書紀』天智三(六六四)年是歳条に、「對馬嶋・壹岐嶋・筑紫國に、防と烽とを置く。又筑紫に、大堤を築きて水を貯へしむ。名づけて水城と曰ふ」とあり、前年の唐・新羅軍と朝鮮半島西岸の白村江の戦いに大敗した、その防衛に備えた記事が見える。ここでの対馬・壱岐はいまだ島名か国名かは明確でない。

ついで、天智六年一一月是月条に、「倭國の高安城・讃吉國の山田郡の屋嶋城・對馬國の金田城を築く」とあって、やはり防衛策の一環として対馬に金田城(現、下県郡美津島町に石塁・水門・礎石などの遺構残存)が築かれている。この記事では対馬は「國」となっているので、国に準じた「嶋」と見てよいであろう。壱岐の国制が初見されるのは、「嶋司」が記述される『続紀』養老六(七二二)年四月丙戌条で、八世紀になってからであるが、おそらく対馬とほぼ同じ時期に国に準じた「嶋」になった、とみてよいであろう。

このようにして設置された対馬・壱岐両「嶋」の成立事情をみると、そこには対外的要地としての性格が明確に読みとれる。防人を配置し、烽を設け、城を築造している。防衛体制の強化は八世紀半ば過ぎの、天平宝字三（七五九）年三月の記事でも、博多大津・壱岐・対馬などの「要害之處」に船一百隻以上を置いて「以備不虞」とあり（『続紀』）、八世紀末の延暦一四（七九五）年一一月に防人を廃した際にも、壱岐・対馬はその制度に変遷を重ねながらも、前例によるとして存続させている（『類聚三代格』）。

多褹嶋（種子・屋久両島を主とする）は大宝二（七〇二）年に設置されたが（『続紀』）、簡略な記事のためその理由までは記されていない。ところが、天長元（八二四）年九月に廃されて大隅国に併合されるにおよんで、「南溟淼々。無國無敵。有損無益」とあって（『類聚三代格』）、南海は淼茫《びょうぼう》として広がっていても、そこには国もなく敵もなし、と述べていることから、かえって多褹嶋が設置された際の理由が推察できる。すなわち、それ以前は南海から来る国があり、敵があると想定されていたのである。しかし、いまは損あるも益なし、と判断され、多褹嶋は停廃されたのであった。ここでも多褹嶋が対外的要地とみなされていた側面があったことが知られる。多褹嶋の成立とその性格については、かつて論じたことがあるので（拙著『隼人と律令国家』第三章）、ここでは要点のみを記す。

三嶋は対外的要地とされていたが、ともに財政的には自立できず、しばしば大宰府管内諸国の地子稲などをもって補給を受けていた。その一例をあげると、『続紀』天平宝字四（七六〇）年八月甲子条につぎのようにある。

> 勅。大隅。薩摩。壹岐。對馬。多褹等司。身居二邊要一。稍苦二飢寒一。擧乏二官稲一。曾不レ得レ利。欲レ運二私物一。路險難レ通。於レ理商量。良須二矜愍一。宜下割二大宰所レ管諸國地子一各給上。守一万束。掾七千五百束。目五千束。史生二千五百束。以資二遠戍一。稍尉二羈情一。

この記事と同類のものが『類聚三代格』にもあるが、そこでは大隅・薩摩・壱岐については、「別有公廨、不給地子」とあってやや異なっている。この点については、弘仁主税寮式では地子について「大宰所管諸国充對馬・多褹二嶋公廨」とあり、その間に大隅・薩摩・壱岐に公廨稲が設置されているので、三国については地子の支給が停止されたことにより、格の編纂者はそれに配慮して、記事を付加したとの解釈がなされている。(4)

この解釈は妥当なものであり、三嶋のうちでもとりわけ対馬・多褹の二嶋が公廨などに困窮していたことがうかがわれる。多褹嶋については、さきの停廃の記事に、「嶋司一年給物准稲三万六千餘束。其嶋貢調鹿皮一百餘領更無別物。可謂有名無實多損少益」ともあって、嶋司などへの歳出に比して貢調などの歳入が極度に少ないことをあげている。

律令国家は組織化された権力によって、その領域に統治権を行使しようとするが、その領域保全のためには外部からの圧力や侵入を排除せねばならず、そこには多大な出費と犠牲がともなうことも余儀なくされていたのであった。七世紀末から八世紀にかけての日本律令国家は、本格的国家体制を確立したのであったが、その体制維持には従来の歴史に見られない新しい課題と出費を負うことにもなった。そのような体制維持の一環として、三嶋は存続していたのである。

『令集解』仮寧令官人遠任条には、「古記云。及任居邊要。謂伊伎對馬陸奥出羽是」とあり、古記の成立した八世紀前半の天平期には、辺要として壱岐・対馬と陸奥・出羽があげられている。その辺要は国家の周辺・辺境であり、そこを要害の地として特定し対外的要地として備えることであった。その点では前記二嶋は新羅を主対象にして備える辺要であったし、後記二国は蝦夷を主としたそれであろう。

ところが、さきに引用した八世紀半ば過ぎの天平宝子四年の記事では、壱岐・対馬と大隅・薩摩・多褹が辺要としてあげられている。ここにとりあげられている大隅・薩摩両国は職員令（大国条）の国守の職掌のうちでも、鎮桿・防守に力点があり、それは『令集解』朱説の答えに見られるように「部内之人」に対するものと解される。したがって、多褹とは区別して考慮すべきであろう。その多褹嶋は中国大陸沿海部を主対象にしながら、南海からの侵入者に備えたものとみられる。

では、三嶋を設置して、朝鮮半島（新羅）・中国（唐）それに南海を加えて対外的に備えるほどに、七世紀末から八世紀にかけての東アジア情勢は緊迫していたのであろうか。

まず南海を見ると、中国南部とそれにつづく東南アジア・南アジア、それに台湾などがある。これらの諸地域が、この時期を記した倭国の史書などに登場することはほとんどない。そのような状況のなかで、わずかながら覩貨邏・舎衛などからの来航記事が『書紀』にある。

まず、白雉五（六五四）年四月に吐火羅（トカラで、覩貨邏と同じとみられる）国から男二人・女二人、舎衛の女一人が日向に流れ着いたという。当時の日向は、のちの大隅・薩摩両国の地域をも含む地域名であったから、のちの日向国とは限定できない。ついで、斉明三（六五七）年七月に覩貨邏国の男二人・女四人が筑紫に漂泊し、かれらはそれより前に海見島（奄美島であろう）にも漂泊したと報告している。さらに、斉明五年三月にも吐火羅人と妻舎衛婦人などが見えるが、この男女はさきの白雉五年の記事の人物たちと重複するとみられる。あいつぐ来航の背景には、後述の交易との関連にも配慮する必要がある。

これらの記事に出てくるトカラが、いまの鹿児島県十島村のトカラ列島ではないことはほぼ明らかである。それは、並記される舎衛がインドのガンジス河の中流域であることと、かれらが海見島に漂泊したのちに筑紫（九州北部）に漂着しており、十島村であればその位置からして南・北に漂泊することになり、理解し難いからである。

いっぽう、中国の『旧唐書』『新唐書』などの諸書には、吐火羅・覩貨邏・堕和羅などと表記される、中国周辺の地域名が出てくる。それらの地名がさす地域は大きく二つある。その一つは、いまのタイ国のメナム河下流域であり、他の一つは西域である。その二つのうちで、舎衛との関係からみると、メナム河下流域が妥当であろう。また、そこ

に比定することによって海見島への漂泊も考えやすくなる。(5)

いずれにしても、これらの記事から七世紀半ば過ぎには南海から来航する例が見出される。したがって、朝廷ではかれらのもたらした情報も入れて、南からの侵入者にも備えたことが考えられる。とはいえ、朝鮮半島の新羅あるいは中国大陸の唐に対する「蕃国」または「隣国」ほどの明確な認識を、南海諸地域にいだくことはできず、不特定多数の姿影の見え難い不気味な敵に対しての備えであろう。後述の南島覓国使の派遣や南島への国制施行計画には、統治領域の拡大ばかりでなく、このような敵に対する防備体制の一環としての予察の側面があったとみられる。

つぎに、七世紀末から八世紀にかけての東アジアの情勢はどうであろうか。とりわけ、唐と新羅との関係の推移が注目されよう。そして、倭国（日本）の朝廷がそれにどう対処してきたかである。

天智二（六六三）年八月の白村江での敗北は、倭国の対外政策に二つの点で大きな転換をもたらしていた。一つは、朝鮮半島における勢力拠点を全く失なったことであり、他の一つは唐・新羅による倭国侵攻に対する防備体制の急速な整備である。

倭国はそれまでの数世紀にわたってその勢力を朝鮮半島におよぼしていた。半島南部の加羅（伽耶とも。『書紀』は任那と呼称）諸国に拠点をおいていた時期と、加羅が五六二年新羅によって滅ぼされた後は、親交国百済を通じてその影響力を保持していた時期があった。その間には朝鮮半島への出兵、あるいはその計画がくり返されてきた。しかし、白村江での敗北は、そのような歴史に終止符を打つことを意味した事件であった。

それればかりでなく、逆襲の侵攻に対する危機感を極度に高めていた。斉明女帝は百済救援のため筑紫におもむく、というこれまでの大王には見られないほどの外征への熱意を行動で示したが、朝倉宮で没した。その後継者の天智は、敗戦後に即位する猶予もなく「称制」して事実上の代行者となり、七年後にようやく正式に即位しているが（六六八年）、その前年には都を近江大津に移している。

敗戦の翌六六四年に、いち早く対馬・壱岐・筑紫に防人と烽を置き、筑紫には水城を築造している。つぎの年には、筑紫の大野・椽、長門に城を、さらに六六七年には対馬に金田城、大和に高安城、讃岐に屋島城を築き、北部九州から瀬戸内、そして畿内にいたる防衛ラインをめぐらし、一応の体制が整う状況をみて天智は即位したのであった。ところが、その間に朝鮮半島と中国では新しい動きが展開されていた。

その一つは、唐使のあいつぐ倭国への派遣である。白村江敗戦の翌六六四年の郭務悰ら（『海外国記』『書紀』）、六六五年の劉徳高ら（『書紀』）、六七一年の郭務悰らである（『書紀』）。とりわけ、六七一年の場合は『書紀』（天智一〇年一一月癸卯条）に、つぎのようにある。

對馬國司、遣二使於筑紫大宰府一言、月生二日、沙門道久・筑紫君薩野馬・韓嶋勝娑婆・布師首磐、四人、従レ唐來曰、唐國使人郭務悰六百人、送使沙宅孫登等一千四百人、總合二千人、乗二船數卌七隻一、倶泊二於比知嶋一、相謂之曰、今吾輩人船數衆。忽然到レ彼、恐彼防人、驚駭射戰。乃遣二道久等一、預稍披二陳來朝之意一。

この記事によると、唐使の郭務悰らは六百人・一千四百人の計二千人が、船四七隻に乗って倭国に赴くようすであることを、対馬国司が筑紫大宰に告げている。その大挙しての人数・船数は尋常でなく、軍勢のようにしか思われないが、防人と交戦するつもりではないと、あらかじめ伝えているという。

郭務悰らがそのままの人数・船数で来航したのかについては、『書紀』は記さないが、一行は翌六七二年（天智は前年一二月に没し、この年六月には壬申の乱おこる）三月には筑紫に到着して挙哀し、五月壬寅条にはつぎのように記されている。

以㆓甲冑弓矢㆒、賜㆓郭務悰等㆒。是日、賜㆓郭務悰等㆒物、總合絁一千六百七十二匹・布二千八百五十二端・綿六百六十六斤。

同月庚申、郭務悰等罷歸。

かなり大量の物品の賜与であるが、これらの記事に見える唐側の行動と、倭国からの賜物での対応の背景をもう少し探ってみたい。

これより前、六六六年正月に唐の高宗は泰山で封禅の儀式を挙行している（『旧唐書』他）。封禅は、皇帝が天下の秩序が成ったことを上帝に告げる儀式で、土を盛って壇を造って天を祭り（封）、地をはらい清めて、山川を祭る（禅）ことだという。この儀式には、その秩序のもとにある周辺諸国が参加しているが、ここでは新羅・高句麗・百済、そして倭国の名が見える。倭国からは、この前年に守大石らが遣唐使として派遣されているので、一行は唐朝からの参列の要請を受けての使節とみられる。なお、滅亡した百済の参加は、降伏した百済王の王子（扶余隆）が故地で熊津都督に任ぜられていたから、その王子の参列とみられている。

この封禅の儀式とその参列国からみると、唐は朝鮮半島諸国ばかりでなく、倭国をも東アジア世界の秩序に組み込んでおり、その秩序の存在を確認させるために、ときに宗主国的行動で示威していたとみられる。その象徴的一例が、さきの六七一年の郭務悰ら二千人・四七隻での来航で、そのなかには白村江の戦後処理で生じた捕虜・難民が含まれており、その送還による皇帝示徳の意図があったと推察できよう。

いっぽう、この六七〇年前後の唐側の対外施策の推移を見ると、海をへだてた倭国にばかり目を向けられない状況もあった。それは、陸続きの朝鮮半島の動静である。

百済滅亡後、高句麗では内紛からその一派が唐に救援を求めたため、唐は高句麗遠征を準備し、新羅にも高句麗攻撃の出兵を命じた。その結果、六六八年の唐・新羅連合軍による両面からの攻撃によって高句麗は滅亡した。ところが、その後高句麗遺民による唐への反抗が起こると、新羅は反抗軍に加担して唐に敵対した。このような反抗を唐が一応鎮圧したのは六七三年であった。しかし、その後も新羅は唐に敵対していた。そのような状況から脱して、ようやく朝鮮半島が安定したのは六七六年のことで、唐が半島への介入を放棄して、新羅が半島全域を領有することになったことによる。

中国・朝鮮半島における相次ぐ動乱は、倭国の対外的危機回避をもたらし、壬申の乱後の律令国家形成期に外部からの圧力に大きくは苦慮することなく、諸施策が進展していた。新羅が半島全域を領有して統一した六七六年は、倭国の天武五年に当り、この前後には倭国から「日本」へ、大王から「天皇」へと国号・大王号が改められ、国家体制が大きく変貌しつつあった。

その国家を維持・発展させるためには、以後も中国・朝鮮半島に対する要地においては、防衛政策を堅持して継続させる必要があった。対馬・壱岐の嶋制の成立、それにつづく多褹嶋の設置は、そのような防衛施策によるものであろう。さらに、筆者は南島への施策にも嶋制の一環としての側面を推察しているので、次節でとりあげたい。

三　南島への嶋制計画とその挫折

律令国家体制確立の画期を、大宝律令の成立・施行に求めるならば、大宝二（七〇二）年一〇月の、「頒下律令于天下諸國」（『続紀』）の時である。

南島への国制編入を企図したとみられる動きは、その直前に活発化している。関連する三つの記事を『続紀』から摘記してみよう。

(A)　文武二年（六九八）四月壬寅条

遣下二務廣貳文忌寸博士等八人于南嶋一覓上レ國、因給二戎器一。

(B)　文武三年一一月甲寅条

文忌寸博士、刑部眞木等自二南嶋一至。進レ位各有レ差。

(C)　文武四年（七〇〇）六月庚辰条

薩末比賣、久賣、波豆。衣評督衣君縣、助督衣君弖自美。又肝衡難波。從二肥人等一持レ兵剽二劫覓國使刑部眞木等一。於レ是勅レ竺志惣領一、准レ犯決罸。

この一連の南島覓国使に関する歴史的解釈については、筆者の考えをすでに述べたことがあるので(6)、ここでは反復をなるべく避けて、新しく論及すべき点を中心にとりあげたい。

まず、南島の呼称は(A)が初見であり、すでに前節で指摘したように、七世紀前半のヤクに代わる奄美・沖縄諸島を主とした総称である。七世紀終末にいたっての、律令国家確立期にこの呼称が使用されることは、政治的呼称として十分に考慮されるべきである。

このような視点に立って、(A)・(B)・(C)の三史料を検討すると、この覓国（国をもとめる）使節は、朝廷で構想された国家的事業のさきがけとして編成され、派遣されたものとみられる。その国家的事業は南島に国制をしくことであり、そのための調査団派遣である。

その点では、史料には明記されていないが、文忌寸博士は調査団の大使、刑部真木は小使に準じていたとみられる。かつて天武八（六七九）年一一月に多禰島に派遣された倭馬飼部造連らは大使・小使の編成であったことが想起されよう。今回の南島覓国使は少なくとも二隻の船に分乗し、大使・小使がそれぞれに乗り込み、南島までの途上では別行動をとっていたとみられる。それは、(C)の史料で刑部真木らの船が南部九州で薩末（薩摩）・衣（頴娃）・肝衝（肝属）らの巫女・評督や豪族から剽劫を受けていたことから知られる。ここには大使とみられる文忌寸博士の名は見えない。

また、使節への剽劫に対しては竺志（筑紫）惣領に勅して決罰させていることも注目される。すなわち、のちの大宰府がこの調査団にかかわっていたことが推察されるからである。この南島覓国という国家的事業は、朝廷の出先機関としての竺志惣領にその実行は託されて進行し、南島に国制が施行されたときは、南島はその管轄下に置かれることになっていたとみられる。南島の立地からしても、それは必然的措置であろう。

その南島が成立した段階には、その時期は八世紀初頭から遅くとも前半期と予測されていたとみられるが、大宰府管轄下には対馬・壱岐・そして多褹に次いで南島の四嶋が配されることになり、西海道の西辺・南辺の対外的要地として位置づけられることになっていたと考えられる。

そのような状況からみると、南島の呼称は、政権の所在する畿内から見て単に南辺に所在する島嶼ではなく、嶋制の一環として見込まれていたのであり、政治的・対外的意味をもっていた、と筆者は考えている。

朝廷で構想されたこのような国家的事業は、覓国使の派遣にいたり、一見して順調に進行しているようであったが、その実態はどうであろうか。(A)では、文忌寸博士らは戎器まで給されていたから、現地での抵抗を一応は予測していたのであろう。としても、天武朝以来のこの地域からの来朝は「賜禄」で対応する関係であったから、それなりの成果をあげていたとみられる。また、(A)の使節派遣によって、その帰朝までの間には（文武三年七月）、多禰・夜久ばかりでなく、菴美・度感（徳之島）両島からも「貢方物」があり、使節派遣の成果は早くもあがっていた。このときの記事には「従朝宰而來」とあり、使節のなかから朝貢者を従えて一足早く帰朝したもの（朝宰）があったことが知られる。

ところが、(C)によると使節への抵抗・妨害は南部九州本土で生起していたのであった。以後、『続紀』には南部九州に向けての武器の補給記事が目立つ。諸記事は梓弓を「五百張」「一千廿張」（以上、大宝二年）「一千四百張」（慶雲元年）などを、それぞれ「充大宰府」とあるが、それらが南部九州に対する備えであったことは、想像に難くない。大宝二（七〇二）年には薩摩国が日向国から分置され、多褹嶋も成立している。この二国・嶋の分置、成立の記事には、「發兵征討」とあり、続く記事には国内要害の地に「建柵置戍守之」ともあり、弓矢などの武器が大量に必要であったことが推察できる。

このような南部九州の状況からみると、その間は南島への施策は一時的に停滞していたとみられる。南島の動きが再び見えるのは、『続紀』慶雲四（七〇七）年七月辛丑条で、

遣㆓使於大宰府㆒、授㆓南嶋人位㆒。賜㆑物各有㆑差。

とある。この記事では南島人への授位・賜物が大宰府で遣使によってなされていたことが注目される。本来、畿内の朝廷でなされるべきはずの授位・賜禄を、筑紫の大宰府に使者を遣わしてまで行なおうとする朝廷側の積極性と、畿内に遠路足を運んでまでは授位・賜禄にあずかろうとしない南島人側のそれへの消極的対応がこの記事から読みとれる。

このような南島人の状況と態度からみると、南島人は筑紫、すなわち九州本土まで来航することでその目的は達せられていたのである。その目的とは、南島産の物品を主に運送して交易を行なうことであろう。そのような交易を推察することは、七世紀後半の天武六（六七七）年二月に多禰島人が、突如として大和飛鳥に姿を見せて「饗」を受けた、その前後の事情をも彷彿させるものである。

多禰島人・南島人は、それ以前から九州本土には交易のため来航していたが、天武六年には飛鳥の朝廷側からの強い招致要請があって、畿内にまで行くことになったのであろう。

その後の多禰・南島に対する朝廷の積極性は、七世紀末葉までの多禰島への数度にわたる遣使、南島覓国使の派遣などによく示されている。それらの一応の成果となったのが、南島からの「貢方物」の記事の散見であろう。慶雲期に続いて、和銅七（七一四）年一二月には、太朝臣遠建治らに率いられて南島の奄美・信覚（石垣島）・球美（久米島）などの島人五二人が来朝している。太朝臣遠建治らが朝廷からいつ南島に遣わされたのかは不明であるが、おそらく前年のことであろう。

前年（和銅六年）の四月には、大隅国が日向国から分置されており、南部九州には日向・大隅・薩摩三国が分立するようになっていたから、朝廷の施策は再び南島へと向けられ、朝貢要請のための使者派遣となったとみられる。遠建治らに率いられて来朝した南島人たちは、翌霊亀元（七一五）年正月元日の朝賀の儀式に参列させられている。

この儀式では、夜久・度感（徳之島）両島の名も見え、また陸奥・出羽の蝦夷も参列し、「朱雀門左右、陣列鼓吹騎兵」という仰仰しい雰囲気の中で「各貢方物」がなされている。南島人は、蝦夷とともに晴の場で、天皇権力が日本列島の南北に浸透していることを誇示する具にされていたのである。これより五年前の和銅三（七一〇）年正月元日の儀式では、南部九州の隼人が蝦夷とともに参列させられていたが、その隼人が南島人に代り、天皇権力の着々とした南進を参列者と貴族百官に可視的に示したのである。

南島人の来朝は、その後も養老四（七二〇）年一一月に二三二人、神亀四（七二七）年一一月にも一三二人が見え、いずれも授位されている（以上はすべて『続紀』）。しかし、神亀四年を最後にして南島人の来朝記事は見られなくなる。おそらく、南島人には朝廷による一方的授位はほとんど魅力がなく、それへの関心も薄かったとみられる。

それでも南島人の九州への来航は続いていたことが知られる。というのは、大宰府史跡の不丁官衙地区の南北溝跡から出土した、天平年間（七二九～七四九）前半代と推定されている南島関係の二枚の木簡によって、その後も来航し、交易があったことが知られるからである。(7) 二枚の木簡は、いずれも下半部が折損しているが、上部の残存部分には「梅美嶋」・「伊藍嶋」などの墨書が読みとれ、前者は奄美大島、後者は沖永良部島か与論島が推測される。二枚とも上端に両側から切り込みがあることから付札とみられるが、その材質・書体・出土場所などからみて、大宰府で府庫に収納する際に整理・保管のために付けられた札の可能性が大きい。

この二枚の木簡から推測されることは、神亀四年以後も南島人は九州に来航し、交易していたことである。その交易物品を大宰府が買い取り、中央官衙からの要請に応じて京進するために整理・保管されていたものとみられる。その物品名は木簡の下半部に記されていた可能性があるが、その部分が欠損しているため明らかでない。したがって推測するしかないが、その物品については次節でとりあげたい。

これまでに述べてきたことからみると、南島人は畿内の政権に服属することや、朝貢して授位・賜物にあずかることよりも、交易に関心があったことが知られる。本土では位階を有することは官職につながり、諸権益に結びつくが、南島が畿内からははるか遠地にあり、島嶼より成り立っていたことからすれば、このような関心のありようは当然ともいえよう。

畿内に成立した政権が、統治領域を四方に拡大していく過程では、地域の有力者である首長層・豪族層をどのように掌握していくかが重要であった。その手段として賜姓があったし、国造などへの叙任があり、ときに中央政権に出仕させたりして、その地位を政権として容認することであった。さらには、律令国家の成立にともなって、郡司などに任じ、位階を授与することが有効な方策であった。

ところが、南島では六世紀には交易によって鉄が移入されていたことが認められ、七世紀以後は中国沿海部との間では交易に開元通宝などの銭貨も用いられていた事実も浮上してきている。このような周辺地域との交易の背景には、南島各地に首長層が成長していたことが推察できよう。(8) 畿内政権は従来の領域拡大の方策を用いて南島への勢力伸張をはかり、かれら首長層を政権側に組み入れようとしていたのである。

したがって、南島への国制施行には畿内政権と現地首長層の間に明らかにその施策に対する認識に隔差があり、国制施行計画は停滞しつつあった。その間にも政権側からの強い要請で、断続的に「貢方物」が行なわれ、先述の霊亀元年(七一五)正月元日の朝賀の儀式に南島人が参列させられるという、政権による権力誇示の演出も試みられた。しかし、そのような演出は、かえって政権と南島首長層との懸隔を広げることになり、ついに神亀四(七二七)年の来朝を最後に、南島人は姿を見せなくなった、というのが両者の関係の推移であり、それが実態であった、と筆者は見ている。

それでも、畿内政権は南島を支配下に置く政策を放棄したわけではない。その後の、天平五(七三三)年・天平勝宝四(七五二)年発航の遣唐使船は、その帰路に南島を経由したことが認められ、その間あるいはその後の天平七年・天平勝宝六年に南島各地に「樹牌」のことがあり、その牌に島名・泊船所・有水所などを「顕著」させている。

遣唐使船の航路のうち、南島路の存否については諸説がある。その諸説についてここで論評する煩は避けるが、右記の二度の遣唐使がその帰路においてのみ南島を経由したことは明らかである。それは、出発時にすでに決められていたことで、遠まわりで航海日数もかかるこの航路をあえてとったのは、断絶した南島人の来朝を促すためであったとみられる。これもまた、大型船の寄港によってその権力を誇示しようとする、畿内政権のもくろみであったろう。このような南島と畿内政権との歴史的推移のなかで、遣唐使船は南島経由の航路をとったのであって、それはあくまでも臨時的な航路であった。

律令国家体制の確立と並行して、畿内政権は南島の国制施行を目ざして、大宰府(その前身の筑紫大宰)を介して、諸施策をとってきた。そのための使者派遣もくり返し、「貢方物」までは一時的にしろ至ったのであったが、それに対する南島各地の首長層の対応は、やむを得ず応じるものでしかなく、消極的であった。

その結果、南島での国制施行の試みは挫折し、対馬・壱岐・多褹三嶋に続く「嶋制」も画餅に帰した。したがって、南海の防衛は多褹嶋が先端拠点となり、天長元（八二四）年まで持続されることになった。なお、貞観一八（八七六）年三月には肥前国から値嘉嶋が分立したが（『三代実録』）、まもなく停発されたらしく、その実態は明らかでない。

南島における国制施行計画の挫折は、政治用語「南島」の正史（『続紀』）からの消滅にもつながり、天平勝宝六（七五四）年を最後に見られなくなる。一〇世紀前半の『延喜式』『本朝月令』などの諸書にこの用語は出てくるが、それらは八世紀の用語の残影とみてよいであろう。

しかし、畿内の政権と貴族層はその後も多褹嶋では得られない南島の産物に憧憬して、その入手に執心していたことが諸書によって知られる。それについては、次節でとりあげたい。

四　交易拠点としての奄美・沖縄諸島

「南島」の用語は八世紀の半ば過ぎをもって消滅したことから、この地域の呼称にはそれ以前の「ヤク」の語が一部で存続して用いられたとみられるが、畿内域で書かれ残存した諸記録は、七世紀末からの個別の島としての屋久島（掖玖・夜久・益救などの用字）の名称との混合もみられる。また、畿内からはるか南方の遠地にあることから、蛮地とされて「南蠻」とも記される。さらに、この地域の島嶼群の位置関係に確とした知識がないままでの島名の記述があり、読む者を混乱させるところがある。

そのいっぽうで、八世紀半ばから一〇世紀末葉にいたる間には、それまでに散見されたこの地域の記述が官撰史の杜絶もあって、奄美・沖縄諸島の実態は見えにくい状況にある。また、その間に成立した先述の『延喜式』『和名抄』『本朝月令』などの編纂物の記述では、その内容は成立時期以前の内容であることは判明しても、その年代を明確におさえられないことが多い。

そのような史料の残存状況にあって、一〇世紀末になると諸書の記述からようやくこの地域の状況がわずかながら浮かび上がってくる。

まず、『日本紀略』によると、長徳三（九九七）年一〇月一日条に「大宰飛驛使参入云。南蠻亂二入管内諸國一。奪二取人物一」とあり、同月一三日条に「奉レ遣二幣帛使於諸社一。依二筑紫之騒動一也」とあり、さらに同年一一月二日条に「大宰府飛驛使來。申下伐二獲南蠻卌餘人一之由上」とある。

この一連の記事によると、大宰管内諸国に「南蠻」が乱入し住民を掠奪したことを「筑紫之騒動」と呼び諸社に幣帛したこと、翌月になると、その「南蠻」四〇人を伐獲したことを、大宰府からの飛駅使が朝廷に伝えている。『日本紀略』に用いられた「南蠻」の語は、同じ事件を記した藤原行成の日記『権記』の同年一〇月一日条にも見え、「南蠻賊徒」・「南蠻峰起」などの語句が用いられている。また、源経頼の日記『左経記』（寛仁四〔一〇二〇〕年閏一二月二九日条）にも見え、そこでは南蛮賊徒が薩摩国に到り、人民などを虜掠したとある。したがって「南蠻」の語は、当時かなり流布して用いられていたことが知られる。

ところで、その「南蠻」とはどの地域をさすのであろうか。それを具体的に示しているのが、藤原実資の日記『小右記』で、これもさきの『日本紀略』の最初の記事に一致する長徳三年一〇月一日条である。それによると、大宰府が言上した解文の内容では、「奄美嶋者」が船に兵具を帯し、筑前・筑後・薩摩・壱岐・対馬などで国・島の海夫などを掠奪、あるいは殺害あるいは放火し、当国人と処々で合戦となり、当国人で奪取された者が三百人におよぶとある。さらに、大宰府解文によると、先年も「奄美嶋人」によって大隅国人民四百人が奪取され、連れ去られたともある。

さきの『権記』によると、南蛮賊徒が到り「刧人物奪侵犯」した大宰府管下の国は肥前・肥後・薩摩などの国とあり、『小右記』に記された国・島と合わせると、西海道の大宰府管下で南蛮の被害に遭わなかったのは、西海道（九州）東部の豊前・豊後・日向の三国のみとなる。となると、はたして南蛮は奄美島に限定できるのであろうか。

奄美諸島では、これより数世紀以前に鉄器などが移入されていたが、大宰府管下の広域にわたる国・島で合戦し、三百人あるいは四百人を奪取して連れ去るほどの交戦力や船隻を備えていたとは、前後の歴史の推移からみて到底考えられない。

新羅に代わって朝鮮半島に興った高麗についても一応は考えてみなければならない。高麗については『小右記』は同じ日付の記事で、南蛮につづく箇所に「又高麗國同艤兵船五百艘向日本國、欲致奸者、誠雖浮言」と記し、「高麗國浮言不可不信」とも記している。したがって、高麗が大挙して日本を侵攻するという浮言があったことは知られるが、その高麗と南蛮とは明らかにその記述を区別している。このような高麗についての記述は『権記』にも見える。

そこで、『小右記』が南蛮を奄美島とすることについて、さらに検討してみたい。

『小右記』の記事のなかで、奄美島の者からもっとも大きな被害を受けていたのは、「奪取大隅國人民四百人、同以將去」とある大隅国であった。また、さきに引用した『左経記』には、西海道の他の諸国のことは記さず、「南蠻賊徒到薩摩國、虜掠人民等」とあり、薩摩国のみがあげられている。この時期の大隅国は、かつての多褹嶋（種子・屋久両島の地域）も併合しており、南海にも広がっていた。

このような大隅・薩摩両国が南蛮の侵犯を受けやすいことからすると「南蠻」はその語のごとく南から侵入する蛮賊であり、奄美諸島はその一つの拠点と考えられよう。とはいっても、たとえ奄美諸島の諸勢力を結集したとしても西海道を脅かすほどの兵力にはなり難いであろう。

そこで筆者は、この「南蠻」とは、おそらく中国大陸沿海部を主にした一応は交易を目的とする海賊集団で、交易を偽装して北上してきたのではないかと推察している。また、その北上の過程で、奄美諸島などの住民の一部をも従えて、その先鋒に配していたのではないかとも考えている。その背景には奄美島人の一部もまた、交易にかかわっていたという事情があるのであろう。

『日本紀略』長徳三（九九七）年一一月条で（先述）、大宰府の飛駅使が「南蠻」四〇余人を伐獲したことを伝えていたが、この四〇余人はそのような奄美島人が主ではなかったかと推定している。また、同書の長徳四年九月一四日条には、「大宰府言下上、下二知貴駕嶋一。捕二進南蠻一由上」とあり、南蛮が貴駕島（この時期のキカイガシマは硫黄島とその周辺を主とするか）から捕進できる位置に、一つの拠点を置いていたのではないかとみられる。

中国大陸沿海部は唐代にも海賊が出没していたことが伝えられているが、一〇世紀になると、唐の滅亡とそれに続く五代一〇国の興亡、また朝鮮半島では新羅が滅亡するという大きな変革期であった。続発する戦乱と下剋上の風潮によって生起した政治的・経済的混乱はかつての支配層を没落させ、中国社会は秩序を保持できなくなり、新しい勢力がつぎつぎと盛衰をくり返した。その結果、海賊行為も活発化し、その一部が奄美・沖縄諸島をまきこんで、九州本土にまで押し寄せたというのが、南蛮の実態ではなかろうか。

この前後の東シナ海を舞台にした交易の状況を知る手がかりを与える史料に『新猿楽記』がある。この書は藤原明衡（九八九？～一〇六六）の著とされ、その成立は天喜・康平ごろ（一〇五三～六五）と考えられている。この書のなかで、猿楽を観覧する右衛門尉の一家がとりあげられ、その八郎（八男）の真人について、つぎのように述べている（『新猿楽記』東洋文庫版による）。

八郎眞人、商人主領也。重レ利不レ知二妻子一。念レ身不レ顧二他人一。持レ一成レ萬、摶レ壌成レ金。以レ言誑二惑他

心一、以レ謀抜二人目一物成。東臻二于浮囚之地一、西渡二於貴賀之嶋一。交易之物、賣買之種、不レ可二稱數一。唐物沈・麝香・衣比・丁子・甘松・薫陸・青木・龍脳・牛頭・鶏舌・白檀・紫壇・赤木・蘇芳・陶砂・紅雪・紫雪・金液丹・銀液丹・紫金膏・巴豆・雄黄・可梨勒・檳榔子・銅黄・紺青・燕脂・緑青・空青・丹・朱砂・胡粉・豹虎皮・藤茶埦・籠子・犀生角・水牛如意・馬脳（帯）・瑠璃壺・綾・錦・緋襟・象眼・繧繝・高麗軟錦・東涼錦・浮線綾・羅・縠・呉竹・甘竹・吹玉等也。本朝物、金・銀・阿久夜玉・夜久貝・水精・虎珀・水銀・流黄・白鑞・銅・鐵・縑・蟬羽・絹・布・糸・綿・纐纈・紺布・紅・紫・茜・鷲羽・色革也。蓋於二泊浦一、送二年月一、無二定宿一。於二村邑一過二日夜一、無二留所一。財寶貯二於波濤之上一、浮沈任二於風前一、運命交二於街衢之間一、死生懸二於路頭一。噫、賓客之清談、甚繁、妻子之對面已稀焉。

ここに登場する八郎真人は、商人たちの主領（親方）で、商売の利益ばかりを追求して妻子の事をかえりみず、自分ばかりを大切にして他人を顧慮しない。必要とあれば、東は俘囚の地（東北辺の蝦夷の居住地）、西は貴賀之島にも渡り、交易品・売買品は数えきれない。そして、その品々を「唐物」と「本朝物」に区別して列挙している。

唐物では、香（木）類・薬類・染料顔料類・豹虎の敷皮・犀生角・水牛角製如意（仏具）・馬脳瑠璃製調度品などのほか、各種の織物類など、じつに多様である。また、本朝の物では、金・銀・銅・水銀・錫・硫黄・水晶・琥珀などの鉱物や宝石類、諸種の繊維織物類、染料のほか、奄美・沖縄産とみられる夜久貝（夜光貝）などにわたり、また多様である。

これらの諸物品のうち、唐物とされている香・薬品などの類は中国本土の産品というより東南アジアあるいはインド産のものが多く、赤木・檳榔子などは奄美・沖縄諸島でも産するものである。その点では、本朝の物とされる夜久貝の産地にも通じ、その産地の区分は必ずしも厳密ではない（伝本によっても物品に異同がある）。

八郎真人がこれほど多様な物品を貴賀之島や九州本土で入手したとなると、これらの物品を搬入するルートが開けていたことになる。そのルートは東シナ海ばかりでなく、南シナ海、ときにはベンガル湾あたりにもつながっていたことになり、諸ルートを経由して物品が搬入されていたことになろう。また、これら諸ルートにはいくつもの中継拠点があったことも容易に想定できよう。

その中継拠点として、奄美・沖縄諸島が重要な役割を果たしていたことも、また想定するに難くないであろう。中継拠点を受動的にとらえることは一面的であり、これら諸島がその地域の諸産物も加えて、仲介交易の活動をしていたことも推察できる。

このような想定・推察を試みることによって、さきの『日本紀略』などの「南蠻」や、『小右記』の「奄美嶋者」などの記述の背景が理解できるように思われる。奄美・沖縄諸島は、東シナ海・南シナ海をめぐる交易圏の拠点・中継地として立地していたのであり、諸島はその交易圏の一部として存立していたのである。

その交易圏に接していた九州もまた、八郎真人が取り扱っていた諸物品の入手には適地であった。『小右記』によると、右大臣藤原実資のもとには贈物として多くの珍品が届けられていたが、そのなかには、このような交易によるとみられる物品が散見できる。万寿二（一〇二五）年二月一四日条には、「大隅掾爲頼進檳榔二百把」とあり、長元二（一〇二九）年三月二日条では、薩摩守文任が蘇芳十斤・唐硯一面などを進上している。また、同年八月二日条には、「住大隅國良孝朝臣、色革六十枚、小手革六枚、赤木二切、檳榔三百把、夜久貝五十口」とあって、藤原良孝が進上していた物品がわかる。檳榔・赤木・夜久貝は奄美・沖縄諸島の産物でもあるが、唐硯は中国産とみられ、蘇芳は主にインド・東南アジア産の染料植物である。大隅・薩摩両国の国司層たちがそれらを入手し、自己の栄達をはかって右大臣への贈物としていたのであろう。

九州でも南部の大隅・薩摩両国の上層・有力者の間では、これら各地域の産物の入手が比較的容易であり、それだけに、ときに交易上の問題も生じやすかったとみられる。さきの「南蠻」あるいは「奄美嶋者」による乱入や人・物の奪取は、そのような問題が高じた場合の事例であろう。すでに述べたように、交易を偽装した海賊集団も存在していたと推測されるので、その実体は掌握しがたく、「南蠻」の表記が頻出することになるのであろう。

『新猿楽記』『小右記』などの記述には、すでに指摘したように奄美・沖縄諸島で産出する赤木・檳榔・夜光（夜久）貝などが見える。それらが奈良時代以降どのように貢進され、また交易されたのか、さらにどのような用途で利用されたのかなどについては、すでに山里純一氏の論考がある。(9) 山里氏は沖縄在住の研究者だけに、地域に根ざした史料・資料にもとづいて多面的に論述しているので、参考になる点が多い。(10) また、夜光貝については、その出土状況から搬出、用途にいたるまで、高梨修氏や永山修一氏などの諸論考があり、筆者が再述する必要はないように思うが、筆者の所感を加えて少々述べておきたい。

赤木という樹木は、いまも奄美・沖縄諸島に自生し、各島でもほとんどその名のアカギが通用する。その赤木について『延喜式』（民部下）には、年料別貢雑物として大宰府の項に、「赤木・南嶋所レ進。其數随レ得」とあり、南島の赤木が大宰府を経由して中央政府へ貢進されていたことがわかる。

その赤木の用途は、親王位記の軸材に用いられるほかに、経典軸・和琴脚・大刀柄・櫛などの材としての使用例がある。

しかし、奄美・沖縄諸島で現在アカギと呼んでいる樹木が古代の赤木かどうかについては疑問がある。筆者はアカギを手にとって観察したが、さほど硬い材質でもなく赤色の度合いもそれほどでもなかった。年数が経つと硬化・赤色化するという話も聞いているので、いまも手元にその木片をおいて観察しているところである。いっぽう、シャリンバイと呼んでいる樹木が赤木ではなかったかという説もある。この樹木は硬化度・赤色度において、赤木よりすぐれている。このシャリンバイも手元で観察中である。そのほか、赤桃といわれている樹木との説もある。

檳榔は、その葉や果実を利用している。葉は扇として贈物にされた例（『続紀』宝亀八年五月に、渤海使史都蒙に一〇枚を授けた）、葉を牛車に用いた場合がある。牛車では車の箱全体を葉で葺き覆った例、葺き覆った左右に葉を細かく裂いて糸房状に垂らした例（『宇津保物語』『源氏物語』『今鏡』他）などがあり、「檳榔毛」の車などといい、太上天皇・親王・摂関以下、上卿が乗用したという。また、その果実の檳榔子は薬用・染料に用いている。薬用としては、条虫駆除、下痢、皮膚病、頭痛などに、染料としては煎汁で褐色、黒褐色に布を染めるのに用いる（正倉院文書「東大寺献薬帳」に檳榔子七百枚などとある）。

夜久貝は、盞（あへもの）杯・盃などに加工して用いた例（『儀式』『枕草子』）のほか、舂きまぜて塗りものにしてきらきらさせた例（『宇津保物語』）などがある。

さらに、筆者は最近入手した情報を紹介して参考に供したい。その一つは、檳榔とは中国名で「蒲葵」、沖縄方言で「くば」といわれている植物と同一であろうか、という疑問である。この点については、近時刊行された『訳注　質問本草』（原田禹雄訳、榕樹書林、二〇〇二年七月刊）の指摘がある。『質問本草』（九巻五冊）は琉球の呉継志の著で、天保八（一八三七）年に刊行されたという。その完成は、それより五〇年余り前の天明五（一七八五）年で、薩摩薬園署編述の形で藩主島津重豪に献上されたものとされている。その間の事情については、訳者が同書の「はじめに」の部分で経緯を記している。

その『訳注　質問本草』の「蒲葵　ビロウ」の項で、訳者は「注」をつけてつぎのように記している。

ビロウ　Livistona chinensis R. Br. var. subglobosa Becc.（ヤシ科）。九州・琉球・台湾に分布する。わが国では、平安時代に、誤って檳榔つまりビンロウ Areca catechu L.（ヤシ科）にあててしまったため、混乱が生じた。ビロウの琉球方言はクバ・コバ・カサクバなどで、日本ではアジマサとよんだ。平安朝の檳榔毛の車とよぶ牛車を被覆していたのは、檳榔の葉ではなくて、実はクバの葉を細かく裂いて、白く晒したものであった。中国では、若葉で蒲葵扇を作り、老葉で簑衣を作る。果実に抗癌作用があるのではないかといわれる。葉柄は止血に用い、若い芽は野菜として食用になる。沖縄・宮古・八重山の島々の聖所には、すべて蒲葵が植えられていた。柳田國男『海南小記』の「阿遅摩佐の島」参照。

他の一つは、徳之島伊仙町の町立歴史民俗資料館の館長義憲和氏を訪ねた際に（二〇〇三年二月）、ご教示いただいた大量銭貨検出の情報である。銭貨は中国銭で、約六千枚にのぼるという。なかには、開元通宝や永楽通宝もあるが、多くは宋代（銭貨の時期は一一～一二世紀）のものという。現在整理中で、その詳報は将来を待たねばならないが、その一部は許可を得て実見することができた。

銭貨の主要な時期は、『新猿楽記』や『小右記』が記述された時期に近く、一部は重なりそうである。このような歴史的状況のもとでは、髙宮廣衞氏の発言が想起される。髙宮氏は、この時期以前に沖縄各地から開元通宝が出土する状況について、対外貿易の支払い手段としてそれが使用された可能性に言及している(11)。

開元通宝は中国貨幣で七世紀前半以後に鋳造され流通したものである。その貨幣が沖縄各地で出土するのは、物々交換期の島内で流通したとは考えにくいので、対外的支払いに利用されたと考え、その民族例を文化人類学調査から提示している。この髙宮氏の考え方は、徳之島に蓄積されていた大量の宋銭にも通用することができよう。

というのは、徳之島を拠点にした交易商人たちは、宋銭の流通する地域との交易には、それを用いることが便利なことを十分に知っていたと推察できるからである。それは、奄美・沖縄諸島を拠点とする交易商人たちが、この諸島地域の産物ばかりを取り扱うのではなく、東シナ海・南シナ海周辺地域の物品をも対象とした、仲介交易をしていたことをも示唆するものであろう。

『新猿楽記』などに記された多種・多様にのぼる物品とその交易の背景が、徳之島に蓄積された大量の宋銭の存在によって、その一端を浮上させた、と筆者は考えている。

おわりに

日本古典の一つとして親しまれている『枕草子』に、それぞれつぎのような一文がある（「段」の数え方はその系統諸本によって異なる。ここでは岩波書店刊の新日本古典文学大系による）。

〔五段〕

大進生昌《なりまさ》が家に宮の出《(いで)》させ給ふに、東《ひんがし》の門は四足《よつあし》になして、それより御輿《みこし》はいらせ給ふ。北の門より女房の車どもも又陣のゐねば入《いり》なんと思ひて、かしらつきわろき人も、いとう《(た)》もつくろはず、よせておるべき物と思ひあなづりたるに、檳榔毛《びろうげ》の車などは、門ちい《(ひ)》さければさばかりえいらねば、例《れい》の筵道《えんだう》しきておるゝに、いとにくゝはらだゝしけれども、いかゞはせん。殿上人、地下《(ちげ)》なるも、陣にたちそひて見るもいとねたし。

〔一三五段〕

春は空のけしきのどかに、うら〳〵とあるに、清涼殿のおまへに、掃部司《かもんづかさ》の、畳《たゝみ》をしきて、使《つかひ》はきたむきに、舞人《まひ》はおまへのかたにむきて、これらはひがおぼえにもあらむ、所の衆《しう》どもの、衝重《ついがさね》とりて、まへどもにすへ《(ゑ)》わたしたる。陪従《べいじう》もその庭ばかりは、御前《おまへ》にて出《い》で入《い》るぞかし。公卿殿上人かはり〴〵盃とりて、はてには屋久《やく》貝《がい》といふ物して飲《の》みて起《た》つすなはち、とりばみといふもの、男《をのこ》などのせんだにいとうたてあるを、御前には、女ぞいでてとりける。

『枕草子』の作者清少納言は、よく知られた名であるが、これは女房名であって本名は不詳である。清原元輔の娘で一条天皇の中宮定子（藤原道隆の娘）に仕え、その定子の命によって『枕草子』は執筆されたといわれている。生年は康保三（九六六）年、没年は治安・万寿年間（一〇二一〜二八）とされているので、これまで本稿で引用した『新猿楽記』や『小右記』などが記述された時期にほぼ当たる。

その『枕草子』の描く世界には、貴族の中の貴族、公卿たちの生活がかいま見えるようである。〔五段〕では、清少納言も乗っていたとみられる檳榔毛の牛車が大きく、平生昌が中宮定子を迎えるために改造した四足門とは別の、北門からは入れなかったことを「いとにくゝはらだたし」と述べている。ここには引用しなかったが、〔二九段〕では「檳榔毛はのどかにやりたる。いそぎたるはわろく見ゆ」とも記している。

また、〔一三五段〕では内裏の清涼殿前庭での食饌賜饗のようすを描き、衝重（足つきの食膳）を前にして、公卿・殿上人たちが盃をとり、「はてには屋久貝」の杯で飲むさまを記している。

『枕草子』にみえる雅びな貴族生活を飾っていた一部には、このように奄美・沖縄諸島などの産物がある。このような例は『宇津保物語』や『源氏物語』にも見える。当時の貴族が、このように奄美・沖縄諸島などの遠地の物品を用いるのは、それが異国の珍貴なものということにとどまるのであろうか。筆者はそこに、これら物品に秘められた呪力に期待する貴族たちの心奥が読みとれるように思う。

赤木・檳榔・夜久（屋久）貝には、それぞれに呪力を発揮する要素が備わっていたのである。赤木は赤色という呪力、檳榔の葉は先端部は細長く尖っており、針状のものがもつ呪力、加えてその果実は薬用・染料にもなっていた。また、夜久貝とその製品は光りものの呪力で、南海産の光る貝に対する魅力には少なくとも弥生時代の腕輪以来の強い願望が底流にあった。

赤木で作られたものを身辺に置き、檳榔の葉で覆われた牛車に乗る。また、夜久貝で作った盃で、身体に酒を注入できればと、貴族たちは願い、それが叶えられれば満足感にひたり、悦楽の境にあったと想像する。

これらの物品に対する平安貴族の憧憬には、珍貴性とともに呪性が期待され、また僻邪の力があると信じられていたのである。

注

（1）本書所収の拙論「3古代の沖縄と『隋書』流求伝――六～七世紀、沖縄史への接近――」。
（2）高梨修「知られざる奄美諸島史のダイナミズム」法政大学沖縄文化研究所『沖縄文化研究』二七、二〇〇一年。本論文で概要が知られるが、他にいくつかの論文・報告がある。
（3）上村俊雄「南九州における舟形軽石加工品と帆船について」『鹿大史学』三八、一九九一年、同「古墳時代の帆船について」『肥後考古』八、一九九一年。
（4）岩波新日本古典文学大系『続日本紀』三、三六一ページの脚注一九、一九九二年。
（5）拙著『ハヤト・南島共和国』春苑堂出版　一九九八年。
（6）拙著『古代隼人社会の構造と展開』第五章、岩田書院、一九九八年、および注（5）の拙著。
（7）九州歴史資料館『大宰府史跡出土木簡概報』（二）、一九八五年。
（8）注（1）の拙論。
（9）山里純一著『古代日本と南島の交流』Ⅳ章、吉川弘文館、一九九九年。
（10）高梨修氏の注（2）の論文、永山修一「古代・中世における薩摩・南島間の交流」『境界の日本史』山川出版社、一九九七年、同「平安後期～中世の螺鈿と南島認識をめぐって」名瀬市教育委員会『サンゴ礁の島嶼地域と古代国家の交流』一九九九年、他など。

(11)　高宮廣衞「開元通宝から見た古代相当期の沖縄諸島」第九回アジア史学会研究大会報告『東アジアの中の沖縄』一九九九年。

5 習俗からみた琉球の対外関係

増田勝機

はじめに

北はトカラ列島から南の与那国島まで、およそ九百キロメートルにわたり点々と島々の連なる地域は、奄美諸島、沖縄諸島、先島（宮古・八重山）諸島からなり、九州以北の日本本土と区別して琉球と呼ばれてきた。そこの生活文化の多くは、九州以北と共通している。また琉球で話されることばは、九州以北の者にとって極めて聞き取りにくく、まるで外国語のような印象を与える。けれども、言語学的にみると、琉球語は奈良朝以前に分かれた日本の古い一方言であって、異質のものではないといわれる。このことは琉球文化の基層部分が日本本土のそれと同じであることを示している。

ところが、琉球の遺跡から発掘された考古学的遺物の中には、獣形骨製品とかシャコ貝製の貝斧など日本本土とは系統を異にするものが存在するという。また、この地の習俗の中にも、九州以北にないもの、西日本にはあるが東日本にないものがある。その一部は特殊な分布を示し、あるものは南方の習俗と、またあるものは朝鮮・中国の習俗と共通する。これはなにを意味するのか。本稿では、まず、異国のものと類似するいくつかの習俗の事例をあげ、そのあとで若干の考察をしたい。

一　異国と共通する習俗

日本の遥か南に位置する琉球は、東南アジアに近いことから、九州などより南方的習俗を多く残していたのではないかと考えられるが、それをはっきりと示せる習俗は意外と少ない。それらしいものを三例あげる。

(1)　南方的習俗

①　鼻に穴を穿つ習俗

『朝鮮王朝実録』成宗一〇（一四七九）年六月乙未の条に、所乃是麼《そないしま》（西表島祖納《そない》）の婦人は、「鼻の両傍を穿《うが》ち、小黒木を貫く。その状は黶《ほくろ》の如し。足の脛《すね》に小青珠を繞繋《じょうけい》す（巻付く）。その広さは数寸ばかり」とある。

この記事は与那国島に漂着した朝鮮人たちが、西表島に送られ、そこで見聞したことを、帰国後に取調べを受け報告した中にあり、一五世紀の西表島に、極めて特異な習俗をもつ人々がいたことがわかる。これについて、かつて柳田国男は、小鼻に黒きものをはめたる例は印度にもありといい、金関丈夫はインドのタミール族の婦人やメラネシアの一部の習俗との類似を指摘した。(1)また国分直一氏はアッサムのナガ族婦人の釦《ぼたん》状鼻飾について言及、インドのアーリアン系婦人の例にもふれ、同様な習俗がインドネシア語圏にも稀にあり、それとの関わりがあったものかと述べている。(2)すなわち黒潮に乗り南方から西表島にやってきたインドネシア系の人々がこの習俗をもっていたと考えるもので、とても興味深い説といえる。

ただ永尾龍造『支那民俗誌』巻六（六二八頁）によると、「牛の鼻に環を通すように、小児の鼻に環をはめる風俗

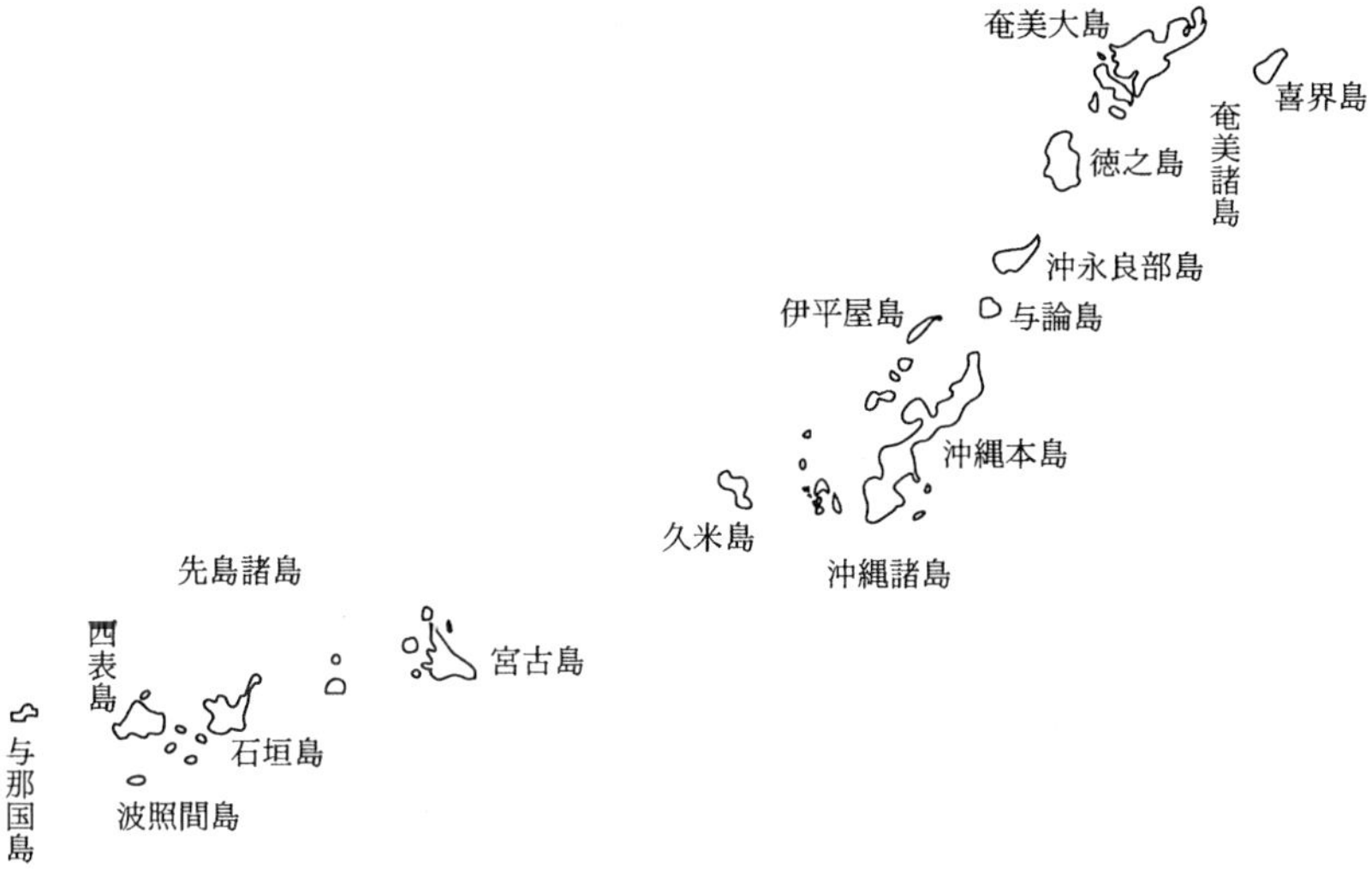

地図5－1　琉球諸島の位置図

が浙江省北部及び満州の一部の地方にかつてあった」という。また、『後漢書』西南夷伝に、「哀牢人は皆、鼻に穿す」とあり、唐代の雲南省永昌付近にも、金歯蛮、銀歯蛮、漆歯蛮などにまじって、三訳四訳してやっと言語の通じる「穿鼻蛮」と呼ばれる人々がおり、白蛮におされて他へ移動したとされている。[3] この穿鼻蛮は、名称からみて鼻に穴をあける習俗をもっていたと思われる。それが鼻中隔に穴をあけるものか、小鼻にあけたのか、残念ながらそれらの具体的なことは不明である。それゆえ断定することは出来ないが、もしかすると穿鼻蛮は小鼻にあける習俗をもつ人々で、その一部が大陸での戦乱を避けて海を渡り、西表島に住みついた可能性もあろう。その場合は中国系の習俗の一つになる。

②　子守り用具

沖縄の民俗研究者平敷令治氏によれば、沖縄で子供を負うとき（九州以北で見られるような）背負い帯を用いるようになったのは、大正以降のことで、それまでは、子供をおぶってから着物をつけ、その着物の裾の両端を前で結ぶか、または子供のお尻のところに帯をあてて前にむすび、これを懐負

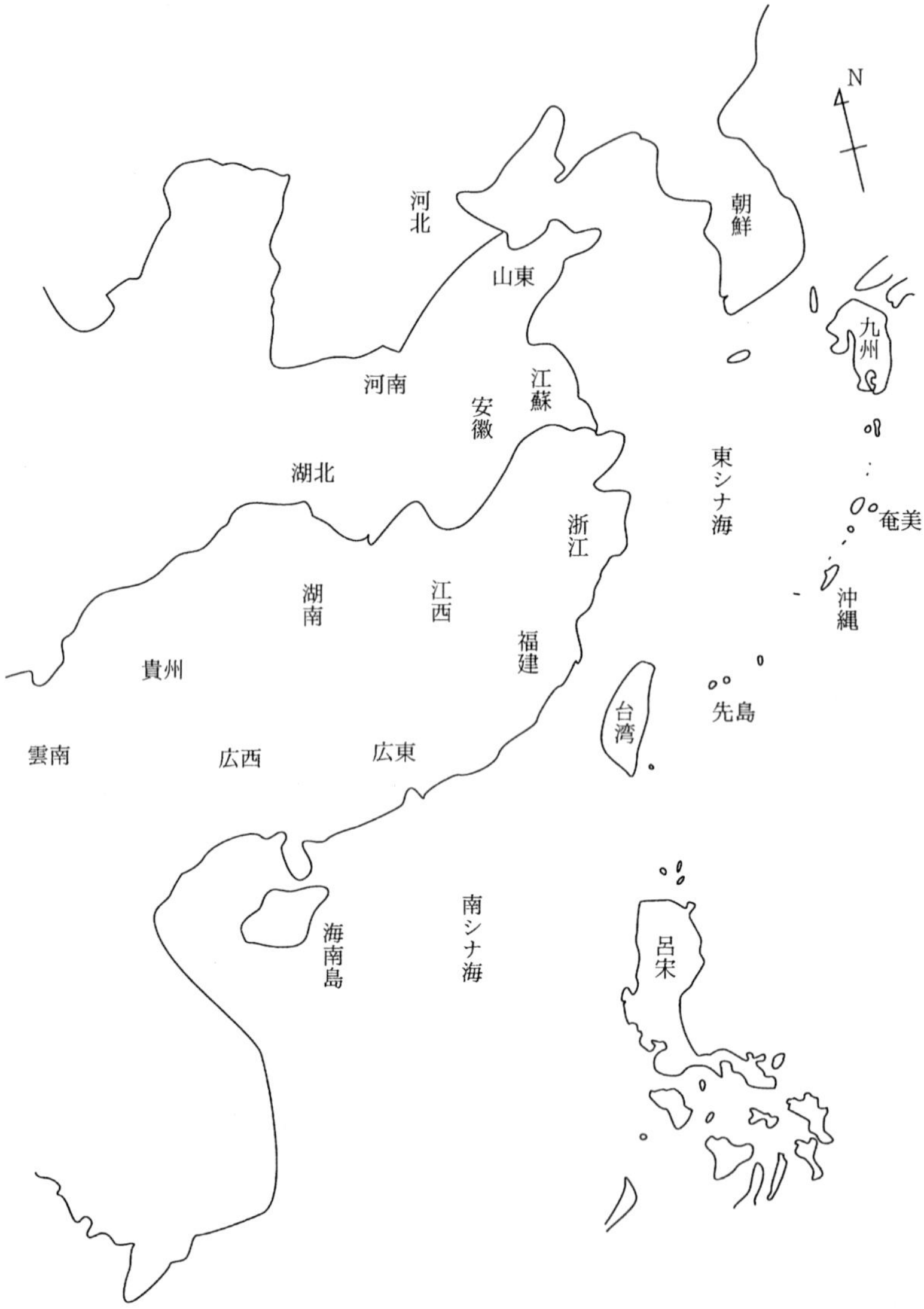

地図 5－2　東・南シナ海沿岸図

いと称したという。[4] また一七一九年、冊封副使として琉球にきた徐葆光の『中山傳信録』巻第六の女集にも、「婦人、小児を抱く者は、ただ一手に小児の腰を操り、臂にて左右の腰叉《こし》の上に騎座せしむ。見るところ皆しかり」とあり、沖縄では古くは帯など用いなかったことがわかる。ところが、台湾に近い与那国島では、特殊な用具が使われていた。笹森儀助『南島探験』（国書刊行会、昭和四八年）によると、与那国島では、「小児ヲ負フヤ一種ノ太キ袋ノ底ナキニ入レ、其両端ヲ腋下ヨリ肩ニ掛ケ、胸ニ結」ぶ方法を採り、それは「意外ニ安全ナルモノ」と記している。

また、江崎悌三「波照間島と与那国島」は、

与那国島に上がって誰でも直ぐに注目するものの一つは、クミャーであろう。これは一見、風呂敷の様な布で女が子供を負ふのに用いる。背中に負ふことも出来るし、一寸、回転するとすぐ前の方へ移して乳を飲ませることも出来る誠に便利なものである。

と述べる。[5] フイリッピンあたりの婦人たちが使うような風呂敷状の用具でもって横抱きにしていたのであろう。石垣島の牧野清氏は、これを南方的な習俗の一つとしている。[6]

③　産処の火

沖縄や奄美の島々では、数十年前まで、お産のときジロ（地炉）と呼ばれる囲炉裏に火をたき、その側で産婦が数日間を過ごすことがあった。島袋源七や金城朝永らの報告によれば、沖縄本島では、お産のときに最も重要なものとして準備して置かねばならぬのは薪であった。産婦に薬を服用させるのは新しいことで、古くは火にあたることが最も大事で、真夏でも昼夜の別なく、ジロの近くで、かんかん熾った火にあたっていなければならなかった。火にあた

ることが遅ければ、早く回復せぬばかりでなく、血の病に罹るものだとされたという。奄美大島では、この習俗をコシアブリと呼び、産婦は一週間くらいジロのそばで過ごした。同様な例は八丈島、福井、兵庫の一部などでもみられたが、九州以北での報告事例は少ない。火をたく理由として、魔除け、もしくは産後の肥立ちをよくするためといわれ、台湾のほか、フイリッピン、ベトナム、インドネシアなど東南アジア各地に広く分布し、南方的習俗の感がある。

『隋書』流求伝に、

婦人は産乳に、必ず子衣《しい》を食らい、産後は火をもって、自ら炙《あぶ》り汗出せしむ。五日にして便《すなわ》ち平復す。

とあるのは、中国の習俗と大いに異なる習俗ということで記録されたのであろう。[7]

(2) 朝鮮と共通する習俗

次は東シナ海を挟んで北方に位置する朝鮮とか山東付近の習俗と似たものをあげる。

① 跳板戯

先にもあげた徐葆光の『中山傳信録』巻第六、風俗の条に、沖縄女性の正月の遊びが図付で載り次のような説明が記されている。

女子は、歳初において、みな毬《まり》を撃ちて戯をなす。また板舞《ばんぶ》の戯あり。巨板を木椿《まくらぎ》上に横たえ、両頭下空すること二、三尺ばかり。二女、板上に対立し一起一落す。勢いに就いて躍起すること五、六尺ばかり。傾跌欹側《けいてつきそく》（倒れ傾くこと）せざるなり。

この「板舞の戯」は、任東権『朝鮮の民俗』に、

朝鮮女性の正月の遊びに、ヌルテキ（跳板戯）がある。長い板の中央を支えて両方に乗り、交互に跳ねて飛び上がる板飛びである。一人が飛び下りる反動で相手が跳ね上がり、キッコンバッタンと互いに代わる代わる飛ぶのである。

とある(8)朝鮮の正月行事と同じようなものであろう。このことは朝鮮の習俗を記した洪錫謨『東国歳時記』にも、

周煌《しゅうこう》の『琉球国記略《ママ》』には「婦女たちが板のうえで舞うのを板舞という」と書いているが、この風俗はわが国の跳板戯に似たものであろう。

と指摘されている(9)。朝鮮から伝えられた遊戯ではなかろうか。

② ブランコ遊び

岩倉市郎『喜界島年中行事』によると、喜界島では、五月から六月中の甲子の日をハマリーと称し、古くは一般にその日の午前中は仕事をしなかった。また小野津の子どもたちは、この日、インニャーネィーと呼ぶ縄のブランコに乗って遊ぶ習いであった(10)。

こうしたブランコ行事は、東シナ海に面した薩摩の川内市西方でも五月五日に行われたが、古くから朝鮮ではクネ（鞦韆）戯と呼ばれ、端午のころに盛んに行われた。それを任東権『朝鮮の民俗』は、

端午の日に女性がブランコ乗りをする。丈夫な綱をつくって高い枝にしばりつけ、ブランコをつくる。自然木のないところでは、丈夫な棒竿を立ててつくる。五月の緑陰の濃い巨樹にぶら下がり、乙女たちが色とりどりの着物を着飾って、チマ下衣を風になびかせながらブランコに乗る光景は、まことに美しく、仙女が空中を飛ぶようであるから、飛仙戯とも呼んだ。

と述べている。これも朝鮮からもたらされた可能性がある。ただしブランコ行事は中国にもあったことが知られている。およそ八〇年前に編纂された胡撲安『中華全国風俗志』下編は、山東省済南の事例を、

清明《せいめい》の日、婦女は鍼黹《しんち》（裁縫や刺繡など）をなすことを忌み、東府にて盛んに鞦韆《しゅうせん》を行う。この日、みな艶《つや》やかに化粧し、結隊出遊し鞦韆をする。これを踏青《とうせい》という。

と述べ、「これすなわち戯にして、近古のものなり」と記す。[11]また広東省海陽県でも、「児童、鞦韆をもって戯となし、闘歌をたたかわせ、良く歌う者、勝ちとなす」とあり、中国ルートも考慮すべきかも知れない。

③　果樹の叉に石をはさむ

喜界島の小野津や上嘉鉄、志戸桶、浦原では、旧暦八月丁日のアラセツの朝、赤飯のおにぎりを持って、泉とか井

戸などに子供を連れて行き、子供の頭に赤飯を少しのせ、ススキの葉などで水を振りかけながら早く成長するようにと唱える。これをシチャミ（節浴み）というが、そのあと小石を数個拾って帰り、屋敷に植えてあるミカン樹の股にはさんで置き、根元に水を掛けつつ、ナリヨー、ナリヨーと声を掛ける。これはミカンに実が多くなることを願うもので、沖縄の宮古島でも旧暦五月か六月の甲午日のシツ（節）祭りに同様なことが行なわれた。すなわち、城辺町砂川集落では、家で最初に起きた人が泉から若水を汲んできて、それで身体を洗い、家の四隅と家畜にも水を掛ける。そのあと、浜へ行きシバナーと呼ばれる岩の端を割り、こぶし大にした物を数個持ちかえり、三個でかまどの構えをつくり、一個はかまどの神として台所に置き、残りは庭の成木の股に載せておいた。

これらは朝鮮とか中国の山東半島に伝わる「嫁樹の習俗」に類似している。すなわち先にあげた洪錫謨『東国歳時記』に、

上元の日、果樹の枝がわかれたところに石をはさんでおけば、果実がよく実る。これを嫁樹という。

とあり、任東権『朝鮮の民俗』にも、朝鮮半島の、棗・柿・栗・梨などの果樹木をもった家では、元旦、または上元の日に樹木の枝の二又に石をはさんだ。この風習は「嫁樹」と称され、こうすれば人が結婚するのと同じく、果樹も結婚して多くの実を結ぶと思われていた。また南の地方に多い棗の樹には端午の日の午時にも石を挟むことがあると記されている。

中国の嫁樹の事例は、六世紀半ばに北魏の賈思勰《かしきょう》が撰した『斉《せい》民要術』に見える。それには嫁李の法として、「正月一日、あるいは一五日、磚《せん》をもって李樹の枝中につけ、実を繁らしむ」とある。また唐の韓鄂《かんがく》撰『四時纂要』にも、「李樹を嫁すには、石をもって樹丫《じゅあ》間（木の叉）に安んず」とある。こうしたことから、もともとは中国に石を果樹

の枝に挟む習俗があり、それが朝鮮とか喜界島などに伝わったように思考される。[12]

④　日光感精説話

家の外に出たことのない美しい娘が、ある日、外へ出て日光を浴びたために妊娠し、男の子を産むという昔話が、琉球諸島の北部（喜界島・奄美大島・徳之島）に濃厚に分布している。[13] この話は大隅八幡宮（鹿児島神宮）に伝わる、七歳のオオヒルメが朝日を胸に浴びて妊娠し、八幡の神を産んだという話、ならびに長崎県の対馬神社に伝わる、照《て》日之菜《ひのな》なる者の娘が日輪の光に感じて男の子を産み、その子がのちに八幡となったという話とつながる。そしてまた朝鮮から北アジアにかけて分布する「朱蒙伝説」、すなわち、古代の扶餘《ふよ》国の王様が河伯《かはく》（水神）の娘を妃に迎えたところ、その妃は日光を浴びて妊娠し、卵を産むが、その卵から一男児が出てきたという話につながるであろう。[14]

⑤　石合戦の行事

同人雑誌の『嶋』に掲載された「奄美大島一夕話」によると奄美大島西方村（今の瀬戸内町）管鈍では、かつて六月に村を二つに分け、石投げや火投げの遊びをなしたという。[15] また黎明館の川野和昭氏の調査によると、奄美大島名瀬市の名瀬勝と西仲勝の集落でも、五月五日に子供たちが石投げをすることが古くあったらしい。子供たちは、一週間くらい前から大川の中に石を積みあげ舟の形をつくった。そして五日の昼ころ、そこに弁当を持ち寄り、食べながら歌などうたって楽しく過ごしたあと、両集落に分かれて石の投げ合いをした。このとき、大人たちも川岸に浜下り小屋（ハマオレャックワ）をつくり、そこでご馳走を食べて過ごしたという。

これら二例の石投げは、いずれも年中行事のひとつとして行なわれたものだが、その具体的な詳しい内容はすでに不明なところが少なくない。各集落の代表が石をどれだけ遠方まで投げられるかを競ったようにも、あるいは的を決めて、それに石を命中させるという競技であった可能性も否定できない。しかし、この石投げは、そうした競技的ものではなく、二つに分かれたグループが本気で相手側に向かって石を投げ合う非常に危険なものであったようだ。竹内譲『喜界島の民俗』には、次のような烈しい石合戦の事例が記されている(16)。

奄美大島の東に位置する喜界島の荒木・手久津久両村の学童たちの間では、かつて毎年の元日の午後に、行事的な石合戦が行なわれた。石集めに女の子が手伝うこともあり、双方、こっそり青年の加勢もあったりして、集落間の対抗意識は相当に強く、時には烈しい投げ合いで、怪我人を出すこともあったという。

奄美・沖縄地方での石合戦行事は、管見のかぎりこの三例だけであるが、視野をもっと広げてその分布状況をみると、九州の東シナ海に面した地域、四国ならびに本州各地、それに朝鮮半島にあったことが知られる。薩摩の吹上浜に面した集落とか出水市では五月節供に子供たちが石投げをした。また朝鮮では、便戦あるいは石戦と称され、おもに正月および五月に行なわれた。古くは『隋書』高麗伝に、毎年のはじめに合戦させたことが見え、『朝鮮王朝実録』の中にも関連した記事が散見する。そのうち世宗三（一四二一）年五月丙寅の条には、

石戦を観る。擲石《てきせき》軍を以って分かち左右の隊とす。善戦する者を募りてこれに充つ。左に白旗をたて、右に青旗をたてて標《しるし》となす。相去ること二百余歩。令して曰く、敢えて旗を越して窮遂《きゅうすい》する（追い詰めること）なかれと。旗を奪うを以って勝となす。勝者には厚く賞す。

とあり、同二〇（一四三八）年五月壬寅の条には、「石戦により頗る傷つく者多く、あるいは死者もあり」と記され

ている。そして朝鮮総督府から刊行された呉晴『朝鮮の年中行事』に、「石戦は朝鮮特有の習俗にして、その由来は甚だ古い」ともある。

以上のことから、喜界島などの石合戦は朝鮮と関わりがあると考えたいが、石合戦はまた琉球諸島より更に南に位置する台湾および紅頭嶼、フィリッピンのルソン島でも行なわれ、大陸部の広東省、福建省、貴州省などにも分布していたことが知られる。よって、伝播の経路など実は決め難いことをここに白状しておく(17)。

(3) 中国と共通する習俗

サトウキビを用いた製糖の技術、サツマイモ、三味線、孟宗竹、麻酔法、泡盛などなど、中国から琉球を経て日本に伝えられたものは少なくない。奄美沖縄の諸行事とか伝承、信仰、習俗などの中にも中国と共通するものがある。

① 天女の昔話

四世紀半ばに中国は晋の干宝が著した『捜神記』巻一四に次のような話がある。

豫章《よしょう》の新喩《しんゆ》県の男子、田中を見るに、六、七の女あり。みな毛衣をきる。これ鳥なるを知らず。匍匐《ほふく》してゆき、その一女の解くところの毛衣を得たり。取りてこれを蔵し、すなわち往きて諸鳥につく。諸鳥おのおの飛び去る。一鳥ひとり去るを得ず。男子取りて以って婦となす。三女を生み、その母のちに娘をして父に問わしめ、衣の積み稲の下にあるを知り、これを得て着て飛び去る。のちまた以って三女を迎え、女また飛び去るを得る。

この話は、盗んだ衣を積み稲の下に隠すとか、子供が三人生まれる点など奄美諸島に伝わるテンチアモレ（天女）の昔話と良く似ている。九州を経て奄美に伝えられたのではなく、直接、中国から伝えられた話と考えたい。

② 子供本位呼称法

河村只雄『南方文化の探求』は、与那国島に紅頭嶼と同じ「テクノニミー」すなわち夫婦の間に子供が生まれ、Cという名前がつけられると、まわりの者が夫婦を呼ぶのに、それまでのAさん、Bさんではなく、Cのお父さん、Cのお母さんというような呼び方に変える「子供本位呼称法」があることを指摘している。(18) スチューベル『海南島民族誌』によれば、海南島の黎族にも同様な事例があるという。(19) この習俗は、胡撲安『中華全国風俗志』上篇巻九、広西の条に、

　嶺南風俗、相呼ぶに行第をもってせず。ただ各人の生むところの男女の小名をもって其の父母を呼ぶ。元豊中、余は大理丞に任ぜられ、賓州の奏案を断ず。民に韋超なるあり、男《むすこ》に首と名付ければ、即ち韋超を呼ぶに父首となす。韋遨《ごう》の男の名は満、即ち韋遨を呼ぶに父満となし、韋全の男女《ママ》の名は插娘、即ち韋全を呼ぶに父插となす。韋庶の女《むすめ》の名は睡娘、即ち庶を呼ぶに父睡とし、妻を嬸《しん》睡となす。

と見えるものと同じである。よって、もともと大陸側に存在した習俗であったと考えられる。

③ エラビドリ習俗

沖縄本島では、子供の一年目の誕生祝いをタンカーユーエーといい、座敷に算盤・本・筆墨・布・ご飯などを並べておき、子どもがそのいずれを選ぶかによって子どもの将来の職業を占う。(20) このエラビドリ習俗は、沖縄だけでなく

広く西日本各地、および朝鮮、台湾にも分布するが、七世紀のはじめに北斉の顔之推《がんしすい》の著した『顔氏家訓』風操篇に

江南の風俗、児生まれて一期、ために新衣を製し盥浴《かんよく》粧飾す。男はすなわち弓矢紙筆を、女はすなわち尺刀鍼縷《しんる》を用い、ならびに飲食の物および珍宝服玩を加え、これを児の前に置き、その意を発して取るところを観し、もって貪廉愚智《どんれんぐち》を験す。これを名付けて「試児《しじ》」となす。

とあり、これももともとは江南地方の習俗であった(21)。『中華全国風俗志』は、この習俗が安徽省、北京市、浙江省、江西省にあることを記している。ここでは、北京市の例を訳して引用する。

北京城内、およそ小児の生後三日を名付けて洗三となす。この日、必ず、生婆を招収し家に至らせ、酒食優待す。……週歳、小児の生日に至り、士農工商の所用の器具をもちいて卓上に置く。小児の梳洗おわれば、新衣をきせ、抱きて卓の前にいたり、その随意に任せて抓取せしむ。もし取るところのもの筆たれば、将来、必ず文人となるべし。もし取るところのもの算盤なれば、必ず商人になるべし。もろもろ、かくの類のごとし。名付けて「抓《そう》週《しゅう》」という。

④　魔除けのアヤツコ

沖縄や奄美地方に、魔除けのため嬰児の顔に墨や紅で印をつける習俗がある。多くは赤ん坊が誕生した後、はじめて外に連れ出すときなどに、かまどの鍋墨を額につけたり、紅を使って女の子の頬に印をつける(22)。これは「打黒狗」とか「打紅狗」と呼ばれる中国の赤ん坊の額などに墨や紅をぬって、野良犬による危害をさけるという習俗と同じと

みてよい。なお、胡撲安『中華全国風俗志』下編巻三の江蘇省呉中の記事に、「八月朔日、蚤起《そうき》して草頭の露を取って墨を磨り、小児の額腹に點《てん》ず。以って百病を祛《き》る。これを天灸《てんきゅう》という」とある。安徽省壽春では、「八月一四日、婦女小孩は朱水をもって頭額に點ず。これを天災といい、もって疾を厭《はら》う」。また湖北省でも「八月一四日、民は、なべて朱水をもって小児の頭に点ず。名づけて天灸となす。以って災を厭う」という(23)。草葉の露で墨をすって小児の額に塗り、あるいは紅印をつけることで百病を避けようとするもので、心は共通する。

⑤　一時的妻訪婚

結婚した夫婦が、しばらくは別居して妻問いを続け、子供が出来たのちに嫁入りして同居する習俗が、近年まで奄美・沖縄地方で見られた。たとえば奄美の笠利では、伯父母などが娘の家に重箱と三合びんを持参して口結びが済むと、トジガヨイ（妻訪い）がはじまり、結婚式は子供が一～二人できてから行なわれた(24)。徳之島でもネービキヤユエ（嫁入り）まで、一～二年通う場合があった。また与論島では、親族を招き、嫁方と夫方で口結びの祝いを済ますと、戸籍も夫の籍に入れて夫婦になったが、嫁はそのまま実家に留まり、婿が嫁のうちに泊まりに行った。そのあとのミービキ（婚礼式）は子供が出来たあとが多かった(25)。波照間島でも「婚姻の多くは、今なお、妻訪婚から始まっており、……子供が一人以上生まれて後に、夫方居住に転ずる慣習は多くみうけられる」とある(26)。瀬川清子『沖縄の婚姻』（岩崎美術社刊）にも、「竹富島では、若い男女の遊びの中で婚姻が成立して、親にも認められ、つまどいのうちに子が一人、二人できるのが普通であった。子が二人できるには通例五年かかるという」とある。

こうした妻訪を数年間続ける「一時的妻訪婚」の習俗は、かつて大林太良が指摘したように(27)、古代日本にもみられたもので、中国広東省などの「不落家《ふらくか》」と類似する。不落家は、『中華全国風俗志』下編巻七（三〇頁）に、嫁して後、丈夫と寝処を同じくせず、日を越えてすなわち母家に帰り、同党姉妹と伴《とも》をなす。夫家に失落せざるの意をいう。

とあるように、結婚後すぐには同居せず、しばらく別居生活をするものである。清の田雯《ぶん》編『黔《けん》書』巻一には、苗族花苗の婚姻習俗につき、「必ず子を産み、しかるのち夫家に帰す」と記し、木老も「初め娶るも分かれて寝る。子を産み、しかるのち同處す」とある。また『支那省別全誌』第一六巻（大正九年刊）所引の崔蘊奇《さいうんき》『苗族考略』には、「婦をめとりて後、異室にて寝み、子ありてのち、まさに同室す」とある。沖縄地方の婚姻形態を彷彿とさせる記述である。

⑤　動物供犠

喜界島の志戸桶では、重い病気に罹り死にかかっているとき、ユタの教えに従い、身代わりに牛・馬・豚などを殺し、その血肉をアガリテダ（朝陽）に向けて供え拝んだ。嘉鈍でも、病人が今日死ぬか明日死ぬかというようなときに、子やぎとか鶏を殺した。山羊の肉は海水で洗い、七片の肉切れを家の表側に下げ、易者がのりとをあげた。手久津久集落では、ユタ（巫女）のことばに従って、病人の命代わり即ち身代わりに豚を屠り、その肉を七片切って紐を通し、棒を横たえて並べて吊り、病者の枕頭に飾ったという。(28) これに類似したことは広東省や広西省にもあったらしく、『中華全国風俗志』下編の巻八および巻九につぎのように記されている。

嶺南風俗、家に人の病あれば、まず鶏・鵞などを殺し、もってこれを祀る。まさに修福をなさんとす。もしいえざれば即ち猪・狗を刺殺し、もってこれを祈る。いえざれば即ち太牢《たいろう》（牛・羊・豚）を刺殺し、もってこれを祈る。更にいえざれば、即ちこれは命なり。ふたたび更祈せず。

⑥　食屍肉の伝承

かつて沖縄地方では葬式の際に家畜の牛や豚などを殺し、その肉を会葬者などにふるまうことが各地にあった。このことは、夙に伊波普猷などが指摘しており、江戸時代の徳之島でも父母が亡くなると牛など屠殺して食べたという。この習俗に関して、竹富島には、大昔は人が亡くなると村人たちが集まって死者の肉を食べる習慣があったが、のちに家畜の肉を食べるように変えたと伝承する。(29)この伝承は、『隋書』流求伝にみえる「南境の風俗は少しく異なり、人に死者あれば、邑里これを共食す」という記事を思い出させる。これと同じ伝承が中国の南に住む苗族にあったようである。先の崔蘊奇『苗族考略』が次のように記している。

親死ねば、あるいは火葬、あるいは土葬す。更に二十年置いて後葬する者あり。葬後、毎年棺を開きて洗骨する者あり。親死してその肉を食うあり。今またややその習俗を易《か》え、みな牛肉をもってこれに代ゆ。

沖縄には、ここに見える洗骨習俗もあり、死者の肉を食べたという伝承も中国から伝播したように思える。

二　黒潮と季節風の影響

これまで琉球の伝承や習俗のうちから、異国と共通する習俗を拾いあげてきた。どうして遠く離れた異国のものと良く似た習俗が琉球にあるのだろうか。この中には、偶然、それぞれの土地で始まったものが皆無とはいえないが、そうしたものは少ないように思う。

筆者は、十数年前、奄美大島の笠利の海岸と沖永良部島の西海岸を歩き、波と風によって打ち上げられた漂着物類を調べたことがある。太平洋に面した笠利の海岸には、多くの貝殻や棒切れ竹切れ、各種の木の実などに混ざって、ひもロープ類、さまざまな空き缶類、ビニール袋、容器の蓋、ボールペンのキャップ、櫛、ゴム草履、靴、船用のはだか電球、殺虫剤除草剤など薬品用の瓶、ウイスキー瓶、一升瓶、牛乳パック、バッテリー補充液容器、コーヒー瓶、各種塗料の容器、飲料水用ペットボトル、ポリ容器の破片、船用浮き、針がついたままの注射器など、あらゆる物があった。多くは日本製の物で、中には米国製の目薬やシャンプー液容器、中国漁船用浮き、フイリッピン製の薬瓶、それに数個の椰子の実もあった。けれども特に多かったのは、台湾各地で製造されたペットボトル類で、それには「可口可楽」、炭酸水「蘋果西打」、礦泉水「維康」「怡康」「金車」などの商標が記されていた。また「劇毒農用薬剤(除草剤)」容器、殺虫剤スプレー、粉末にした穀類(もち米・落花生・紅豆・麦片など)を入れていた空缶、浴室用洗浄剤容器、「光泉牛乳」パックなどにも台湾の文字が記されていた。アメリカ製品は、沖縄に米軍基地があるので、そこで使用された可能性があるが、フイリッピン製品とか台湾製品は北上する黒潮、あるいは南風によって流れ着いたものであろう。

一方、沖永良部島の海岸にも、やはり多くの台湾製のペットボトル類、小型ガスボンベ、サラダオイル缶、シャンプー容器、農薬容器などに混ざり、フイリッピン製のベビーパウダー、米国製で危険と書かれた空き缶、洗髪容器らしいもの、それに英国製の洗浄剤容器などがみられた。ただ、ここには笠利海岸と違い、韓国製の容器類が多く見られたことは特筆すべきことであろう。和泊から古里にかけての太平洋に面した海岸には割と少ないが、南西部の住吉から屋子母にかけての海辺と北側の畦布付近には、ハングル文字の記された牛印の牛乳パック、洗剤容器らしいもの、ペットボトル類、ベビーパウダー容器などが打ち上げられていた。これら韓国製の容器類は、おそらく冬に多い北西の季節風に吹かれてきたのであろう。

こうした黒潮とか季節風は、琉球諸島に異国の習俗が伝えられるきっかけとなったのではあるまいか。季節風などにより異国の人が琉球諸島に漂着あるいは渡来する事件は少なくなかった。

三　琉球への渡来と漂着事件

以下、手元にある記録のなかから異国船が琉球に漂着あるいは渡来した事例をひろいあげてみる。

(1) 南方からの渡来

延宝二(一六七四)年三月一九日、八重山諸島の西表島かの川村(鹿川村?)浦濱に七〜八端帆ほどの異国船が来着、乗組員五十八人が上陸することがあった。翌日、嶋の役人から連絡を受けた石垣島の在番衆所の役人は、兵具をそろえ、配下の者五〇人を引き連れて船で西表島に向かった。だが、その日は雨風が烈しく、しかも夜暗くなったため、途中、はいめ田(南風見田)の沖で錨を下ろし停泊せざるを得なかった。翌朝、ようやく、かの川津口の沖まで行けたが、やはり風雨のために遅々として上陸できずにいた。一方、浜辺で火を焚き食事をしていた異国の者たちは、在番乗船が来たのに気付き、慌てて道具など少し残したまま乗船、南の方へ逃げていった。彼らの様子を監視していた西表島在番役人とか浦濱の百姓などの報告によると、異国の者たちは頭を禿げ頭にして下帯をしめ、上には短衣を着ていた。また蓑だけ身につけた者もいた。顔の形とか舟の型などから判断して、これらの者は八重山地方の人たちが「南風之嶋(はえのしま)」と呼ぶ南方の島の者に似ていた。また、逃げ去ったあとに鑓三〇本と衣食の物などが少々残されていたので、それを長崎に送り、唐人とか阿蘭陀《おらんだ》人などに見せて吟味させたところ、東寧《とうねい》の後に居住する蛮人の使う道具であると答えた(30)。

ここに見える「東寧」は、いわゆる明末鄭氏時代の台湾の呼称である。一六六一年、それまでオランダ人が拠点にしていた台湾を鄭成功が攻略してから「東都」と改称し、のちに東寧と改められた。そうした関係もあり長崎に来ていた中国人とかオランダ人の中には、台湾付近の島々にすむ原住民の事情に通じ、彼らの使う武器などについても詳しい者がいたのであろう。

ところで、「東寧の後」すなわち台湾の後とは、どこを指すのであろうか。この場合の「後」は、手前に対する「向こう」とか「先」を意味し、台湾の東南に浮かぶ紅頭嶼(蘭嶼)の可能性もある。けれどもここは日本からみて台湾より先にあるということで、紅頭嶼とルソン島の間に点点と存在するバタン諸島かバブヤン諸島を指すように思える。これなら先島地方からみて南の方向、「南風之嶋」になる。古代においても、こうした事件が時にあり、そのまま住み着くことがあったと思われる。

(2) 朝鮮船の漂着と琉球にいた朝鮮人

冬の季節風が強いためか、朝鮮から東シナ海を越え琉球諸島に漂着する事件は少なくなかった。李氏朝鮮の『朝鮮王朝実録』にはそうした記事が散見する。一四五六年正月、羅州の船軍梁成ら一〇人の乗った船が、済州島より出発したが、颶風に遭い琉球の仇彌島に漂到。翌年七月には、日本僧道安が風に遭い琉球に漂入した済州島人韓金光ら数人を送還し、次年二月にも琉球王の使者が漂流人を送還、ほかに未還の者が一〇人いると述べる。また一四七七年二月には、済州島から進上用の蜜柑を積んで船出した船が、一四日間漂流したのち与那国島に漂着、漁船二隻によって発見され、島民からお粥が与えられた。一五三〇年にも漂着事件があり、中国を経て送還、うち四人が生還し、一五四三年ころには美野古島(宮古島)に一九人が漂流した。また一六六二年一〇月には、済州島に赴いた朝鮮船が遭難、漂流すること十数日ののち、奄美大島に漂着。飢えと渇きのため乗組員のうち四人が死亡、残り二十八人が島の人々の給した薄粥をすすって命を救われ、翌年春の南風を待ち、薩摩長崎を経て帰国している。(31)

朝鮮船の漂着記事は薩摩の史料中にもあり、一七二六年三月、九人乗りの朝鮮船が沖永良部の喜美留に漂着破船、乗組員は沖縄に送られた。一七三五年二月、徳之島の済屋泊に赤ん坊二人を含む朝鮮人男女二十八人乗りの船が漂着。一七三九年正月、徳之島の手々に二十五人の朝鮮人が漂着。一八四九年七月、奄美大島に七人乗りの朝鮮船が漂着。一八五四年、大島に六人の朝鮮人が流れ着く。(32)

こうした漂着事件も古くからあったはずで、過去においては送還されることなく、そのまま漂着した島で一生を終えたと思われる。

また漂到とは異なるが、一五世紀ころの沖縄には、倭寇によって被虜転売された朝鮮人が相当数いた。うち四一六年七月には四十四人が送還されたが、一四三一年一一月、琉球国王の使者夏禮久は、朝鮮国王に「貴国の被虜人物で我が国に留まる者、百有余人」と伝えている。また一四五三年五月、礼曹に招かれた琉球国王の使者道安は、

朝鮮人六十余、琉球に漂到し、みな物故す。ただ老五人、生存するあり。その女子はみな国人と交嫁し、家産は富饒たり。老人らは、ほぼ朝鮮語を暁す。

と述べている。(33)一五世紀ころ、合わせて二百人以上の朝鮮人たちが琉球に住み、住民と結婚した女性もいたことがわかる。これらの人たちが、奄美沖縄の民俗文化に影響を与えることがあったのではなかろうか。

(3) 中国からの漂着と渡来

日本に仏教の戒律を伝えるため、七五三年一一月、阿児奈波島に漂着した鑑真の例は特別としても、古来、中国大陸から琉球諸島に漂着する事件は少なくなかったと思われる。時代は下るが、江戸時代の沖永良部島だけでも次のような漂着事件が記録されている。

一六九五年九月、西原村海岸に一一一人乗りの中国福州船が漂着、長崎に送られる。一七三二年、喜美留海岸に唐船一隻が漂着。一七四九年冬、知名村下に一七人乗りの南京船が鹿一匹と大犬一匹を乗せて漂着破船。一八三〇年一二月、伊延に無人の唐船漂着(33)。

また、那覇市の城嶽貝塚から、日本本土では出土例のない、紀元前三世紀ころの「明刀銭」が発見され、久米島北原貝塚では前漢の武帝から隋の時代に使用された「五銖銭」とか唐代に鋳造された「開元通宝」が出土している(34)。こうした中国貨幣の出土は、古く中国から琉球への渡来者があったことを示している。

また六百余年前の明の太祖時代、沖縄には中国大陸から三六姓の人々が渡来し、その後も朝貢貿易などを通じて沖縄と大陸との間には人の往来が続いた。

こうした関係から沖縄奄美の民俗文化は、中国の影響を受ける機会が多かったと思われる。

おわりに

以上、憶測を多々交えながら述べてきたことは次の通り。琉球地方に伝承されてきた習俗の中には、中国朝鮮をはじめ、南方のものと類似する習俗があり、特に中国と共通するものが多い。これは中国との深い交流と関係するであろう。また異国と共通する習俗のいくつかは、黒潮や季節風によって漂着渡来し、そこで新しい生活をはじめた人々によってもたらされた可能性がある。また朝鮮と共通する習俗のいくつかは、一五世紀ころの琉球に二百人以上いた朝鮮人と関係するようにも思える。

かつて中国大陸の西南民族の研究に従事したのち、台湾の原住民の調査を実施した凌純聲は、台湾土着の諸族が、かつて大陸の東南沿海にいた百越と呼ばれた民族で、つとに大陸を離れて台湾島に遷入、その後外部と隔絶、固有の文化を保存したと述べている。(35) 琉球は、台湾のはるか東に点在する島々であるが、台湾と同じく大陸から戦乱などを避けて渡来してきた人たちが住みつき、その人たちによって伝えられた習俗もあるのではなかろうか。

民俗伝承は、考古学者が扱う遺物と異なり、時代を経るにしたがい変質し消えてしまうことも多い。それゆえ相似た習俗の存在だけで相互の関係を断定できるわけではない。しかし、遠く離れた場所に共通する習俗のある点は重視すべきである。

注

(1) 金関丈夫『琉球民俗誌』法政大学出版会、昭和五三年、一一八頁。
(2) 国分直一『環シナ海民族文化考』慶友社、昭和五一年、四五二頁。
(3) 尤中編著『中国西南的古代民族』雲南人民出版社、一九七九年、一九三頁。『アジア歴史辞典』(平凡社)の「金歯蛮」の項参照。
(4) 平敷令治「沖縄県の衣と食」『沖縄奄美の衣と食』明玄書房所収。
(5) 江崎悌三「波照間島と与那国島」『嶋と嶋人』八弘書店、昭和一七年所収。
(6) 牧野清「八重山を中心とした南北民族交渉史」『南島史論』琉球大学史学会、昭和四七年所収。
(7) 拙稿「産処で火を焚く習俗」下野敏見編『海南民俗』三号所収。

（8）任東権『朝鮮の民俗』岩崎美術社、一九七四年、一五八頁。
（9）洪錫謨『東国歳時記』姜在彦訳注『朝鮮歳時記』平凡社所収。
（10）岩倉市郎『喜界島年中行事』日本常民文化研究所、昭和一八年、三一頁。
（11）胡撲安『中華全国風俗志』下編、大達図書供応社、一九三六年再刊。
（12）拙稿「果樹に対する習俗」『南日本文化』一三号参照。
（13）山下欣一『奄美説話の研究』法政大学出版局、昭和五四年。
（14）対馬神社の例は『日本昔話事典』「天童法師」の項、朱蒙伝説は『新増月日紀古』を参照。
（15）『嶋』第一巻第四号、六三ページ。
（16）竹内譲『喜界島の民俗』黒潮文化会、昭和四四年、一八九頁。
（17）石合戦については、大林太良「石合戦雑記」『中国大陸古文化研究』第六集をはじめ、野沢謙治「石合戦の文化的系譜についての一試論」『近畿民俗学会会報』第七二号、依田千百子「朝鮮の稲作儀礼」『民族学研究』三一巻など参照。また広東省仏山鎮や福建省海澄県の例は、永尾龍造『支那民俗誌』に、歳の豊凶を占うため正月二日から五日にかけて烈しく行なわれたと記され、また負傷者は付近の寺廟に連れて行き、その拝殿の香炉中の灰をとって傷口に塗り付けてやるとある。台湾の例は、鈴木清一郎『台湾旧慣冠婚葬祭と年中行事』（台湾日日新報社、昭和九年）に詳しい。その一部を紹介する。

「台湾南部の高雄州東石郡佳冬庄方面には、昔から毎年旧五月五日に、石合戦をする弊風があった。この石合戦をすれば、翌年の実施期まではその参加部落は平穏無事、無病息災で、悪疫の流行や天災、地変等の災禍を免れることが出来るとの伝えがある。各部落の団体は、男女を問わず銅鑼を鳴らして総動員を行ない、男子は定めの場所に至って石合戦を開始する。又婦女は各自桶を携帯して合戦に要する石を拾い集め、男子の第一戦線に運び適当に配置し恰も戦時に於ける小行李の役を勤めた。戦勝すれば、敗団員の部落に侵入し、旧慣に依り造っている粽や御馳走とを取って食っても差支えないという不文律があった。また、勝敗の結果、何時迄も敵視するようなこともなかった。この石合戦に依って負傷することは非常な不名誉とされ、之を秘し、治療を要するものは、人に知らるるを恥辱とし、付近の医師に診断せしめず、遠く誰も知る人なき部落に行き密かに治療し、又は薬を求める状況であった」。

この行事が旧暦の五月五日に行なわれたという点は名瀬市の事例と同じである。また女性が手助けをしたところは、喜界島のものにも似る。ただ大人の男女が総動員で参加という規模の大きな石合戦であったことは奄美と異なる。

またフイリッピンの例は、三吉朋十『比律賓の土俗』（丸善株式会社、昭和一七年）によると、次のようであった。

ボントックのイゴロット族は、米とイモを常食としており、例年、六月に水田の稲を刈り取り、そのあとにイモを植えるが、このときイモの発育の良からんことを望んでファグファグトという石合戦の行事をした。元はチコ川を挟んでボントックの集落と対岸のサモキの人々が雨季に入る前、石投げをして相互に多数の負傷者を出した。まずは子供の石投げ遊びからはじまり、やがて小石を相手側に向けて投げる合戦となる。負けそうになると中童が加勢し、遂には木製の楯をもって身を護った大人たちが集まってきて、河原の石を拾って投げつける本物の石合戦になる。石に中って傷ついた者は退き、肉薄接戦となると、酋長が中止の命令を発して終わりにした。石合戦はリスリスとも呼ばれ、このあと数頭の牛を槍で突き殺し、肉を裂き、酒を飲んで、アニトに稲作の良かったことを感謝し、来るべき収穫の多いことを願った。

また宮武辰夫『フィリッピン原住民の土俗と芸術』（羽田書店、昭和一八年）によると、この行事は「五日以上も続けられる勇壮無類のもので、……各自手には竹をならべて編んだ楯を持っているが、青年壮年組の（戦う）日には夥しい怪我人が出るし、稀には死人までも出すことがある。」とされ、また「この石合戦で怪我した者は、最も名誉として、恰も戦争で負傷した勇者のやうに、村人から扱はれてゐるが、この場合、変わったことは、怪我をして血だらけになると、急いで自分の水田に走って、その滴る血を水田に入れてゐるものをよく見かけた」と記されている。

(18) 河村只雄『南方文化の探求』創元社、昭和一四年。
(19) H・スチューベル『海南島民族誌』清水三男訳、畝傍書房、昭和一八年。
(20) 源武雄『日本の民俗沖縄』第一法規、昭和四七年。
(21) 拙稿「誕生日を祝う習俗並びに初誕生のエラビドリ習俗に就いて」『日本民俗学』第一四四号、昭和五七年。
(22) 永尾龍造『支那民俗誌』第三巻、国書刊行会、昭和四八年。
(23) 丁世良他編『中国地方志民俗資料彙編』中南巻上、書目文献出版社、三一八頁。
(24) 山下欣一「徳之島における婚姻習俗」『徳之島民俗誌』所収。

(25) 栄喜久元『与論島の民俗』自家版。
(26) 宮良高弘『波照間島民俗誌』木耳社、昭和四七年。
(27) 大林太良「古代の婚姻」『現代のエスプリ』所収。
(28) 岩倉市郎『喜界島年中行事』日本常民文化研究所、昭和一八年。動物供犠については山下欣一『奄美のシャーマニズム』弘文堂、昭和五二年、参照。
(29) 上勢頭亨『竹富島誌民話・民俗篇』法政大学出版局、昭和五一年。
(30) 『鹿児島県史料旧記雑録追録一』一五六二号の一〇月一四日付け嶋津新八郎から沖縄の池城親方と具志頭親方に宛てた書状参照。
(31) 『朝鮮王朝実録』のうち『中宗実録』巻一百二、三九年三月乙卯条、および『顕宗改修実録』巻九、四年七月辛未条など参照。
(32) 『道之島代官記集成』福岡大学研究所、昭和四四年、参照。
(33) 『世宗実録』巻五四、一三年一一月庚午条、および『端宗実録』巻六、元年五月丁卯条など参照。
(34) 沖縄考古学会編『石器時代の沖縄』新星図書、昭和五三年。
(35) 凌純聲「古代・越人與台湾土着族」『学術季刊』一巻二号。

6 黒潮圏の先史文化

小田静夫

はじめに——黒潮と先史文化——

世界で最も強大な黒潮（日本海流・暖流）は、北赤道海流がフィリピン・ルソン島東海上で、北に向きを変えるあたりで誕生する。その後北上し台湾東海岸沖を通り、琉球列島を右に眺め東シナ海を通過後トカラ列島付近で二つに分岐する。本流はトカラ列島を横断し太平洋岸に出て列島に沿って北進し、伊豆諸島の御蔵島と八丈島の間を通って銚子沖まで到達し、ここで向きを東方に変え「黒潮続流」となって終焉を迎える。また、この支流は東シナ海を「対馬海流」となって九州西岸を直進し、壱岐、対馬近海から対馬海峡を通過し日本海側に流入する。さらに列島の北側沿岸を通って北海道西岸へ、またその一部は津軽海峡に流れ込み太平洋岸の三陸沖に達している。

黒潮の流れは、海産生物や陸上植物の拡散に影響を与えたばかりではなく「海上の道」となり、先史時代以来多くの南方的要素を日本文化にもたらした。九州の南海上に連なる琉球列島では、サンゴ礁内の豊かな魚貝類を基盤に「サンゴ礁文化」が形成され、その高度に発達した貝製品は北九州の弥生人を魅了し、南海産大型巻貝の交易活動を促進させ、黒潮の流れを利用した「貝の道」を成立させた（木下 一九九六）。また本州中央部では、伊豆諸島・神津島産黒曜石の原石を求めて、先史人たちの渡島活動が始まった。さらに黒潮本流を越えた南部伊豆諸島の八丈島でも、イヌ、イノシシを連れて渡航していた縄文人集団が存在していた（小田 二〇〇〇）。一方、鹿児島県を中心とした南九州地方では、縄文時代草創期遺跡の発見が相次ぎ、この地域に早くから縄文文化の中心的拠点があった（新東 二〇〇一）。鹿児島県栫ノ原遺跡で、丸木舟製作用工具の円筒形丸ノミ形石斧が出土し、この石斧は黒潮を北上してきた縄文人の起源に関わる石器と考えられている（小田 二〇〇〇）。

一　ホモ・サピエンスの渡来

日本列島はアジア大陸の東端に弧を描くように位置し、人類紀と呼ばれる第四紀更新世に大陸と幾度か陸橋で繋がったことが証明されている。周辺大陸に居住していた旧石器時代人は、この陸橋が存在した時期には歩いて、海峡が開いていた時期には何らかの渡航具（筏舟・丸木舟等）を使用して、太平洋に面した日本列島地域に移住して来たものと考えられている。

この列島へのヒト集団の移住時期については、古生物学者、地質学者らの研究により、前期・後期更新世の約一一五万と六二万年前にシガゾウが、約六二万と五七万年前にトウヨウゾウが、約三六万～三四万年前にナウマンゾウが、大陸から朝鮮半島経由で陸橋を通り、日本列島地域に渡来した事実が判明している。さらに後期更新世の最終氷期（ヴュルム氷期、約七万～一万年前）には、陸橋が形成されていたサハリン経由でマンモス（新型）が北海道に渡来しているので、初期のヒト集団もこうした陸橋存在時に狩猟対象の大型動物を追って、陸橋を通り渡来した可能性は大きい。現在日本列島地域への旧石器人の渡来コースとしては、地理的位置関係から大きくサハリン経由で北海道地方へ、朝鮮半島経由で北九州・中国地方へ、台湾経由で琉球列島・南九州へ、フィリピンのルソン島経由で琉球列島・南九州・四国・本州の太平洋沿岸地域へ、マリアナ諸島経由で小笠原・伊豆諸島・本州への五つのルートが推定されている（小田　一九九九、二〇〇二）。

平成一二（二〇〇〇）年一一月五日、日本の考古学界は衝撃的な事件を経験する。これは日本列島内で発見されていた古期（前期・中期）旧石器時代遺跡が、「捏造」という信じられない事態に遭遇したのである。現在では関連遺跡のすべてに捏造が確認されるという最悪の結果が正式に報告された（『前・中期旧石器問題の検証』日本考古学協

図 6－1　黒潮圏の先史文化の動態（7,000～2,000 年前）

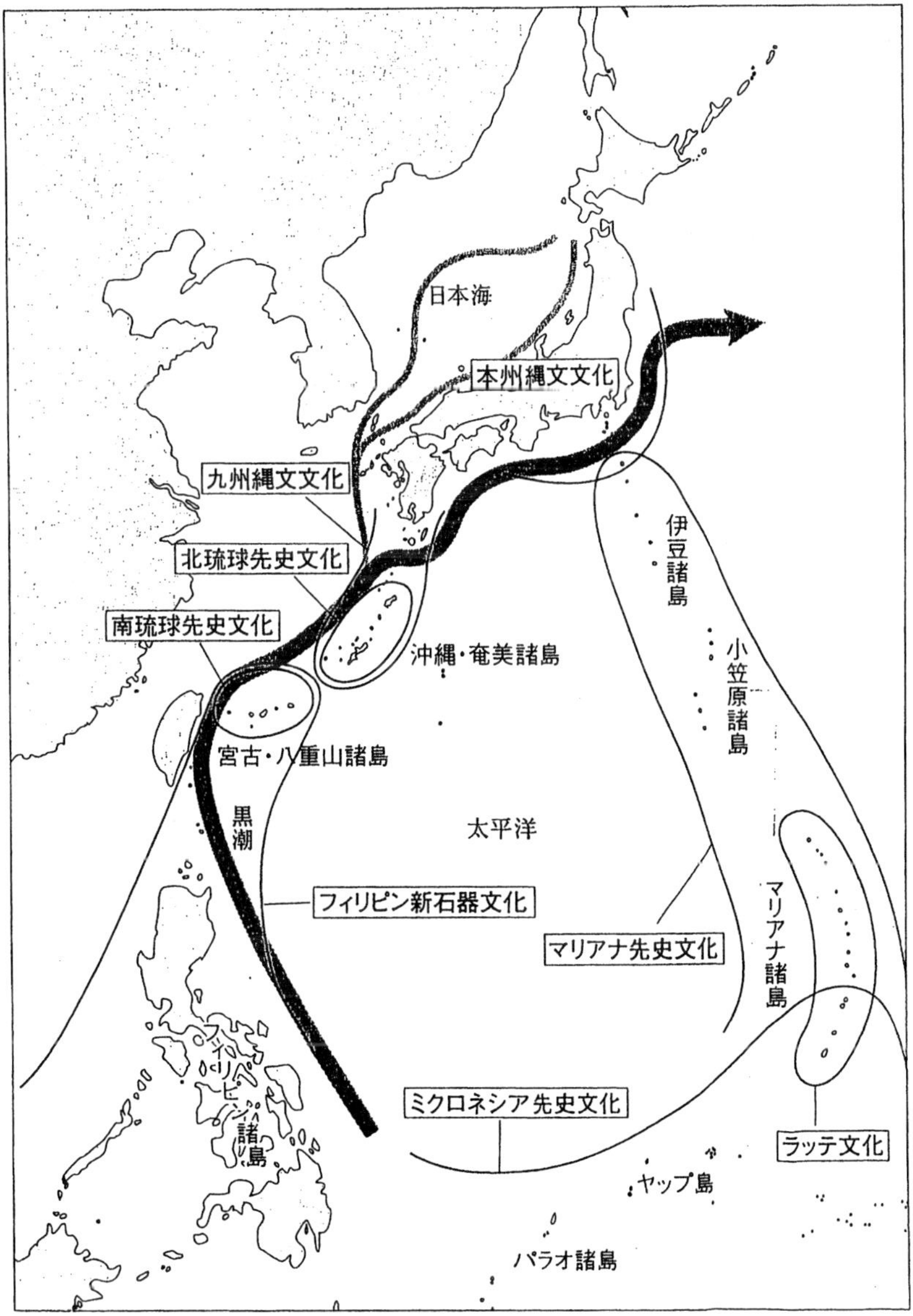

図 6－2　琉球列島におけるヒトの移動

本州・九州の時代区分と年代				南九州からのヒトの動き → ｜ 琉球からのヒトの動き ←	沖縄時代区分 北琉球		南琉球	
33,000	先史	旧石器時代	第Ⅰ期	← 南方旧石器文化の北上	旧石器時代			
				第1波（種子島まで）　山下町第1洞人				
0				ピンザアブ洞人				
22,000			第Ⅱ期	第2波（奄美大島まで）　港川人				
				九州旧石器文化圏（種子島まで）→				
14,000			第Ⅲ期					
11,000		縄文時代						
9,000			草創期	← 栫ノ原型石斧文化圏（五島列島～沖縄本島）→				
7,000			早期	← 南島爪形文土器文化圏（奄美大島～沖縄本島）→	貝塚時代	前期		
4,500			前期	九州土器文化の南下（中・南九州から沖縄本島まで）→				
3,000			中期				新石器時代	前期
2,000			後期	黒曜石の流通（佐賀県から沖縄本島まで）→				
1,000			晩期	← 南島式土器文化の北上（奄美諸島より南九州へ）				
300	原始	弥生時代				後期		
紀元前			前期	弥生文化の流及（沖縄本島まで）→				
0			中期					後期
紀元後			後期	← 貝の道（ゴホウラ・イモガイ）				
300	古代			—南海産大型巻貝製腕輪の交易—				
		古墳時代						
710		奈良時代		中国人による交易				
				← 中国製銭貨（開元通宝）の流布 →				
794		平安時代		→ヤコウガイ（螺鈿材料）の交易 →	古琉球			
1,192	中世	鎌倉時代		長崎産滑石石鍋の流通（八重山諸島まで）→		グスク時代・スク時代		
				← カムィヤキ交易（琉球文化圏中心）→				
				—徳之島産須恵質陶器の交易—				
1,338		室町時代				1,470 第一尚氏		

会 二〇〇三）。したがって、確かな旧石器資料は新期（後期）段階の遺跡、つまり四万～三万五〇〇〇年前のホモ・サピエンス（新人）の文化が、列島最古の住人ということになった。この新人たちは太平洋岸に沿った日本地域に渡来し、まだ列島としての島嶼環境が定まらない地で、今まで経験したことのない活発な火山噴火や、地震に脅えて細々と生活しており、彼らの行動範囲は狭く、小規模集団による居住期間が短い地域的遊動生活を続けていた（小田・馬場編 二〇〇一）。

二　南方型旧石器人の北上

最新の分子人類学の成果によると、アフリカで旧人または原人から進化したホモ・サピエンス（新人）が、約一五万～一〇万年前アフリカを出て、ユーラシア大陸に拡散したことが判明した。これが第二の出アフリカと呼ばれるものであるが、ちなみに、第一の出アフリカは原人段階の約一八〇万年前とされている。アジアの太平洋沿岸地域への移住コースは、西アジアからヒマラヤ山脈の北側を通過して東北アジアに到達するコースと、南側を通過してインドから東南アジアへ到達する二つのルートが推定されている（赤澤編 一九九五、馬場 二〇〇〇）。

約五万年前アジア大陸の東端に拡散した新人たちは、この太平洋沿岸部に到達し独特の旧石器文化を定着させた。まず東南アジアの「スンダランド」地域では、内陸部の熱帯雨林地域に「礫器文化」を、島嶼地域には「剥片石器文化」を発達させた。同じ石器群様相が中国南部でも認められ内陸地域に礫器文化が、海岸地域には不定形剥片石器文化が分布していた。この大陸に分布する二大旧石器群が何らかの形で伝播した約三万五千年前の日本列島において、黒潮海流の洗う太平洋沿岸地域（鹿児島県種子島、東京都武蔵野台地）では、礫器、磨石、不定形剥片石器などに特徴を示す旧石器文化が看取された。この「南方型旧石器文化」とでも呼べる外来文化は、列島内部の旧石器群（ナイフ形石器文化）とは異なる石器組成を保持していた。そして、外来文化を持った彼らは太平洋岸を北上する過程で、最終氷期最寒冷期でも洋上の島であった伊豆諸島神津島産の黒曜石を発見し、いち早くその有効性を認めそれを石器として使用した旧石器人集団でもあった。その原郷は、スンダランドの海岸部から台湾・琉球列島を通過し、黒潮を北上してきた世界最古の「海洋航海民」と考えられる（小田 一九九九、二〇〇〇）。

三 海洋航海民の誕生

地理学的に東南アジアと呼ばれる地域は、北はミャンマー北端から南はインドネシアのティモール島まで、東はフィリピンのサマールから西はミャンマーの西端に至る約四〇〇万㎢に及んでいる。また、この広大な地域を大きく高原と山脈に囲まれた内陸側（大陸部東南アジア）と、マレーシア、インドネシア、フィリピンなどの島嶼側（島嶼部東南アジア）に二分することができる。自然環境は赤道を挟んで北緯と南緯にまたがった低緯度のため、熱帯・亜熱帯気候が卓越し、モンスーンの影響を受け、年中高温多湿で雨量も多く、気温変動は日較差で大きく乾季と雨季が明瞭に認められている。こうした熱帯雨林、熱帯季節風、サバンナ、熱帯高地気候が交差するこの地域では、それぞれが特異な生態系をもち、植物・動物相も多様化しそれらが複雑に絡まった自然環境を呈している。自然界からの直接的な食糧獲得手段（狩猟採集）に依存していた先史時代において、この「緑の砂漠」とも呼ばれる熱帯雨林環境は、根茎類の生育が難しく決して豊かなものではなく、植物性のデンプンや動物性のタンパク質を定量的に摂取することが困難であった。したがって、彼らは常時遊動生活を強いられ、完新世になっても直ぐには定住生活が開始出来なかった。一方、水域環境（島嶼部）では、豊かな動物性タンパク（魚類、ウミガメ、ジュゴン、貝類、甲殻類）が、容易に且つ安定して取得できる利点があった。また、海岸部は密林の猛獣・毒蛇などから身を護るためには最適の場所でもあったため、東南アジアの先史人は積極的に水域環境へ進出した。そして新しい適応戦略（渡航具、漁撈具、貝製品など）を身につけ、その技法を開発して行った（坂井・西村・新田編 一九九八）。

更新世最後のヴュルム氷期（最終氷期）の寒冷気候の下、現在のインドネシアの西部、マレー半島からスマトラ島、ジャワ島、カリマンタン島にかけての島嶼部は、海面の低下によって「スンダランド」と呼ばれる広大な陸棚（大陸）が形成されており、この大陸の海岸地帯には海洋適応戦略を成功させたホモ・サピエンス（新人）段階の旧石器人が定着し生活していた。彼らは東南アジア内陸部の熱帯雨林地帯で、長期間伝統的に使用していた植物質食糧加工用の礫器、磨石、敲石などを中心にした重量石器群（礫器文化）に代わり、魚介類の解体用のスクレイパーなどを中心とした軽量石器群（剥片石器文化）を海岸や島嶼部で発達させた。また、その遺跡は入江や河川に面した台地上と洞穴・岩陰に発見され、筏（旧石器段階から多用）、丸木舟などの渡航具を使用して河川や沿岸海域に出漁し、豊かな海洋資源を主生業にした漁撈民でもあった。その後、島嶼部で発達した「不定形剥片石器文化」を使用した後期旧石器人は、後氷期（完新世）に向かい温暖な気候と海面上昇でスンダランドが水没し島嶼化していく中で、黒潮海域を活動の場として外洋航海にも順応できる「海人」集団として成長していったと考えられる（加藤 一九九六）。

(1) オセアニアへの船出

旧石器人が海洋を航行した最古の証しは、五万年前「スンダランド」からハックスリー・ウォーレス線回廊を越えて、「サフールランド」に移住した旧石器時代人集団がいたことである。これは現在のオーストラリア人と、ニューギニアの非オーストロネシア住民などに認められる遺伝形質（ＨＬＡ、ミトコンドリアＤＮＡ）の多様性が証明している。また、この移住行為は単なる一グループの偶発的な拡散ではなく、意図的で且つ複数回行われたことが推察されている。さらに、ウォーレシア回廊が後期更新世後半から完新世初頭にかけて数万年間も続いていたことから、その移住人数は一〇〇〇人単位の多数であった可能性が大きいとされている。やがて彼らはこの新天地に定住しオーストラリア先住民、ニアーオセアニア人の祖先になった。特に現在のオーストラリア人（オーストラリア・アボリジニ）やニューギニアの高地人などはその直系の子孫であった（大塚編 一九九五、印東 一九九四）。

東南アジアの島嶼部周辺は、海深八〇m前後のスンダ大陸棚と呼ばれる浅い海が広がり、かつてこの海域は海面が現在より一〇〇m以上低下した後期更新世後半に広大な大陸「スンダランド」が形成されており、この大陸側に対峙するように東側（太平洋側）には、現在のオーストラリア大陸、ニューギニア島、タスマニア島が陸地で繋がる「サフールランド」と呼ばれる広大な大陸が形成されていた。そして、西側のスンダランドから東側のサフールランドへ移住するには、ウォーレシア（ウォーレス多島海）と呼ばれる島嶼地域を通過しなければならなかった。これらの島々の幾つかは地続きになることはなく、最大約八〇〜一〇〇kmも離れた海峡が存在していた。したがって、旧石器人はこの海峡を何らかの渡航具（竹・丸太の筏、動物皮の浮き袋、丸木舟など）を使用して海洋を航行する必然性があった。

現在サフールランドへの渡航コースとして、島（陸地）伝いに効率よく渡る二つのルートが考えられる。その一つは北側の島々を通るコースで、ボルネオ（カリマンタン）島からセレベス島を通りニューギニア島の西端に到達するルートであり、もう一つは南側コースでジャワ島からティモール諸島を経由し、西オーストラリアに上陸するルートである。どちらも海洋航行という点では同じだが、北側コースでは各島嶼間が島内最高地点（山頂、尾根など）に立つと、お互いの島が望見できる。旧石器時代段階の渡航技術は新石器時代段階ほど熟達しておらず、島同士を目視できることが彼らの未知の島（土地）への冒険心・探究心をより安全で確実なものにしたと考えられる（秋道編 一九九八）。

(2) オーストラリアの旧石器文化

現在最古の旧石器遺跡（五万二〇〇〇年前）が、オーストラリア北部アーネムランド地方の海岸部に確認されている。石器としては刃部の角度が九〇度近くあるコア・スクレイパー（馬蹄形石核とも呼ばれる）と不定形の剥片石器が伴う。しかしこの段階の化石人骨の発見は無く、スンダランドに生活した人類集団の進化段階（原人、旧人、新人）との対比については、まだ解明されていない。

四万～三万年前になるとアーネムランド地方だけではなく、東南海岸部のニュー・サウスウェールズ州にも多数の旧石器遺跡が確認されている。石器としては馬蹄形のコア・スクレイパーと不定形剥片石器を特徴とし、特に、アーネムランドで集中して発見される着柄を意識した溝を有する磨製石斧（二万五〇〇〇～一万九〇〇〇年前）の存在は重要である。これは一般的に二〇〇〇年前以降に出現する新しい石器製作技法である。また不思議なことに旧石器段階では、このオーストラリアと日本列島（三万五〇〇〇～二万八〇〇〇年前）だけに集中して発見されるが、こうした磨製石斧・技法の出自系統についての詳細な解明は進んでいない。今後この石器の追究が大きな課題となろう。

また化石人骨の発見も重要である。最古の例は東南部ニュー・サウスウェールズ州で発見されたマンゴーIII（三万二〇〇〇～二万八〇〇〇年前）と呼ばれるホモ・サピエンスタイプの成人男性埋葬骨である。現在オーストラリアの旧石器人骨の特徴は二つに分類される。一つは華奢なタイプ（三万～一万二〇〇〇年前）で、もう一つは頑丈なタイプ（一万三〇〇〇～六五〇〇年前）である。前者は南中国の後期更新世人骨に類似し、後者はインドネシアの旧人（ソロ人）や中国の原人（北京原人）タイプに似ているといわれる。オーストラリアにおける古い人骨が華奢で新しい人骨が頑丈という、従来の人類学による人骨変遷定説の逆転現象については、まだ明解な回答は出されていない（大塚編　一九九五）。

(3) ニューギニア地域の旧石器文化

サフールランドの旧石器人は、その後ニューギニア島や同島北東海域に位置するビスマルク諸島やソロモン諸島に拡散して行った。この地域の先史時代編年はパプアニューギニア高地の成果が参考になる。それによると、第Ⅰ期は四万～三万年前（この地域で最古の旧石器段階）で、遺跡はまだ高地では確認されていないが唯一沿岸部で洞穴遺跡が発見されている。それは北東部のヒュオン半島先端部に形成された標高一五〇mの海岸段丘の斜面部に立地し、火山灰層が三枚確認され、第一火山灰層と第二火山灰層最下部から遺物が出土している。ここから出土した石器類は、東南アジア大陸部と似た石核石器、スクレイパー、重厚で大形のくびれをもつ石器（分銅型、鍬状石斧）等を保有している。年代は火山灰の熱ルミネッセンス法で第一火山灰が約四万二一〇〇と三万一三〇〇年前、第二火山灰が六万五〇〇〇と三万七一〇〇年前、第三火山灰が五万九八〇〇と三万六二〇〇年前の年代が与えられている。第Ⅱ期は三万～一万一〇〇〇年前で、石器の種類は第Ⅰ期同様に分銅型、鍬状石斧などであるがやや多様化し小形になっている。また短冊型石斧の出現も認められる。第Ⅲ期は一万一〇〇〇～六〇〇〇年前（完新世）で、この頃までに高地部では、分銅型打製石斧は減少し高地西部に少し小形例が残っている程度であるが、それに代わってチョッパー（片刃礫器）が登場し、さらに不定形のスクレイパーやノッチなどの多様な剝片石器、骨針、骨錐類、及び貝製品が伴ってくる。また、刃部を研磨した磨製石斧も存在する。第Ⅳ期は六〇〇〇～三〇〇〇年前（完新世）で、全面磨製の石斧が一般化し、初期の例は断面がレンズ状で後には側面平坦形、方角形例が出現してくる。さらに、第Ⅲ期と同様な不定形のスクレイパーなど多様な剝片石器、骨針、骨錐類、及び貝製品が各遺跡で伴っている。第Ⅴ期は三〇〇〇～一〇〇年前（完新世）で、不定形剝片石器が高地部で普遍化し高地東部では「土器」が登場する。また、民族例に多数残されている棍棒頭なども認められている（伊藤 二〇〇二）。

一方、北ソロモン諸島ブカ島の二万九〇〇〇～二万年前の遺跡から、タロイモの澱粉粒が付着した玄武岩製フレイク（剥片）が発見された。また、ビスマルク諸島のニューアイルランド島では、三万年前の貝塚が確認され、その貝塚から魚骨（浅海性）、カニ、エビ、ウニ、カメ、ワニなども出土し、世界最古の漁撈活動（浅瀬、内湾）の証拠として注目されている。同様に同諸島（ニューブリテン島）タラセア産の良質な黒曜石を、この周辺地域の旧石器人たちは早くから使用していた。他方サフールランドからこれらメラネシア北西部の島々へ移住する際にも、五〇～一〇〇Km以上の海域を渡航する必要があったとするならば、この地域においても早くから海洋適応した旧石器人の存在が浮上してくる（ベルウッド　一九八九、印東　一九九四、大塚編　一九九五）。

四　東南アジアの先史文化

東南アジア地域は、山岳、高原、丘陵、平地、低地、半島、複雑な島嶼部などの自然環境の多様性と、そこから生み出された各種の生態系によって、この地域が一つの文化圏として把握できない多くの要因を潜在的に保持していることを容易に理解させる。したがってここでは一般的に論述されている「大陸部」と「島嶼部」という二大地域に区分して、この地域の石器時代文化を概観してみることにしたい。

東南アジアの時代区分は大きく旧石器時代、中石器時代、新石器時代、青銅器時代、鉄器時代、国家の成立というように、ヨーロッパや中近東地域でみられる歴史順序をほぼ同様に経験している。しかし、この多様で複雑な自然環境を有する東南アジア各地においては、一様にこうした文化発展過程を歩んだ訳ではない。例えば旧石器時代にしても、前期、中期、後期と一般的には区分されるが、東南アジア各地での石器群様相やその変遷が明確ではなく、この三区分法が必ずしも妥当であるとは言えない。何故ならこれらの石器群には、各進化段階の化石人骨が伴出して発見された例が現在のところ皆無に等しいからである。今後の資料の蓄積が待たれる（ベルウッド 一九八九、新田 一九九八、坂井・西村・新田編 一九九八、今村 一九九九）。

(1) 旧石器時代相当期

① 化石人類

旧人から現代型ホモ・サピエンス（新人）への移行については現在二通りの説がある。一方は旧人から新人に各地で進化したという説（多地域進化説）と、他方は最近の分子人類学の発達によって判明した説で、新人が新しくアフリカから出て各地に拡散したという説（アフリカ起源説）である。この説では新人と旧人が同時に生活した時期があり、また旧人は新人に進化しないで絶滅したとも言われている。化石人骨は大陸部においてマレー半島ペラ州グヌン・ルンツ洞穴出土のペラ人（一万一〇〇〇年前）が有名である。またヴェトナム・ニンビン省のトゥンラン洞穴から歯が、ランソン省のケオレン洞穴（三万年前）からも頭骨と歯が、ラオスのパロイ洞穴からは歯が出土している。島嶼部ではジャワ島の中・南部発見のワジャク人（一万年前）、マレーシア・ボルネオ島サラワク州北部のニアー洞穴出土のニアー人（約四万年以前）などが周知されている（坂井・西村・新田編 一九九八）。

② 石器文化

この時期の遺跡・石器群についても、化石人類同様まだ全体像を把握するまでには至っていない。大陸部にはヴェトナム北部を中心にソンヴィー文化（一万八〇〇〇〜一万年前）が分布しており、この文化の石器群は両面に礫の自然面を大きく残した縦型、横型礫器が特徴である。同じヴェトナムのコンモン洞穴では、ソンヴィー文化↓ホアビニアン文化（中石器文化）↓バクソン文化（新石器文化）という層位的関係が把握されている。ペラ人は埋葬（屈葬）

され、副葬品としては貝殻、動物骨と数点の礫器が存在する。石器は隣接したコタ・タンパン村出土のタンパーアン（三万四〇〇〇年前）と呼ばれる石器群に酷似している。島嶼部ではカリマンタン（ボルネオ）島西部のニアー洞穴で四万年前の文化層から、新人の頭骨と礫器、剥片類が出土した。また、一万三〇〇〇～一万年前の文化層から扁平な刃部磨製の礫石斧（副葬品）が、六〇〇〇～四〇〇〇年前の文化層から断面が円筒形の全面磨製石斧が、二五〇〇年前の文化層から断面が方形の全面磨製石斧が出土し、この地域の磨製石斧の層位的変遷（礫斧→円筒斧→方角斧）と年代が把握され注目された。そして、同じボルネオ島北東部のサバ州バツロン・マダイ丘陵での発掘調査で、不定形剥片石器文化が更新世から完新世まで継続していく状況が把握されている。まずティンカユ一遺跡では、二万八〇〇〇～一万七〇〇〇年前のチャート製の礫器、両面加工の小型細身の槍先形ナイフ、馬蹄形石核、使用された剥片が出土している。また、一万七〇〇〇～一万二〇〇〇年前のハゴップビロ岩陰では貝塚の形成が認められ、礫器、使用された剥片、ドーム形スクレイパー、石刃状剥片などが発見されている。さらに、一万二〇〇〇～七〇〇〇年前のマダイ洞穴群では貝塚が存在し、チャート製の馬蹄形石核、使用された剥片と石皿、磨石、敲石が出土している（坂井・西村・新田編 一九九八）。

(2) 更新世後期から完新世初期への移行期

この時期は「中石器文化」とも呼ばれる段階で、完新世になってもまだ土器、金属器、農耕を持たず、旧石器的な狩猟・採集を主な生業としている文化期である。大陸部でのソンヴィー文化からホアビニアン文化への移行、島嶼部ではパラワン島でのタボン・フレイク・インダストリー文化の継続、ボルネオ島サバー州での不定形剥片石器文化の発展等がそれに該当する。

南中国からスマトラ北部までの広大な東南アジアの大陸部に、一万三〇〇〇～四〇〇〇年前にかけて「ホアビニアン文化」と呼ばれる特徴的な石器文化が形成されている。主に山間部の洞穴、岩陰に生活し、狩猟・採集・漁撈（貝塚の存在）活動を生業にし、移動性の高い生活をしていた。特徴的な片面剥離の礫石器、スマトラリス（片面全面加工石器）と呼ばれる卵形の礫器、短斧、刃部研磨の石斧（横斧）を持ち、その後期には土器、全面磨製石斧と植物栽培技術が認められる。

一方、インドネシアやフィリピン諸島の島嶼部では、ホアビニアン文化の礫器伝統に代わり「不定形剥片石器文化」と呼ばれる剥片石器伝統が卓越している。その中にはブレイド（石刃）を製作する技術も認められ、インドネシア・ティモール島の洞穴遺跡群から、フリント、チャート製の剥片とブレイド石器群（一万年前）が発見されている。またインドネシア・スラウェシ島南西部の洞穴、岩陰遺跡群に確認された「トアレアン・インダストリー」と呼ばれる背付石器（バックド・ブレイド）、細石器（台形・三日月形石器）、抉り入り三角形ポイント（石鏃か）をもつ特徴的な石器群（七〇〇〇年前）も存在している。このトアレアン・インダストリーは、オーストラリアの石核石器、スクレイパーを伝統とする六〇〇〇年以降の石器文化段階に、類似した石器が出現している。

このように東南アジアでは大陸部や島嶼部でも、「礫器文化伝統」を持つ旧石器群が初期には卓越していた。その後大陸部では礫器伝統がそのまま続き、島嶼部では礫器に代わり剥片石器を主体に使用する「剥片文化伝統」に移行していった。タイのマレー半島西岸ランロンリエン岩陰遺跡では、後期旧石器文化（三万〜二万五〇〇〇年前）↓中石器文化（ホアビニアン文化）↓新石器文化という層位的関係が確認され、その最下層の旧石器群様相には、この地域特有の礫器が認められず、発達した不定形の「剥片石器文化」が存在している。つまり、これは大陸部の周縁地域（海岸部）で後期旧石器段階の礫器に代わり、剥片石器を多用する新しい伝統文化の誕生がうかがえるのである（加藤 一九九六、清水 一九八四、鄧 一九八九）。

五　フィリピンの先史文化

東南アジアの島嶼部に位置するフィリピンは、海という隔絶された境界によって各島々が孤立的状況に置かれているが、海はまたその渡航技術さえあれば文化のハイウェイとも言われ、陸上交通より大量の文物を迅速かつ遠隔地に運搬できる特性を持っている。現在、フィリピンの文化編年は旧石器時代、新石器時代、鉄器時代、陶磁器時代に大きく区分されている（坂井・西村・新田編　一九九八）。

化石人骨は、ホモ・サピエンス（新人）に入るパラワン島西岸中部のタボン洞穴出土の頭骨（二万四〇〇〇～二万二〇〇〇年前）が唯一周知されている。

旧石器時代の遺跡・石器群は大陸部の礫器文化と異なり「剝片石器」を中心としたものである。真正なブレイド（石刃）は少なく不定形のフレイクが主体を占めている。ルソン島南部マニラ付近のリザル県、ミンダナオ島ダヴァオ付近、キャベンゲやサンギランでこの時期の遺跡が発見され、特にタボン洞穴では、チャート製の不定形剝片石器（三万五〇〇〇～九二〇〇〇年前）が多数出土し「タボニアン・フレイク・インダストリー」と呼ばれている。また同じパラワン島のグリ洞穴のA室貝層中から、やや小型化した数点の石刃状フレイクと二次加工の多いタボニアン・フレイク・インダストリーが確認され、その年代は八〇〇〇～四〇〇〇年前とされている。

一方、スールー諸島サンガサンガ島のバロボック岩陰では、シャコガイ製の貝斧の発生に関する重要な資料が確認されている。旧石器段階の下層文化（七〇〇〇～八五〇〇年前）からは、剝片石器とシャコガイ製の打製貝斧が出土した。さらに、上層の新石器文化層（五〇〇〇～六〇〇〇年前）から丸ノミ形磨製石斧が出土し、表採ではあるが磨製の完成された「シャコガイ製貝斧」が発見されている。この事実からこの地方では剝片製の貝斧が丸ノミ形磨製石

図 6－3　フィリピンの先史文化

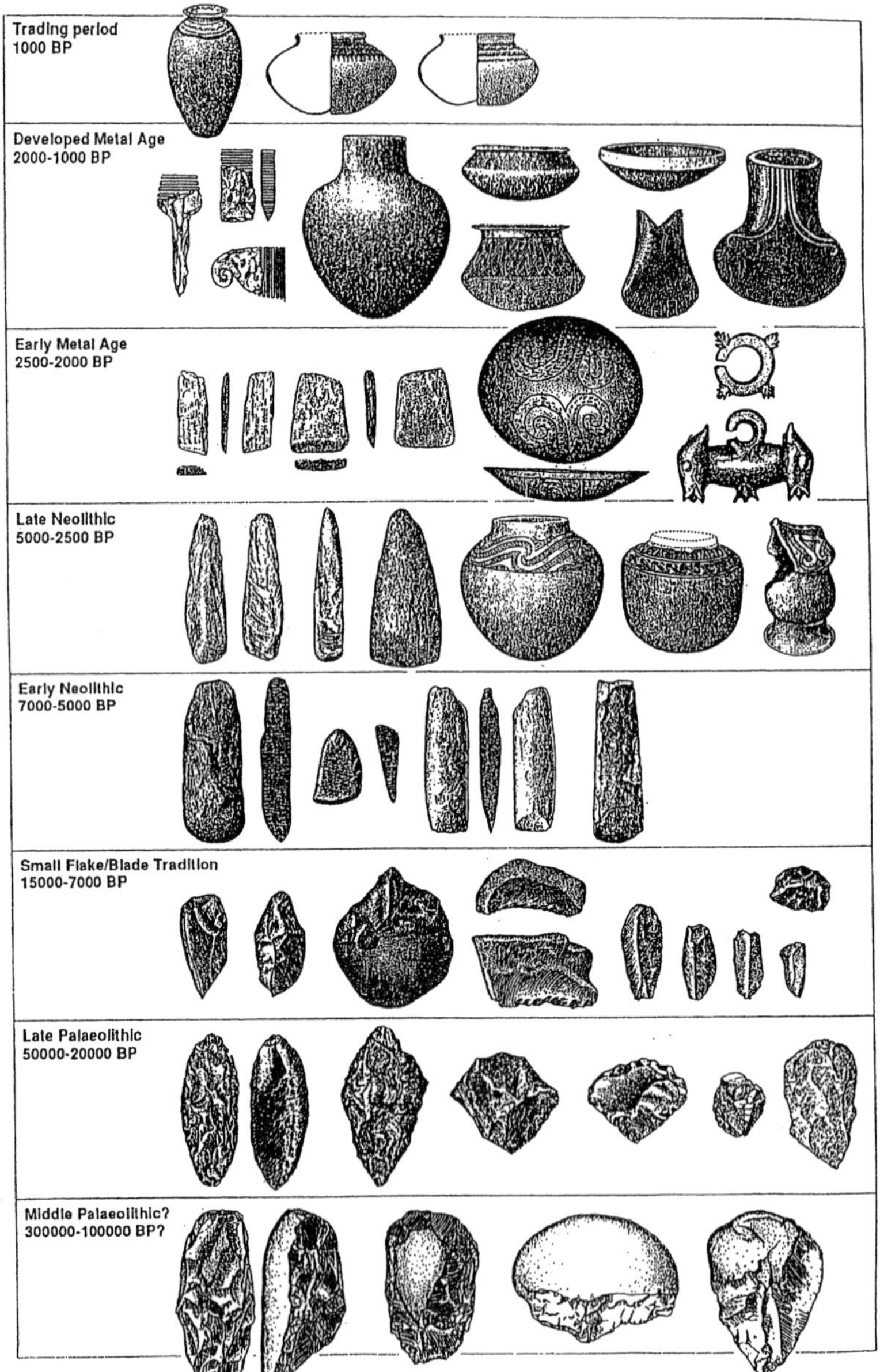
Trading period
1000 BP
Developed Metal Age
2000-1000 BP
Early Metal Age
2500-2000 BP
Late Neolithic
5000-2500 BP
Early Neolithic
7000-5000 BP
Small Flake/Blade Tradition
15000-7000 BP
Late Palaeolithic
50000-20000 BP
Middle Palaeolithic?
300000-100000 BP?

斧の影響を受け、磨製貝斧が誕生した可能性が示唆されている（安里 一九九一、一九九四）。

このようにフィリピン地域では、大陸部の影響下で同様な旧石器文化が展開されていたが、新期の旧石器段階で礫器伝統から剥片石器伝統へと移行していき、その後、この不定形剥片石器文化は更新世後期から完新世にまで継続していく。この熱帯・亜熱帯地方において後氷期に向かう気候変動は余り急激な環境変化を及ぼさず、従来からの生活を変化させるに至らなかった（坂井・西村・新田編 一九九八）。

六　台湾の先史文化

台湾は大陸の福建省と台湾海峡を挟んだ九州よりやや小さい島である。北側には琉球列島の先島諸島が、また南側はバシー海峡を隔ててフィリピンのルソン島と接し、東側は黒潮が流れる太平洋が広がっている。気候は熱帯から亜熱帯に属し、台風も多く雨量も年平均二一〇〇㎜と多雨の島である。植生は高山島であることを反映して高度によって熱帯、暖帯、温帯、寒帯と変化している。島の面積の六四％は山地で、中央部に南北に縦貫する中央（台湾）山脈は平均高度三〇〇〇mを越え、三五〇〇m以上の高峯は二〇を数える。島の最北端には大屯山群、東北部には基隆火山群、東部には台東海岸山脈が走っている。

台湾は多民族の島で山岳地域を中心に「高山族」「山地人」と呼ばれる先住民が居住している。これら台湾の高山族の起源については、言語学的にはマレーポリネシア語族とされ、南方の東南アジア島嶼部、オセアニア地域に文化系統が求められている（宋 一九八〇）。

図６－４　台湾の先史文化

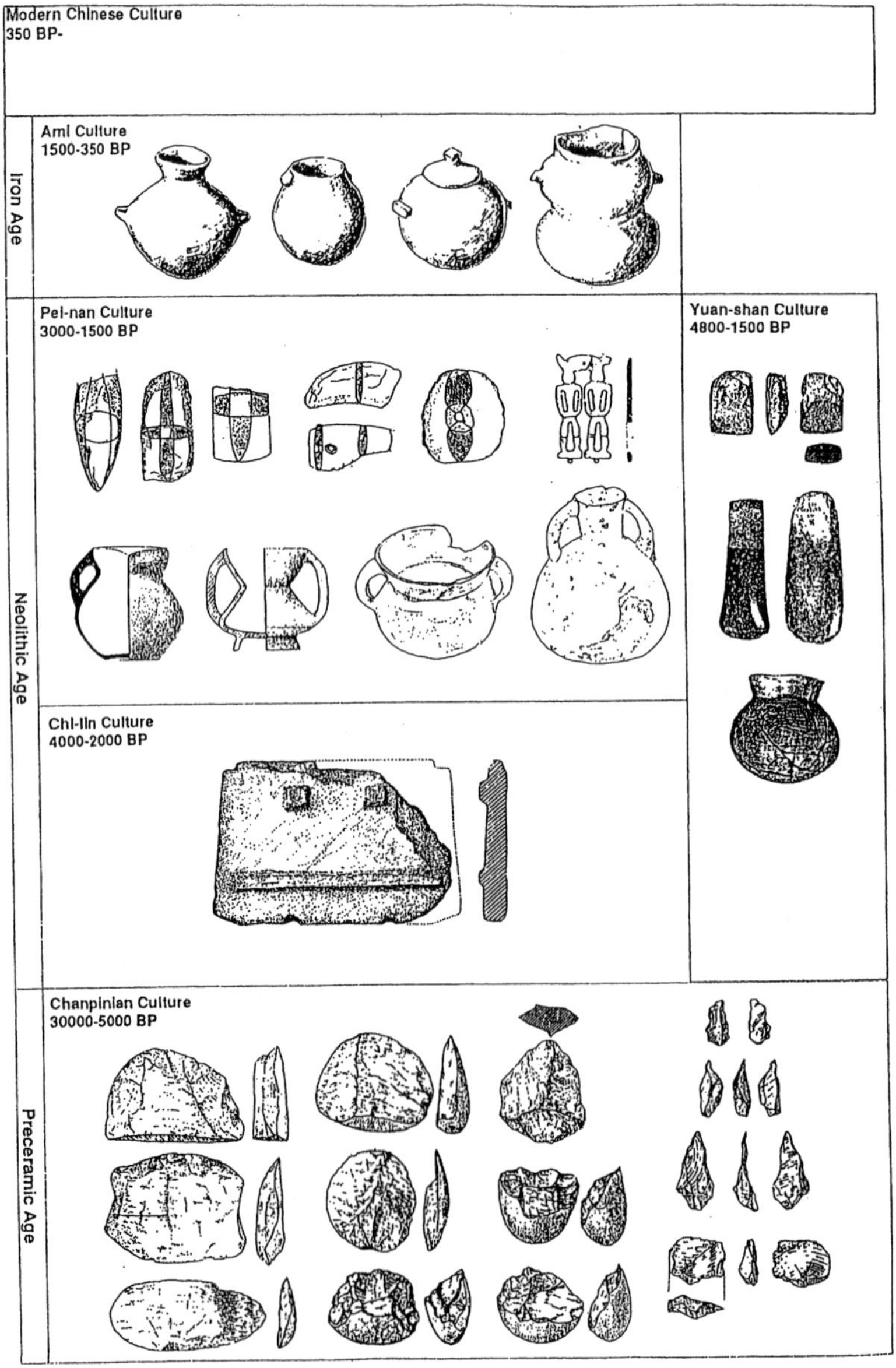
Modern Chinese Culture
350 BP-
Iron Age
Ami Culture
1500-350 BP
Neolithic Age
Pei-nan Culture
3000-1500 BP
Yuan-shan Culture
4800-1500 BP
Chi-lin Culture
4000-2000 BP
Preceramic Age
Chanpinian Culture
30000-5000 BP

(1) 先陶器文化

台湾の考古学研究は戦後台湾大学の宋文薫によって体系化された。それによると古いものから先陶器時代（一万五〇〇〇～五〇〇〇年前）、新石器時代（五〇〇〇～一五〇〇年前）、鉄器時代（一五〇〇～四〇〇年前）、それ以降は歴史時代となっている。しかし台湾では西海岸北部、中部、南部地区と東海岸地区の四つの地域でそれぞれ異なった文化発展状況が看取されている。中でも東海岸地区では旧石器時代に相当する文化（先陶器時代）が、完新世の五〇〇〇年前まで継続していた。同様な傾向は東南アジアの広い地域でも確認されている現象である（宋 一九八〇）。

① 八仙洞洞窟遺跡群の調査

台湾最古の遺跡は東海岸地域の八仙洞洞窟遺跡群で、太平洋に面した海抜一五〇～三〇m前後に開口し、大小一四ヵ所の海蝕洞穴に遺跡が発見されている。一九六八、六九年に台湾大学考古人類系調査団によって乾元洞（海抜一〇〇m）、海雷洞（海抜七〇m）、潮音洞（海抜三〇m）の三洞穴が発掘調査された。この調査で初めて台湾から先土器（旧石器）文化が層位的に確認された。宋は各洞穴遺跡の最下層から出土した礫器と不定形剥片石器群を研究し、アジア的旧石器文化の伝来証左の一つとして位置づけた。また台湾大学の李済は、この八仙洞洞窟遺跡群によって判明した先土器文化を「長濱文化」と命名した。

これら三ヵ所の洞穴遺跡には、一番下に海洋性の砂層、その上に赤色化した堆積土層が形成されていた。海雷洞、潮音洞では上層の赤色土層から、乾元洞では砂層直上の浅灰色土層から「長濱文化」が確認された。年代測定も行われ一万五〇〇〇年前の更新世段階の「古期」と、五六〇〇～四五〇〇年前の完新世段階の「新期」に二分された。さらに、一九八一年の潮音洞の再発掘では最下層の海洋性砂層から、もう一つの先土器文化が発見された。これはつまり古期長濱文化に二つの文化層が存在していたのである。この事実は台湾の初期人類文化が、古期に二度、新期に一度、旧石器人の渡来があったことを物語っている（宋 一九八〇）。

② 長濱文化の様相

長濱文化の特徴は農耕・牧畜がなく、土器や磨製石器を伴わない文化とされている。古期の石器群には海岸の自然転礫の砂岩、安山岩を使用した礫器（チョッパー）類と、幅広剝片のスクレイパー類、それと鋭い岩石の石英、玉髄などを使用した不定形の剝片石器類の二種類が認められる。新期になるとやや小形化した同種の礫器と不定形剝片石器類を伴うが、潮音洞では漁撈具の単式釣針、ヤス、それに海産の貝類、イソマグロ、ハリセンボン、ミナミクロダイなどの魚骨も出土する。

新期の長濱文化が漁撈活動をしていた根拠としては、一九八七年に台湾大学の李光周によって発掘された台湾最南部恒春半島の墾丁国家公園地区内鵝鑾鼻第二遺跡と、龍坑遺跡で確認されたものがある。この地域の先土器文化は「鵝鑾鼻第一文化」と呼ばれ、礫器や不定形剝片石器群とともに、骨製尖頭器やヤコウガイの蓋を利用した貝製スクレイパーも発見されている。このヤコウガイ貝器は北琉球貝塚時代前期（七〇〇〇〜二〇〇〇年前）の遺跡からも多数発見され、琉球列島の先史文化との関係を示唆するものとして重要な資料である。またこの「鵝鑾鼻第一文化」は海岸低地に集落を構え、期間・規模ともにある程度の定住生活を営む外来移住者の文化とされている（李 一九八七）。

長濱文化の故郷について中国の考古学者らの説によると、最終氷期に台湾海峡が陸橋（東山陸橋）によって大陸と繋がっていた時期に、華南から東山陸橋を通って台湾に渡来したものと言われている。しかし最近になって香港中文大学の鄧聰は、台湾の旧石器文化は対岸の福建省の遺跡とは類似しておらず、さらに南の香港の東湾遺跡下層石器群、ヴェトナム地域に分布する晩期旧石器段階のソンヴィー文化に関連する石器群であろうとの見解を表明した（鄧 一九八九）。つまり、古期長濱文化人が大陸沿岸部や南シナ海を、渡航・移動してきた海洋民の可能性を示唆しているのである。

また新期長濱文化について台湾大学の黄士強は、一九九〇年の台東県小馬洞窟群の発掘結果に基づいて、古期の一万五〇〇〇年前に東山陸橋を歩いて大陸と台湾を往来していた旧石器人が、それ以降の急激な海面上昇によって両方の地域に分断された結果、同じ完新世旧石器文化が広く分布したのではないかと述べ、さらに、新期の年代が五〇〇〇年前に集中する理由については、更新世末期の急激な海面上昇で滅亡してしまったとも述べている。この仮説の当否に関わらず小馬洞穴遺跡の最下層文化は海洋性の砂層中でもあり、小馬洞穴群を利用した最初の人々であったことは確かである。五〇〇〇年前に黒潮に乗った海洋民の渡来が東海岸地域にあったと考察するのが妥当であろう。

③ 新石器文化

新石器時代の台湾は複雑な文化様相を見せている。最古の大坌坑文化の年代は五五〇〇年前とされ、台湾はすでに大陸と離れ島嶼になっていた。したがって新石器人は黒潮海域を西側の大陸から、あるいは南のフィリピン、東南アジアの島嶼部から、丸木舟などの渡航具を使用して台湾に渡来したのであろう。大坌坑文化の土器は「粗縄文土器」と呼ばれる丸底や平底の罐形、鉢形土器である。この土器は全体に赤褐色で部厚く焼成が脆弱な土器で、叩き手法の縄文と稀に貝殻を押し付けた貝殻文が認められている。

石器は磨製石斧、打製石斧、石鏃、石錘とがあり、遺跡からは大量の貝殻、魚骨、獣骨が出土し、多くの漁撈具が発見されている。

張光直はこの大坌坑文化は大陸・黄河中流の「仰韶文化」とともに、狩猟、漁撈、採集以外にタロイモやヤムイモなどのイモ類や、その他の熱帯・亜熱帯の果物、野菜、調味植物（香辛料）等を栽培していた「初期農業時代」の文化段階と説明している。

台湾ではこれ以降多くの新石器文化が、鉄器時代の開始される紀元後五〇〇年まで各地に形成されていく。これら台湾の新石器文化は西海岸中部地域と北部地域が基点で、大陸の東南沿岸部から移入してきた文化であることが看取されており、またその一部の地域には「黒潮文化」とも呼べる海洋民の要素も多く認められている（宋 一九八〇、李 一九八七）。

七 琉球列島の先史文化

九州の南端から台湾までの洋上に一〇〇余りの島々が分布し、南西諸島、琉球列島等と呼ばれる。九州に近い方から北部圏（種子島、屋久島、トカラ列島）、中部圏（奄美大島、徳之島、沖縄本島）、南部圏（宮古島、八重山列島）という区分もあるが、最近は北琉球圏（奄美、沖縄諸島）南琉球圏（宮古、八重山諸島）に大別して琉球文化圏を把握することもある。北部圏は九州に最も近く、九州文化の影響下とも考えられる島嶼文化が営まれる。中部圏は黒潮本流の外側に位置し、サンゴ礁地域に入ることから独自の文化形成が認められる。南部圏は同じサンゴ礁地域であるが、中国、台湾や黒潮の流れてくる地域からの文物の影響が認められる（国分 一九七二、上村 一九九〇、一九九九）。

(1) 北琉球の先史文化

①　旧石器時代（三万二〇〇〇〜一万四〇〇〇年前）

琉球列島に初めて人類が登場するのは旧石器時代である。沖縄本島の山下町第一洞穴（三万二〇〇〇年前）、港川フィッシャー（一万八〇〇〇年前と一万四〇〇〇年前）、宮古島のピンザアブ洞穴（二万七〇〇〇年前）から更新世化石人骨が発見されている（安里・小田他編 一九九八）。

② 貝塚時代前期（七〇〇〇〜二〇〇〇年前）

縄文時代になると九州地方から縄文人の南下がみられる。まず縄文前期（六〇〇〇年前）に熊本県曾畑貝塚人が、後期（四〇〇〇年前）には鹿児島県市来貝塚人が沖縄本島まで渡島した（上村 二〇〇一）。

一方、縄文草創期（一万二〇〇〇年前）に、長崎県五島列島から沖縄本島にかけての地域に「栫ノ原型丸ノミ形石斧文化」が形成されており、さらに五〇〇〇年前、琉球列島を経由して南九州地域に東南アジア・中国大陸沿岸部から、特徴的な磨製石斧（双刃石斧、稜付き石器）を持った海洋民の北上が認められている（高宮 一九九一）。

③ 貝塚時代後期（二〇〇〇〜一〇〇〇年前）

弥生時代から平安時代にかけての北琉球地域では、珊瑚礁の海を生活基盤にした漁撈文化が発達している。土器は無文化で大型化し壷形土器も出現する。

弥生時代人はこの北琉球地域には定住しなかったが、弥生土器、金属器、ガラス玉などを交易品として北琉球地域に搬入し、北琉球地域の珊瑚礁域に生息する「イモガイ、ゴホウラ」を使用した南海産貝製腕輪等との交易活動を行った。特に北九州地方の弥生人はこの交易活動を活発に行い、これが「琉球列島貝の道」と呼ばれるものである（木下 一九九六、安里・岸本編 二〇〇一）。

図 6－5　北琉球の先史文化

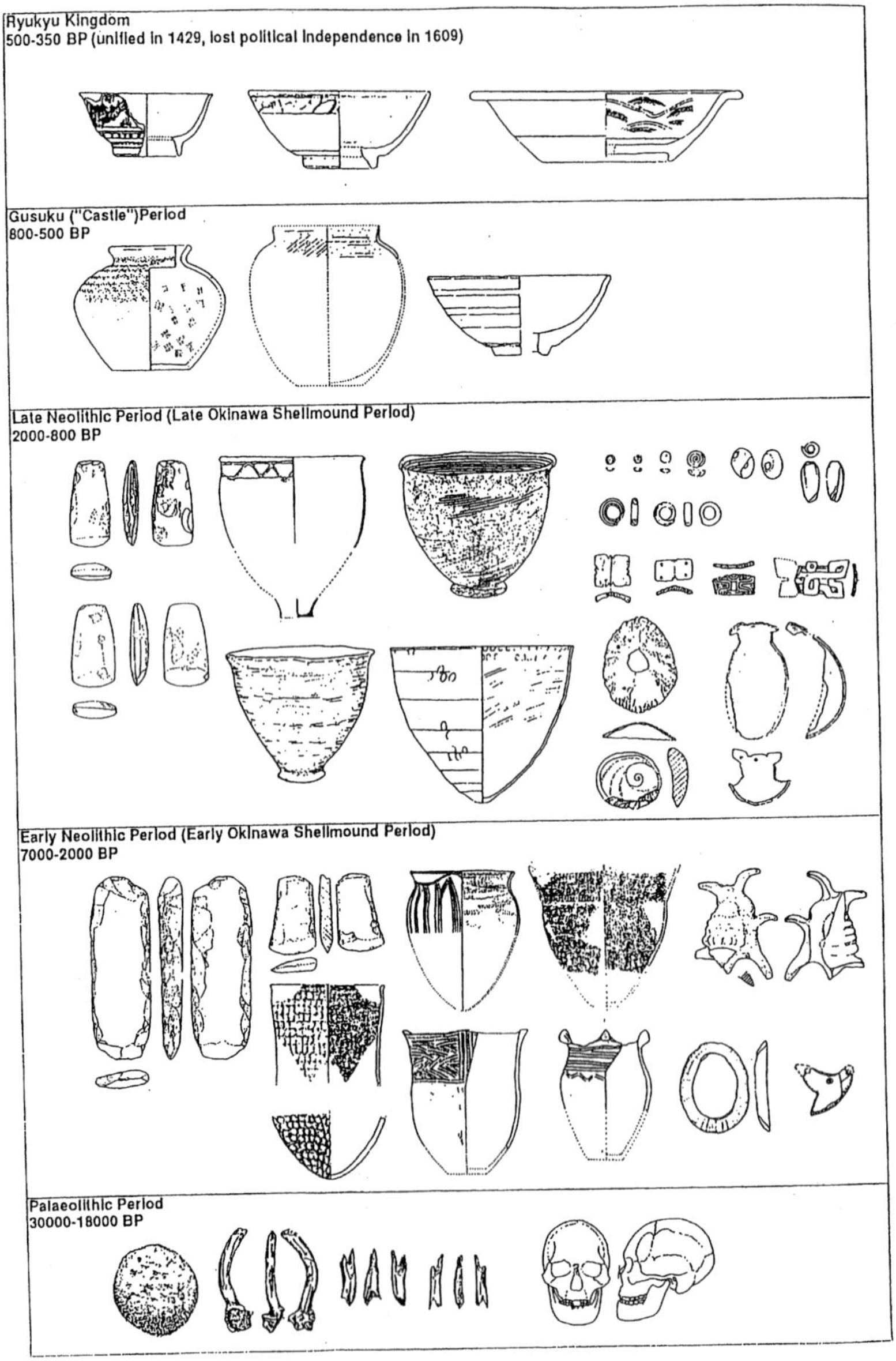

Ryukyu Kingdom
500-350 BP (unified in 1429, lost political independence in 1609)
Gusuku ("Castle")Period
800-500 BP
Late Neolithic Period (Late Okinawa Shellmound Period)
2000-800 BP
Early Neolithic Period (Early Okinawa Shellmound Period)
7000-2000 BP
Palaeolithic Period
30000-18000 BP

(2) 南琉球の先史文化

① 旧石器時代（三万二〇〇〇～二万六〇〇〇年前）

宮古島のピンザアブ洞穴から、港川人よりやや原始的な子供の歯を含む数個体の更新世化石人骨が発見され、その年代は二万七〇〇〇～二万六〇〇〇年前である（安里・小田他編 一九九八）。

② 新石器時代前期（四〇〇〇～二二〇〇年前）

縄文文化は南琉球地域には波及していない。最古の新石器文化は「下田原式土器」と呼ばれ、無文・丸底で二ヵ所に耳状の把手が付く土器を特徴としている（安里 一九九一）。

③ 新石器時代後期（二二〇〇～一〇〇〇年前）

南琉球地域では後期段階になると、不思議なことに今まで使用していた土器を忘れ「無土器文化」になってしまう。この時期に特筆すべきものとしては「シャコガイ製貝斧」がある。この貝斧は大ジャコの蝶番部分を使用することに特徴がある。ちなみに、マリアナ諸島のシャコガイ製貝斧は、小型種のヒメジャコの貝殻腹縁部を使用している。シャコガイを使用した貝斧はオセアニア地域に広く分布しているが、南琉球圏の例はシャコガイの種類、製作技術、利用部位などから、黒潮源流地域のフィリピン新石器文化との関連性があるとされ「シャコガイ製貝斧の道」が浮上してくる。さらにこの貝斧文化は列島内の縄文・弥生文化圏とは関係なく、列島文化の外側に展開した「もう一つの日本文化」とも言えるものであった（安里 一九九一）。

図6－6　南琉球の先史文化

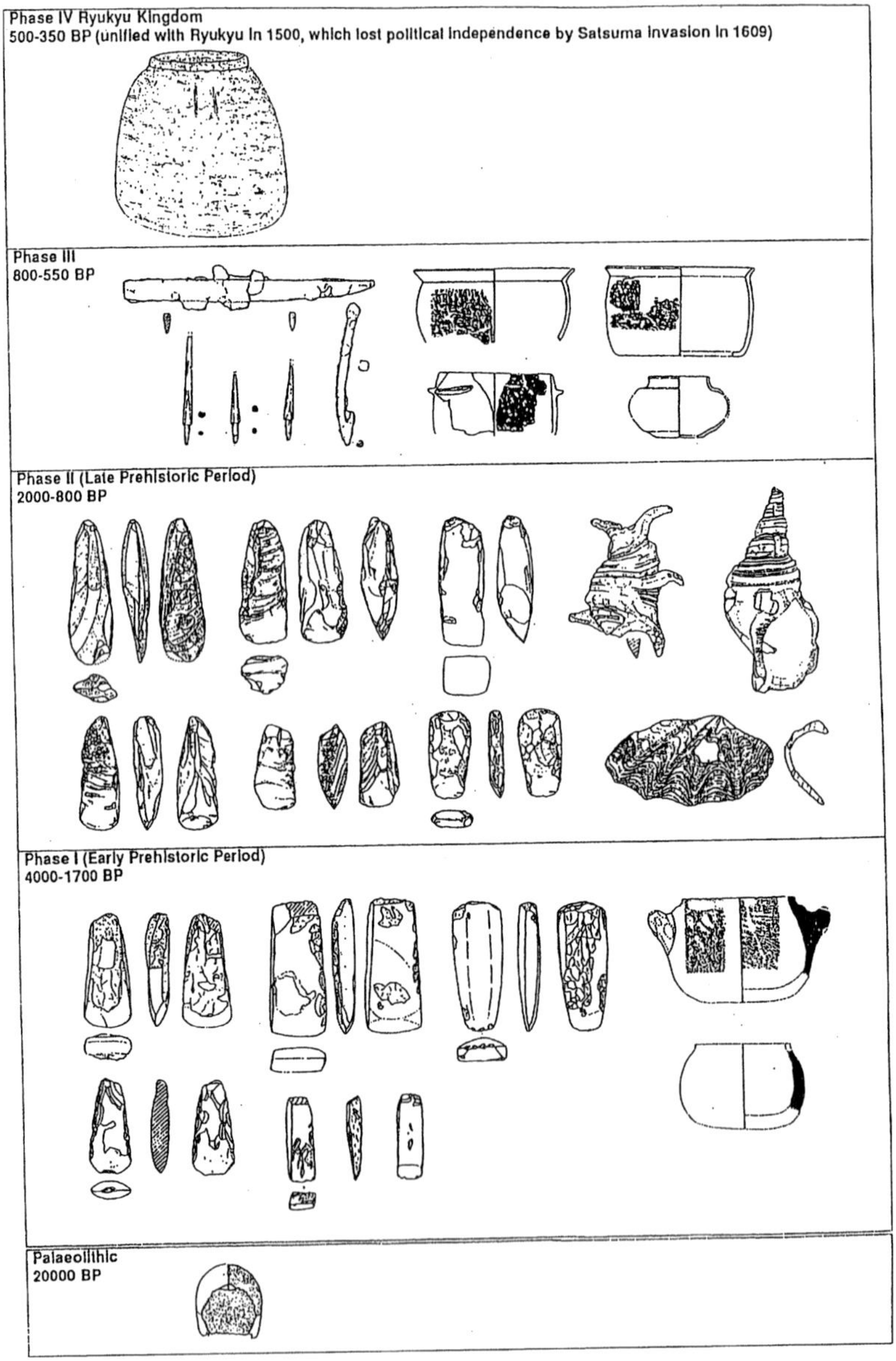
Phase IV Ryukyu Kingdom
500-350 BP (unified with Ryukyu in 1500, which lost political independence by Satsuma invasion in 1609)
Phase III
800-550 BP
Phase II (Late Prehistoric Period)
2000-800 BP
Phase I (Early Prehistoric Period)
4000-1700 BP
Palaeolithic
20000 BP

(3) 奄美諸島の旧石器文化

トカラ列島南の奄美諸島から二万五〇〇〇~二万年前の旧石器時代遺跡の土浜ヤーヤ（奄美大島）、喜子川（奄美大島）、天城（徳之島）、ガラ竿遺跡（徳之島）が確認された。旧石器群の様相は、大きく頁岩製の磨製石斧、不定形剝片石器をもつ「土浜ヤーヤ旧石器群」と、チャート製の台形状石器、各種スクレイパー類をもつ「天城旧石器群」に二分できる。この両旧石器群には、九州本土から列島内部に特徴的に伴う「ナイフ形石器」と呼ばれる示準石器が認められず、種子島などで確認される礫器、磨石などの重量石器を中心にした「南方型旧石器文化」とも様相が異なっている。

東南アジアの島嶼部から中国南部・台湾には「不定形剝片石器文化」と呼ばれる海洋適応した旧石器人の遺跡が分布している（加藤 一九九六）。この奄美諸島で発見された「軽量石器」を中心にした旧石器文化は、東南アジアから続く文化圏の一員でその最北端部と考えられる。つまり、トカラ海峡を境にして、北側の列島内部に展開した旧石器文化「ナイフ形石器文化、細石刃文化」と、南側の列島文化の外側に展開した旧石器文化「不定形剝片石器文化」とに区分される（小田 一九九九）。

現在、沖縄地域では更新世化石人骨が八ヵ所から確認されている。主なものとして沖縄本島の山下町第一洞人（三万二〇〇〇年前）、同・港川人（二万八〇〇〇年前）、宮古島のピンザアブ洞人（二万六〇〇〇年前）などがある。現在まで沖縄の旧石器人骨発見地点からは、残念なことに確かな「旧石器」の出土がないと報告されてきた。しかし二〇〇三年一月、筆者は山下町第一洞穴から発見された三点の石器資料を検証する機会を得た。そして精査の結果、これらの資料は「敲石」二点及び「礫器」一点の「旧石器」と判明した。酸性土壌のため人骨の発見が期待できない列島内の大多数の旧石器遺跡群に比して、石灰岩に護られ人骨と石器が共伴する条件を備えた沖縄地域の旧石器時代遺跡研究の今後の成果が期待される（小田 二〇〇三）。

八　海を渡った旧石器人

日本列島の旧石器時代にも、旧石器人による海洋渡航の証拠が確認されている。後期更新世後半の三万五〇〇〇年前、東京・武蔵野台地の旧石器遺跡で、本州から一八〇Km南の太平洋上に浮かぶ伊豆諸島「神津島産黒曜石」を使用した石器が確認されている。神津島と本州（伊豆半島）の間は、最終氷期最寒冷期（二万～一万八〇〇〇年前）でも海深二〇〇m、幅三〇Km以上の海峡が存在し、この島の黒曜石を入手するには渡航具（筏、丸木舟など）を利用した海上航行が必須であった。旧石器人が海洋を航行した可能性については、東南アジアのスンダランドからサフールランドに移住した旧石器人集団（五万年前）が周知されているが、人類学的・年代学的見地からは未解決の問題が多く残されており、考古学的資料による確かな海洋渡航の証拠は、この神津島産黒曜石の交易活動が世界最古の例と言える。神津島産黒曜石は、完新世に入った縄文時代中期（五〇〇〇年前）には、半径二〇〇Kmの範囲に交易圏を拡大させ、本州の中央山岳部を飛び越えて遠く日本海側の能登半島へ、また黒潮を利用して関西の伊勢地方にまで運搬されていた。そして、この交易活動には「専業集団」の存在もが示唆されていた（小田 二〇〇〇）。

石器を主要な道具とした先史時代にあって、黒曜石を多量に産出する神津島はまさに「宝の島」であった。この島を最初に発見した旧石器人は、黒潮を北上してきたホモ・サピエンス（新人）集団と考えられる。彼らはまだ黒潮の主流路が琉球列島の東側（太平洋側）を通過していた三万五〇〇〇年前、琉球列島に渡来した東南アジアの旧石器人たちであったろう。その後トカラ列島を北上し、鹿児島県の種子島や南九州地方に到達した。近年発見された鹿児島県種子島・立切遺跡、同・横峯B遺跡（三万年前）にもその形跡がうかがえる。同様な旧石器文化は四国、本州の太平洋沿岸地域を経て、本州中央部、関東平野にまで到達している。

東京都西之台遺跡B地点、同・中山谷遺跡（三万五〇〇〇年前）で出土した礫器、大形幅広剥片石器、錐状石器、クサビ形石器、磨石、敲石などの「重量石器」を特徴とした旧石器群は、このルートで北上した新人集団が残した遺跡と考えられる。この旧石器群様相は植物質食糧を中心にした生活内容を示し、同様な旧石器群はヴェトナム、香港、台湾などにその分布が認められる。この「南方型旧石器文化」とも呼べるこの黒潮海域を北上した旧石器人（沿岸居住民）の追究は、琉球列島を含め今後に残された大きな研究課題である（小田 二〇〇二）。

九　完新世の海上の道

二万～一万八〇〇〇年前の最終氷期最寒冷期が過ぎると、地球全体が温暖な気候に向かい各地で海水面の上昇が認められ、その後後氷期と呼ばれる現在の気候に続く「完新世の時代」が始まる。そして、人類は今までの内陸部における狩猟・採集生活に加えて、広大な海の資源を活用する本格的な「漁撈活動」が開始され、日本列島においても後期更新世の終末期には、丸木舟の製作に使用した「丸ノミ形石斧」が登場し「土器文化」いわゆる「縄文文化」に突入していく。その後六〇〇〇年前の「縄文海進」を経て、列島各地の海岸部に多数の「貝塚遺跡」が形成されていった。

(1)　栫ノ原型石斧文化

鹿児島県栫ノ原遺跡の縄文時代草創期の文化層（一万二〇〇〇年前）から、敲打による整形（全体を円筒形に成形）と、さらに全面研磨した片刃磨製石斧が出土した。この石斧の刃部裏側は丸ノミ状に凹み、頭部は亀頭状に丸く膨らんでいた。「栫ノ原型石斧」と命名されたこの特徴的な石斧は、この地域の縄文草創期から早期の時期に集中して存在する。その分布は北は長崎県五島列島から、南は沖縄本島最北端の国頭村（カヤウチバンタ遺跡）に及び、集中的発見地としては奄美大島、種子島と鹿児島本土があげられる。この栫ノ原型石斧は列島内部の縄文・弥生文化には認められない型式を呈する磨製石斧であり、その形状から木材加工用の石製工具で「丸木舟」の製作に使用された石器と解釈される。この栫ノ原型石斧文化は、後氷期に向かう温暖な気候下で海洋適応した「海人」集団の文化と考えられ、その原郷は東シナ海に面した中国南部地域か、或いは南九州から奄美諸島にかけての島嶼地域か、または黒潮源流地域の東南アジア島嶼部から北上してきた可能性もうかがえる（小田 二〇〇〇）。

一方、完新世最大の鬼界カルデラの巨大噴火（七〇〇〇～六五〇〇年前）は、南九州地方の縄文集団に壊滅的な打撃を与えた。高速で流出し厚く堆積した火砕流・火山灰は、人間、動物、植生、地形などあらゆる生活環境を破壊し、この地域は荒涼たる無人状態に陥ってしまった。僅かに生き残った人々はこの地を離れ、ある集団は歩いて中・北九州へ、海に熟知していた海人たちは丸木舟や筏で対馬海流を西九州から日本海側へ、別の集団は黒潮本流に乗り四国・本州の太平洋沿岸地域を移動し伊豆諸島にまで到達した。彼らは移住先の縄文人（列島内部）に先進的な技術・道具などを伝え、海上交通を利用した交易活動にその海人精神を発揮した（新東 一九九三、二〇〇一）。

後期更新世終末から完新世初頭（一万四〇〇〇～一万二〇〇〇年前）日本列島内部地域では、狩猟中心の旧石器的生活（長者久保・神子柴型石斧文化、大型石槍、刃部磨製片刃石斧）を継続していたが、鹿児島県を中心とした南九州地方には、「もう一つの縄文文化」と呼ばれる土器文化（隆帯文、貝殻文土器）が誕生している。それは漁撈（石錘）・採集（石皿、磨石、敲石）という新石器的（縄文的）生活を初めから保持した集団による定住的な生活であった。この集団は東シナ海を中心とした大陸沿岸部の新石器人と考えられ、彼らは筏や丸木舟を駆使して列島最南端の南九州に渡来して来た人々であろう。しかし、豊かな照葉樹林と海洋資源に恵まれたこの先進文化は、種子島の西六〇Kmの海底で起こった鬼界カルデラの巨大噴火によって、瞬時に滅んでしまった早咲きの土器文化であった（新東一九九三、小田 二〇〇〇）。

(2) 円筒石斧の道

本州中央部南海上に、南に向かって直線的に延びる二つの島嶼群がある。近い方は「伊豆諸島」、遠い方は「小笠原諸島」である。これらの島々は琉球列島と異なり各島の面積も小さく島嶼群としてのまとまりも少ないが、北部伊豆諸島（大島、利島、新島、式根島、神津島、三宅島、御蔵島）は、本州の太平洋沿岸地域と有視界線上で結ばれている。一方南部伊豆諸島（八丈島、八丈小島、青ケ島、鳥島）は黒潮本流の外側に位置し、この南北両島嶼間の黒潮海域は「黒瀬川」と呼ばれ歴史時代においても航行上の難所であった。ましてや先史時代の丸木舟で、この激流を越えて南下することは至難の業であったろう（小田 二〇〇〇、二〇〇二）。

① 伊豆諸島

初めて伊豆諸島に渡った人々は旧石器時代人であった。すでに彼らは三万五〇〇〇年前に、石器材料の黒曜石（火山ガラス）を「神津島」で採取していた。縄文時代になってもこの黒曜石採取活動は続けられ、その後半径二〇〇Kmの範囲にまで神津島産黒曜石の交易圏が拡大していった。また、縄文時代人はイヌを連れて、イノシシの幼獣（ウリボウ）を丸木舟に乗せ伊豆の島々に渡航していた。これは島々に生息していないイノシシを、放牧・飼育して成獣にしたのち狩猟したものと考えられる。つまりこの島々は縄文人の「イノシシ牧場」としての役割を果たしていた。

近年、沖縄諸島から九州、四国、本州、北海道地方にかけて分布するイモガイ、ゴホウラ製腕輪の交易活動である「琉球列島貝の道」と同様な交易ルートが、この伊豆諸島と本州との間にも存在していることが判明した。オオツタ

図 6－7　伊豆諸島北部の先史文化

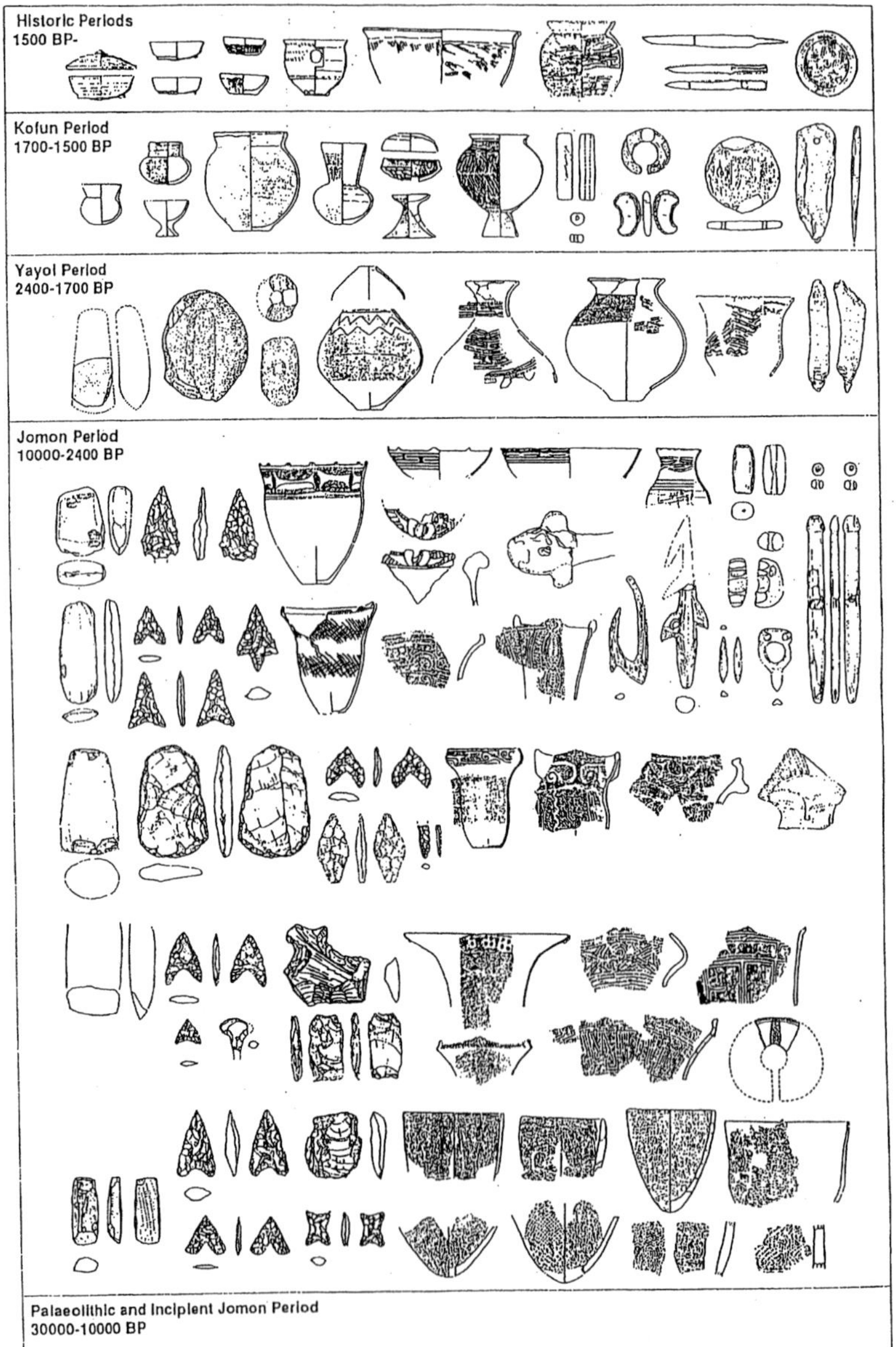
Historic Periods
1500 BP-
Kofun Period
1700-1500 BP
Yayoi Period
2400-1700 BP
Jomon Period
10000-2400 BP
Palaeolithic and Incipient Jomon Period
30000-10000 BP

図6－8　伊豆諸島南部の先史文化

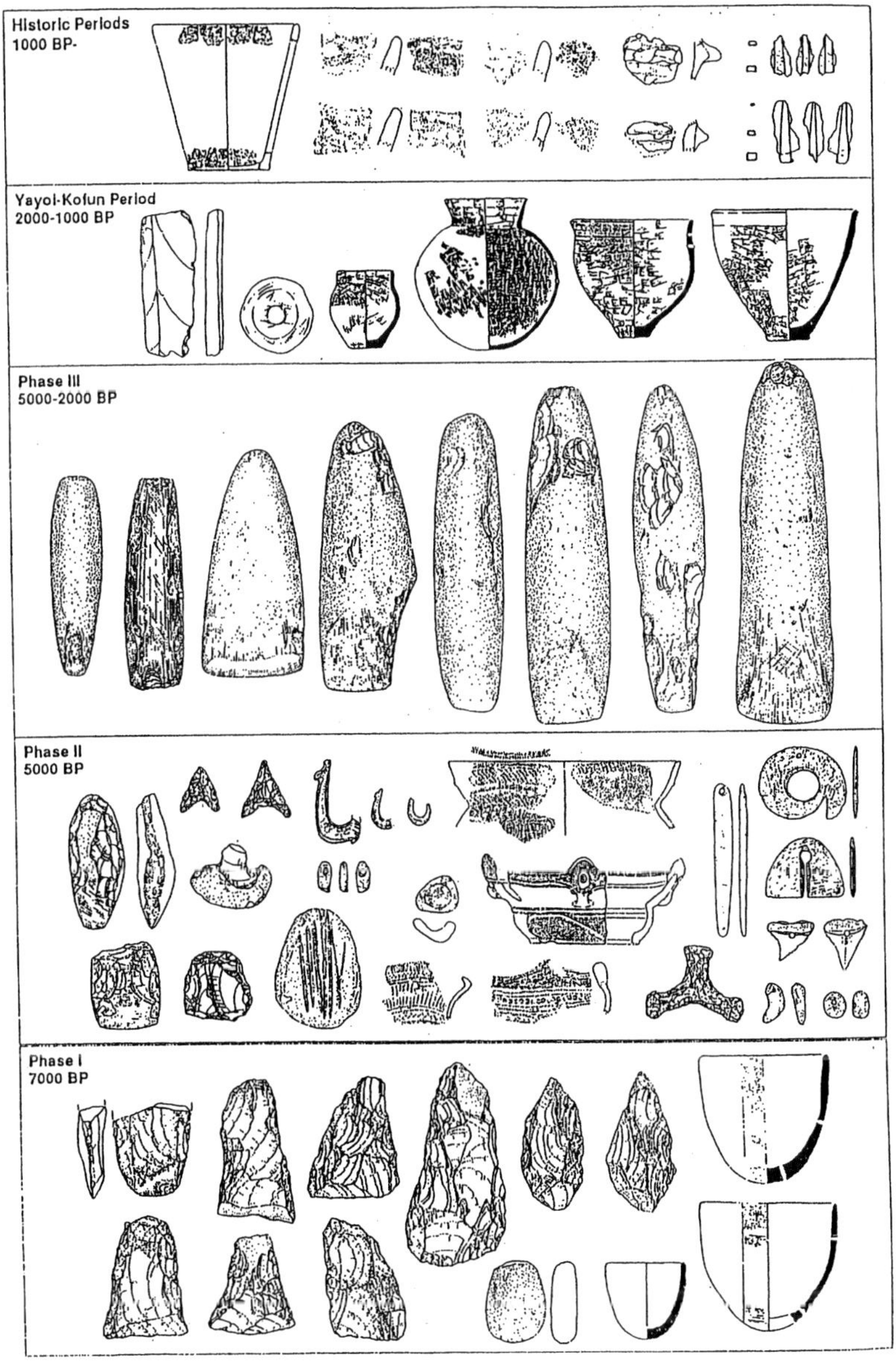

ノハガイを使用した貝製腕輪で「伊豆諸島貝の道」と呼ばれるものがこれに当たる。その交易範囲は本州中央部から関東、東北地方の太平洋沿岸部に分布し、五〇〇〇年前の縄文時代中期から一五〇〇年前の古墳時代にまで継続している（小田 二〇〇〇）。

② 小笠原諸島

小笠原諸島は、伊豆諸島から一〇〇〇㎞南にあり聟島列島、父島列島、母島列島、火山列島を含む諸島からなる。最初の住人は一八三〇年ハワイ諸島から移住してきた欧米人と、彼らによって率いられたポリネシア・ミクロネシア人ら約二〇人とされている。一九二〇年東京大学の植物調査の折、北硫黄島住人から三点の磨製石斧が寄贈された。後にこの石斧の一点が発表され、その報告によるとこの種石器（円筒石斧、丸ノミ形石斧）は、マリアナ諸島に類例があると述べられている。

一九七二年、東京都は初めて小笠原の考古学的調査を行った。その結果父島で一ヵ所、母島で一ヵ所の遺跡推定地を確認したがその年代は不明であった。その後、東京都は一九八九年から三ヵ年にわたり再度小笠原の調査を行い、北硫黄島で大規模な先史遺跡「石野遺跡」の発見があった。この遺跡は海を見下ろす台地上に打製石斧、削器、磨石、無文土器、貝製品などが散布し、さらに自然石、サンゴ、シャコガイなどを配した遺構や、巨石の一部に線刻画（雲・鳥）も確認されている。「石野遺跡」の石器文化はその様相から、北側の伊豆諸島や本州の先史文化との関連は認められていないが、その地理的位置からより南のマリアナ諸島や、西太平洋を挟んだ西側の琉球列島、台湾、フィリピン地域との類似性が指摘されている（小田 二〇〇〇）。

③ マリアナ諸島

図6－9　小笠原諸島の先史文化

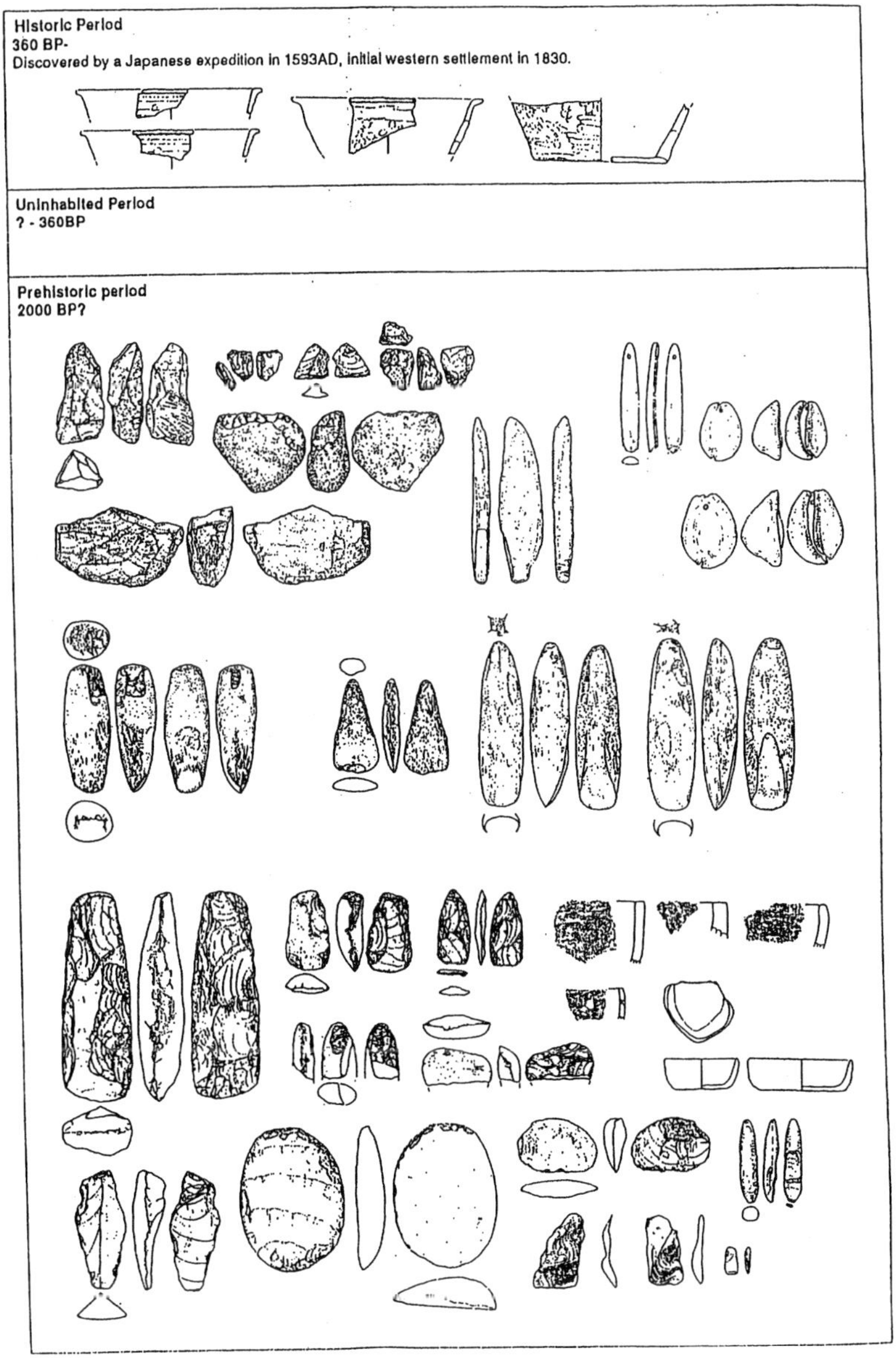
Historic Period
360 BP-
Discovered by a Japanese expedition in 1593AD, initial western settlement in 1830.
Uninhabited Period
? - 360BP
Prehistoric period
2000 BP?

マリアナ諸島は小笠原からさらに五〇〇km南で、弓状に連なる二十余の島々から成り、大きく「北部マリアナ」と「南部マリアナ」に区分される。北部地域は火山島で山頂が海から険しくそそり立ち、南部地域はサンゴ礁の島々で平坦な土地と緩やかな山々がある。こうした島嶼環境から南部マリアナは早くから先住民の生活が定着していたが、北部マリアナは南部より定住が遅れた。現在の北部マリアナは無人の島々である。マリアナ諸島の考古学的調査は一九〇四年ドイツ人によって開始され、一九二二〜二五年アメリカ人が南部を中心に考古学資料を収集している。このマリアナ地域はミクロネシア全域の中でも早くから調査されその研究史も古い。戦後グァム、ティニアン、ロタ、サイパン、パガン島で、アメリカ人と日本人考古学者による発掘調査が行われ多くの成果を挙げている。先ラッテ期(三六〇〇〜一二〇〇年前)のマリアナ諸島に、最初に移住した先史人は先ラッテ文化人と呼ばれ、この文化期にはマリアナ赤色土器、貝製ビーズ、貝製腕輪、釣針が確認された。遺跡は南部地域のグァム、ティニアン、サイパン島に発見され、この先ラッテ文化人の原郷はフィリピン地域との関連も指摘されている。次にラッテ期(一二〇〇〜一〇〇〇年前)の特徴的な遺構としては「ラッテ・ストーン」と呼ばれる石柱列がある。ラッテ文化人は円筒石斧、貝斧(シャコガイ製)を多く製作し、マリアナ無文土器を使用していた。また彼らはラッテ期に南部マリアナだけでなく、北部マリアナにまでその生活圏を拡大させた。マリアナ地域と同様な円筒石斧は小笠原諸島や伊豆諸島・八丈島にまで発見されている。また最近マリアナ地域のシャコガイ製貝斧と、南琉球地域のシャコガイ製貝斧との関連性が示唆されている(印東 一九九四、小田 二〇〇二)。

④ 太平洋の道

本州中央部の太平洋上には、伊豆諸島、小笠原諸島、マリアナ諸島が南に向かって線上に連なっている。黒潮本流の外側に位置する南部伊豆諸島の八丈島には、石斧の身が円筒形を呈した片刃大形磨製石斧、丸ノミ形石斧が発見さ

図 6－10　マリアナ諸島の先史文化

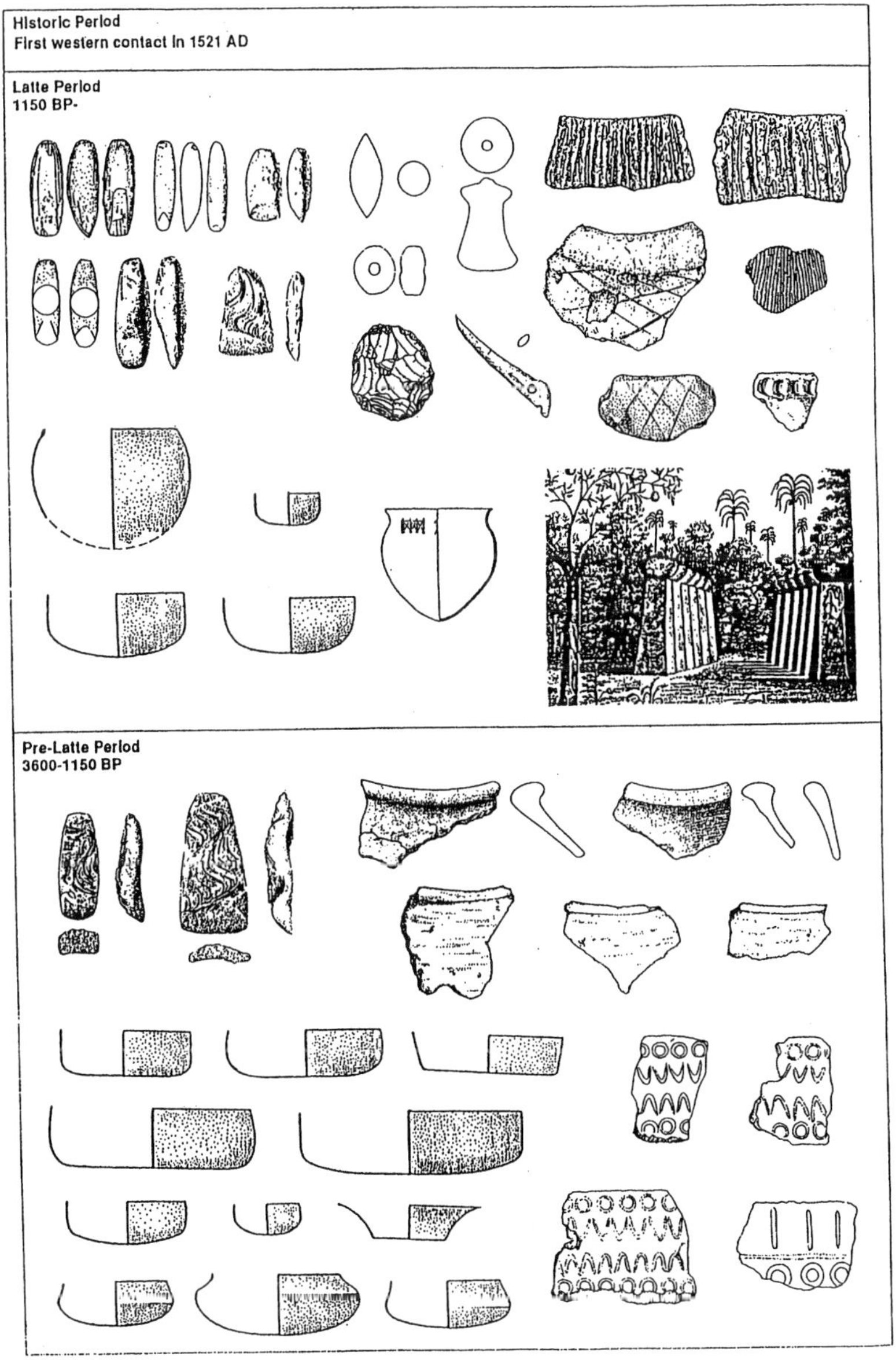

れている。このような型式の磨製石斧は、列島内部の縄文・弥生文化には存在しないが、同形態の石斧は小笠原諸島の父島、北硫黄島でも確認されている。また、小笠原の南に位置するマリアナ諸島のサイパン、ティニアン、グァム島からも、この種石斧が二〇〇〇点近く発見され、石斧の一大中心地と考えられている。年代的には今のところ、マリアナ諸島の紀元後八〇〇年以降の「ラッテ期」に集中的に発見されているが、「先ラッテ期（三五〇〇～一二〇〇年前）」においても確認される可能性がある。ちなみに伊豆諸島の八丈島では、この石斧の年代は三〇〇〇～二〇〇〇年前以降、小笠原諸島の北硫黄島・石野遺跡では二〇〇〇年前とされている。この「円筒石斧文化」と呼ばれる磨製石斧は、マリアナ諸島から小笠原諸島を経由し、伊豆諸島の八丈島まで分布しているが、黒潮本流を越えた列島内側の北部伊豆諸島での発見はない。つまり、列島内側の縄文・弥生文化圏とは異なる「もう一つの日本文化」とも呼べる先史人集団の文化圏が、列島の外側で独自に展開されていたのである（小田 二〇〇〇）。

おわりに

モンゴロイド集団がオセアニアに進出するのは旧石器時代であったが、まだ外洋を自由に航行できる段階ではなかった。四〇〇〇年前、ニューギニア北東部地域にラピタ人が登場した。彼らはすぐれた大洋航海技術民で早いスピードで南太平洋を拡散・居住していった。最近、このラピタ人の起源を台湾地域と結びつけて考察する視点もある。三五〇〇年前東南アジアの島嶼地域に生活していたモンゴロイド集団の一部が、マリアナ諸島方向に拡散する行動を開始した。彼らは「腕木付きカヌー」を開発し、ミクロネシア、メラネシア、ポリネシアの広い範囲に移住して行った。その後七〇〇〇年前、日本の二つの地域で外洋に進出した縄文人集団が存在した。一方は本州中央部から伊豆諸島への渡島、もう一方は南九州地域から琉球列島への南下行動である。両方とも黒潮本流を越える程の卓越した航海技術を持った海の先史人たちであった。

いま黒潮の流れる地域を結ぶとフィリピン、台湾、琉球列島、南九州、四国、本州中央部へ、そして伊豆諸島から小笠原諸島、マリアナ諸島へと、北西太平洋を囲むように環状の島嶼群像が浮かび上がってくる。先史時代オセアニアに拡散した「海のモンゴロイド」の故郷を辿るとき、日本列島を含めたこの「黒潮圏地域」が重要な鍵となって浮上してくるのである。今後この研究の蓄積が待たれる。

主な引用・参考文献

赤澤威編　一九九五『モンゴロイドの地球』(一)、アフリカからの旅立ち、東京大学出版会。
秋道智弥編　一九九八『海人の世界』同文社。
安里嗣淳　一九九一「南琉球の古代」『新版古代の日本』九州・沖縄、角川書店、五二〇～五三〇頁。
安里嗣淳・小田静夫他編　一九九八『港川人と旧石器時代の沖縄』ビジュアル版沖縄県史①、沖縄県教育委員会。
安里嗣淳・岸本義彦編　二〇〇一『貝の道――先史琉球列島の貝交易――』ビジュアル版沖縄県史②、沖縄県教育委員会。
伊藤慎二　二〇〇二「パプアニューギニア高地の先史時代」東南アジア考古学二二、一七九～二〇八頁。
今村啓爾　一九九九「縄文文化成立期の東南アジア」季刊考古学六六、一八～二二頁。
印東道子　一九九四「オセアニアへの先史人類集団の拡散と適応」『先史モンゴロイドを探る』日本学術振興会、三〇四～三二三頁。
大塚柳太郎編　一九九五『モンゴロイドの地球』(二)、南太平洋との出会い、東京大学出版会。
小田静夫　一九九九「琉球列島旧石器文化の枠組みについて」人類史研究一一、二九～四六頁。
小田静夫　二〇〇〇『黒潮圏の考古学』南島文化叢書二一、第一書房。
小田静夫　二〇〇二『遥かなる海上の道』青春出版社。
小田静夫　二〇〇三「山下町第一洞穴出土の旧石器について」南島考古二二、一～一九頁。

小田静夫・馬場悠男監修　二〇〇一『日本人はるかな旅展』展示解説、国立科学博物館・NHK・NHKプロモーション。
加藤晋平　一九九六「南西諸島への旧石器文化の拡散」地學雑誌一〇五（三）、二五九〜二八〇頁。
上村俊雄　一九九〇「南九州の考古学」『海と列島文化』五、隼人世界の島々、小学館、四五〜一一〇頁。
上村俊雄　一九九九「南の海の道と交流」『海を渡った縄文人』小学館、三〇一〜三四六頁。
上村俊雄　二〇〇一「奄美諸島の考古学——現状と問題点——」『鹿児島短期大学付属南日本文化研究所叢書』二六、八四〜一〇四頁。
木下尚子　一九九六『南島貝文化の研究——貝の道の考古学——』法政大学出版局。
國分直一　一九七二『南島先史時代の研究』慶友社。
坂井隆・西村正雄・新田栄治編　一九九八『東南アジアの考古学』世界の考古学八、同成社。
清水比呂之　一九八四「島嶼東南アジアの完新世に展開された剝片石器文化——フィリピン、スラウェシを中心として——」上智アジア学二、一〇六〜一三五頁。
新東晃一　一九九三『火山灰と南九州の縄文文化』南九州縄文文化研究一、南九州縄文文化研究会。
新東晃一　二〇〇一「貝文土器の時代」『日本人はるかな旅』二、巨大噴火に消えた黒潮の民、NHK出版、一四四〜一六〇頁。
宋文薫　一九八〇「由考古學看台彎」『中国的台彎』中央文物供應社、九三〜二二〇頁。
高宮廣衛　一九九一『先史古代の沖縄』南島文化叢書一二、第一書房。
鄧　聰　一九八九「南シナ海沿岸部の無土器石器群——香港東湾下層石器群について——」季刊考古学二九、三五〜三六頁。
馬場悠男　二〇〇〇『ホモ・サピエンスはどこから来たか』河出書房新社。
馬場悠男　二〇〇一「港川人骨から探る日本人の起源」『日本人はるかな旅』一、巨大噴火に消えた黒潮の民、NHK出版、一〇六〜一二二頁。
ピーター・ベルウッド　一九八九『太平洋——東南アジアとオセアニアの人類史——』（植木・服部訳）法政大学出版局。
李光周　一九八七『墾丁国家公園的史前文化』行政院文化建設委員会。

7 琉球弧および台湾出土の開元通宝

——特に七～一二世紀ごろの遺跡を中心に——

高宮廣衞
宋　文薫

はじめに

開元通宝は西暦六二一年から九六六年まで鋳造された中国唐代の貨幣である。この開元通宝が発行国の中国だけでなく、周辺地域の朝鮮半島や日本、琉球列島、台湾などの古代遺跡からも出土する。当時、中国は歴史時代、日本は古代、琉球弧や台湾は先史時代であった。

この唐代に日本から遣唐使船が十数回中国に派遣されるが、八世紀以降には南路のほか南島路も開設され、遣唐使船が琉球にも寄港したことが知られている。琉球弧で発見される開元通宝は遣唐使船が寄港した際にもたらされたものとの推定もある。もちろん、遣唐使船も有力な入手ルートの一つであろう。

ところで、唐代の中国は後述するように海上シルクロードの全盛時代で、東西交易に力を注いでいたが、他方、東シナ海でも唐の商船が頻繁に活動していた。そのような唐船が何らかの理由で琉球の島々や台湾に立ち寄ったことも十分考えられる。和船・唐船の往来が琉球弧や台湾など周辺地域の島々の歴史にどのような影響を与えたか、今後、解明すべき重要課題の一つである。

この問題に迫る手掛かりとして、まずなすべき第一歩は基礎資料の収集であろう。この作業の一環として小文では開元通宝をとり上げる。手始めに開元通宝がどの地域にどのような形で分布し、あるいは出土したかを知る必要がある。今回は東シナ海をとり巻く諸地域のうち、まず琉球列島および台湾における出土例を紹介する。

一　琉球弧における出土例

現在、琉球弧では三十数遺跡で開元通宝の出土が知られている。これらの遺跡を時代別にみてみると、先史時代の終末期（七～一二世紀ごろ）に属する遺跡と、これに後続する原史あるいは歴史時代の遺跡（特に城跡）にほぼ大別される。この両期をいま仮に前期・後期と呼ぶことにする。両期のうち先史時代に属する前期の遺跡は一三遺跡（奄美諸島を含む）で、ほかは原史時代あるいはそれ以降に属する後期の遺跡である。時代別にみると出土遺跡数は後者が圧倒的に多い。

小文は両期のうち前者の時代、つまり先史終末期の資料に焦点をあてる。まず、開元通宝の出土状況を列島の北から簡単にみていくことにする。

(1)　奄美諸島

奄美諸島は現在、鹿児島県に属しているが、かつては琉球王国の一部であり、言語・文化・歴史を共有してきた。しかし、一六〇九年の慶長の役（島津の琉球侵入）によって薩摩藩となり、今日に至っている。したがって、近世以前の琉球を見る場合、奄美諸島も当然視野に入れなければならない。

①　面縄第一貝塚

本貝塚は鹿児島県大島郡徳之島の伊仙町字面縄にあり、一九二八（昭和三）年七月、面縄尋常高等小学校の訓導であった大村行信氏によって発見された。同年、大村氏は早速本貝塚で試掘調査を行っている。その後、小原一夫氏も一九三〇年と三一年にそれぞれ試掘調査を実施した。その際、貝層の底部から開元通宝一枚を得ている(1)。一九八二年には、本貝塚を対象とした重要遺跡確認緊急調査が伊仙町教育委員会によって行われた。この調査によってA―〇区の貝層下部から開元通宝が新たに三枚発見された。貝層は兼久式土器の単純層であり、したがって、貴重な年代資料と見なすことができる(2)。

② 用見崎遺跡

本遺跡は鹿児島県の大島郡に属する奄美本島北部の用見崎に所在し、太平洋に面する臨海砂丘地に立地している。一九九五年七月一一日から同月二一日までの約一〇日間、熊本大学文学部考古学研究室によって発掘調査が実施された(3)。

発掘は砂丘の後方、つまり、山手側に五メートル四方の四グリッドを設けて行われた。層序は基盤の白砂層も含め八層認められた。上部のI～V層は旧耕土や二次堆積の土砂などからなり、全体的に攪乱を受けていた。その下の第VI層は未攪乱の遺物包含層で、兼久式土器の層である。その上面の一部に二次堆積のシルト質無遺物層（第V層）が乗っていた(3)。

開元通宝は第IV層の下部で出土した。その地域には前述の第V層は存在せず、同層は直接第VI層に接していた。開元通宝が出土した第IV層下部から兼久式土器も出土した。ほかに後世の遺物が検出されていないことと、第VI層に近い位置からの出土であることから、開元通宝は本来、第VI層上部に含まれていたものが、耕作時に上層に持ち上げられたと解されており(4)、その可能性は大きいと思う。

(2) 沖縄諸島

① 兼久原貝塚

本貝塚は本部町字崎本部兼久原にあり、一九五九年、故多和田真淳氏によって発見された沖縄編年の、いわゆる後期に属する貝塚である。本貝塚は東シナ海に面する海岸砂丘地に形成されている。一九七七年一月一一日から同月一八日までの八日間発掘調査が実施された。(5)

調査報告によると層序は三枚である。第I層は厚さ三〇～七〇センチメートルの黒色砂層で、先史遺物を中心に上部では現代陶磁器などの後世遺物も若干認められたが、同層下半分は未攪乱であった。第II層は遺物包含層で、下部は白砂を混じえた漸移層となる。第III層は基盤の白砂層で無遺物層だが、上部では若干遺物も検出された。

開元通宝は第II層の三〇～四〇センチメートルレベルで一個出土した。第II層からは人工品として土器、石器、貝製品などが発見されている。土器はいわゆる後期系で、底部はくびれ平底を主体に乳房状尖底や丸底などが若干検出された。

開元通宝はソー三一ピットの第II層の三〇～四〇センチメートルレベルから出土したが、同層はその下四〇～五〇センチメートルレベルまで攪乱を受けていたという。

② 熱田貝塚

本貝塚は恩納村大字安富祖小字熱田にあり、玉城功氏によって発見された。沖縄編年の、いわゆる後期の貝塚である。遺跡は東シナ海沿岸を走る国道五八号線ぞいに形成され、一部は安富祖小中学校の校庭に及んでいる。前記国道の拡幅工事に伴い、一九七八年一月二五日から三月三〇日まで発掘調査が実施された。発掘はイ～への六地区で行わ

れ、そのうちへ、ホ、ハの三地区については調査成果の概要が紹介されている。(6)

へ地区は後期後半の土器が主体をなす。しかし、グスク系土器や須恵器の破片も数片出土した。ホ地区も後期後半の土器が主体をなす。グスク系土器少量のほか、須恵器や刀子なども若干得られ、また開元通宝も二枚出土した。

ハ地区の遺物包含層である第Ⅲ層はグスク系土器が主体をなし、須恵器、石鍋、中国南宋白磁、刀子、勾玉などが少量共伴した。同層は前記の南宋白磁から一二世紀の年代が想定されている。

同地区下部の第Ⅴ層は後期（弥生～平安時代並行期）後半の先史土器が主体をなすが、刀子やグスク系土器が若干共伴した。

以上のような出土状況から、へ地区とホ地区についてはへ地区が若干古いとみられるが、巨視的には同期であろうとの見解が述べられている。また、ハ地区の第Ⅲ層はグスク系土器主体の包含層であり、ホ・へ地区より新しくなるものの、ハ区の第Ⅴ層はホ・へ地区に近い時期のものであろう。

③　連道原貝塚

本貝塚は沖縄本島中部の読谷村字高志保連道原に所在する。一九六五年、当時読谷高校の三年生であった宮平初美さんによって発見された。本貝塚は東シナ海に突き出た標高五メートル前後の石灰岩台地先端部に形成された沖縄編年の後期の遺跡である。この時期の貝塚は普通海岸の砂丘地に形成されているが、本貝塚は琉球石灰岩上にあり、立地が特異な点で注目すべき貝塚である。発見された年に本貝塚から開元通宝が一枚表採された。(7)

一九九二年、周辺地域の整備計画に伴い読谷村教育委員会が本貝塚の発掘調査を実施した。その結果、開元通宝が土器・石器などの先史遺物とともに検出された。(8)開元通宝は最終的に八枚確認されたが、そのほかに判読不能の古銭も四枚あるという。[9]

④　野国貝塚

本貝塚は嘉手納町字水釜に所在する沖縄編年の後期の貝塚で、東シナ海に面し、かつてそこには広大な海岸砂丘地が形成されていたが、採砂工事によって大半は壊滅してしまった。現在の遺跡は汀線近くの海中にとり残された石灰岩の小丘頂部の薄い砂層（包含層）と同直下の小さな岩陰内堆積層からなる。

一九五五年故多和田真淳氏によって発見され、[10]一九五九年、米国ニューヨーク州にあるアメリカ自然史博物館のJ・B・バードおよびG・F・エツコム両博士によって発掘調査が行われた。この調査の正式な報告書は未刊だが、両博士によるタイプライトされた簡単なコメントが当時の琉球政府文化財保護委員会に提出され、筆者もそれを筆写して持っている。以下に両博士のコメントを要約して紹介する。[11]

「発掘調査は米国の協力を得て、落盤した大きな石灰岩を重機類で除去することから始めた。除去された石灰岩の下には未攪乱の遺物包含層が残っていた。そこから多量の土器片と石器が得られた。多和田真淳氏によるとこれらの土器は沖縄編年の後期のものである。包含層底部の岩盤のすぐ上から開元通宝が六枚出土した。これらは本貝塚の上限を示しうる良好な資料である。われわれが得た遺物の重要な意味は、粗製の土器や石器とともに、多分ある種の鉄器をも伴う〈何故なら、かなり腐食した鉄塊を数個発見〉、いわゆる貝塚文化が沖縄では明らかに歴史時代まで行われたということである」。

以上が両博士によるコメントの概要だが、文中では先史遺物と開元通宝や鉄塊などの金属器の共伴に驚いた様子も述べられている。

⑤　平敷屋トウバル遺跡

本遺跡は太平洋に突き出た勝連半島のホワイトビーチと呼ばれる米軍基地内にある。地番は勝連町字平敷屋一八三三番地である。一帯は中城湾に面した海岸低地で、汀線にそって砂丘がほぼ東西方向に延び、砂丘後方部が丘陵下の赤土（マージ）に接するあたりに本遺跡は形成されている。この地に米軍の倉庫が建設されることになり、一九九二年以来、沖縄県教育庁文化課により数次の発掘調査が行われた。この調査によって一帯は遺跡地であることが判明し、調査成果の一部が中間報告として一九九三年の沖縄考古学会で紹介された(12)。

文化層は二枚認められ、上層は沖縄編年のいわゆる後期（弥生～平安並行期）に属し、下層は伊波式土器などの出土によって縄文後期に比定される。上層の正式な呼称は第II層で、同層はさらにa・b・cの三層に細分される。上部のa層からは滑石・青磁・陶器などの搬入品が在地土器に混じって出土した。中位のb層は無遺物層で、多数の柱穴が検出されたという。下位のc層は在地のくびれ平底土器の層であるが、同層から開元通宝が三枚出土した（その後の情報によると同銭はさらに数枚増加したという）。

調査を担当した沖縄県教育庁文化課の島袋洋氏によると、a層は検出された陶磁器から一二世紀あたりに比定できるという。なお、一九九三年発行の『勝連町の遺跡(13)』にも本遺跡の概要が記されている。

⑥　真志喜大川原第一遺跡

本遺跡は宜野湾市字真志喜の東シナ海に面した、標高一七～一九メートルの丘陵台地上にある。本地域が区画整理事業の対象となったことから、一九八五年に県教育庁文化課によって緊急調査が実施された。報告書は未刊だが、調査の概要が宜野湾市の文化財調査報告書第一〇集に紹介されている(14)。

出土人工遺物の主体はいわゆる後期系のくびれ平底土器で、無文化がかなり進行している。有文土器は稀少で、刻目などの沈文を施すものや角状突起あるいは縦位凸帯などの浮文を貼付するものが少量出土しただけという。特記すべき伴出遺物として石英およびチャート製の石鏃、黒曜石の剥片、開元通宝、滑石製石鍋などが記されている。

⑦　謝名堂貝塚

本貝塚は東シナ海に浮かぶ久米島の仲里村字謝名堂にあり、一九五九年、名城菊枝教諭によって発見された。沖縄編年の後期の貝塚で、海岸砂丘地に立地している。一九六二年七月二九日から八月二日まで琉球大学文理学部史学科（友寄英一郎教授）によって、発掘調査が行われた。(15)

層序は基盤の白砂層を含め四枚認められた。第II・III層が遺物包含層である。獣魚骨などの自然遺物のほか、土器や貝器が得られたが、石器・骨器は見受けられなかった。貝器は貝匙と貝皿の二種で、出土量は少なかった。土器は壺形二点のほかはすべて甕形である。無文化が著しく進行し、有文は沈線を刻んだものが三例報告されているだけである。

琉球大学による調査成果は以上の通りであるが、その後の一九六八年五月七日に沖縄県文化財保護委員会事務局の知念勇氏が本貝塚を訪れた際、開元通宝を一枚表採した。これにより同貝塚の年代の古さを知ることができるという多和田真淳氏のコメントが紙上に紹介されている。(16)

⑧　北原貝塚

本貝塚も前項と同じく久米島の具志川村字北原に所在する。昭和四二年、久米島飛行場の滑走路拡張工事に伴い、沖縄県教育庁文化課によって緊急調査が実施された。本貝塚は久米島の西端部、標高六〜八メートルの海岸砂丘地に立地している。

調査の結果、四枚の層序が確認された。第I層は拡張工事の際の盛土で、除去された遺物包含層などを含み、あたりには遺物が散乱していた。第II層は本来の表土層で、耕土である。第III層は黒色の混貝層で、遺物包含層である。第IV層は基盤白砂層への移行層で、黄褐色を呈し、少量の遺物を含む。

出土した人工遺物は多量の土器・石器のほか貝製品や骨製品なども検出され、搬入品としては中国の銭貨（五銖銭一枚、開元通宝一二枚）や青銅器の破片も認められた。貝符も五個出土をみた(17)。

一九七一年にはカナダのブリティッシュ・コロンビア大学のR・ピアソン教授が空港に隣接する南側の砂丘地で試掘調査を行った。

四枚の層序が認められ、第I・II層は攪乱、第III層は未攪乱の遺物層、第IV層は基盤の白砂層で、同層への移行層を含む。第III層出土の人工遺物は十器・石器・貝器などで、骨器は検出されていない。遠地からの搬入品には開元通宝や須玖式系統の弥生土器などがある。開元通宝は一枚である(18)。

(3) 八重山地方の遺跡

① 仲間第一貝塚

本貝塚は西表島の字大富に所在する無土器期の遺跡で、一九九五年、山城活、細原徹両氏によって発見された。遺跡は仲間川河口北岸の、標高五～六メートルの砂丘地に立地している。

本貝塚の一部が仲間橋の取り付け工事で破壊されているとの報に、沖縄県教育庁文化課の金武正紀氏が同遺跡の視察を行った。遺跡は道路工事や耕耘機による畑作等によって地表面は従来より著しく攪乱されていた。金武氏は当日、畑地より石斧六個、凹石一個、磨石一個、開元通宝一枚を採集した。開元通宝は耕耘機によって畑地深部から掘り出された未攪乱の包含層の塊に突き刺さっていた。裏面には「福」の字が刻まれているという(19)。

かつて、多和田真淳氏は本遺跡から青磁片と方形の鉄製船釘を得ている。後者は地表下七三センチメートルの貝層下にある包含層からの出土という。(10)

② 崎枝赤崎貝塚

本貝塚は石垣市字崎枝にあり、屋良部半島付け根の、名蔵湾に面した砂丘地に立地している。無土器時代の遺跡で、一九七九年、石堂徳一氏によって発見された。本遺跡周辺における農道の拡張工事および農業関係の開発計画が持ち上がったことから、遺跡保存のための範囲確認調査が必要となり、一九八五年八月に試掘調査が実施された。

層序は三枚認められ、第I層が黒褐色混貝砂層、第II層が茶褐色混貝砂層、最下の第III層は白砂の無遺物層である。出土した人工遺物は石器・貝器・開元通宝などで、土器は見受けられなかった。開元通宝は第II層直上で二七枚まとまって出土した。また、同銭貨は第I層からも六枚採集された。したがって、計三三枚出土したことになる。(20)

③ 嘉良岳貝塚

本遺跡は八重山諸島東北部の石垣市字白保一九六〇-一七五番地にあり、太平洋に面する海岸砂丘地に形成されている。石垣新空港建設予定地内にあるため、県教育庁文化課が一九八九年八月二八日から同年九月一五日までの一九日間発掘調査を実施した。(21)

層序は三層認められ、第I層は表土層で、層厚は場所によって異なり、二〇~八〇センチメートルの厚さがあり、第II層は黒褐色の砂層で遺物包含層である。本層の厚さも場所によって異なり、二〇~六〇センチメートルである。第III層は基盤の白砂層である。

人工遺物は石器・土器・螺蓋製敲打器・現代陶磁器の四種が見受けられたが、石器以外の三種はいずれも表土層からの出土である。螺蓋製敲打器は一点、土器は底部が二点、現代陶磁器は小破片がごくわずか出土したという。石器は石斧が六点、敲打器が四点、石皿が一点得られたが、敲打器の一点を除きすべて表採品である。敲打器の一点は第II層からの出土。石斧には二〇センチメートル前後の大型のものが二点含まれている。

本貝塚から開元通宝が一枚、大浜永亘氏によって表採されている。全体的に著しく磨耗し、文字の判読に苦労したという。

二　台湾における出土例

台湾でも近年、開元通宝が発見されている。現在、二遺跡で確認されているが、後述のように戦前の発見例もある。

①　澎湖群島内垵C遺跡

本遺跡は澎湖群島の漁翁島に所在する歴史時代の遺跡で、臧振華氏によって一九八三年に発見され、一九八五年に発掘調査が実施された[22]。本遺跡は漁翁島の南西沿岸部に形成され、内垵集落の北に位置している。漢民族の遺跡である。

表土は二枚の層からなり、上部は礫を含む暗褐色の二次堆積層、下部は本来の表土層である。この表土層の下に三枚の歴史時代の貝層があり、一メートル前後の厚さを有する。

三枚の貝層は上から「黄みを帯びた混砂土層」、次が「淡褐色の混砂土層」、最下層が「暗褐色の土層」である。最下層の混貝土層を除いて各層とも多少攪乱を受けていた。

出土遺物は多量の陶磁片のほか、土製の錘・鉄釘・煉瓦・屋根瓦および凹石などである。各層出土の土器に明瞭な

琉球弧および台湾出土の開元通宝

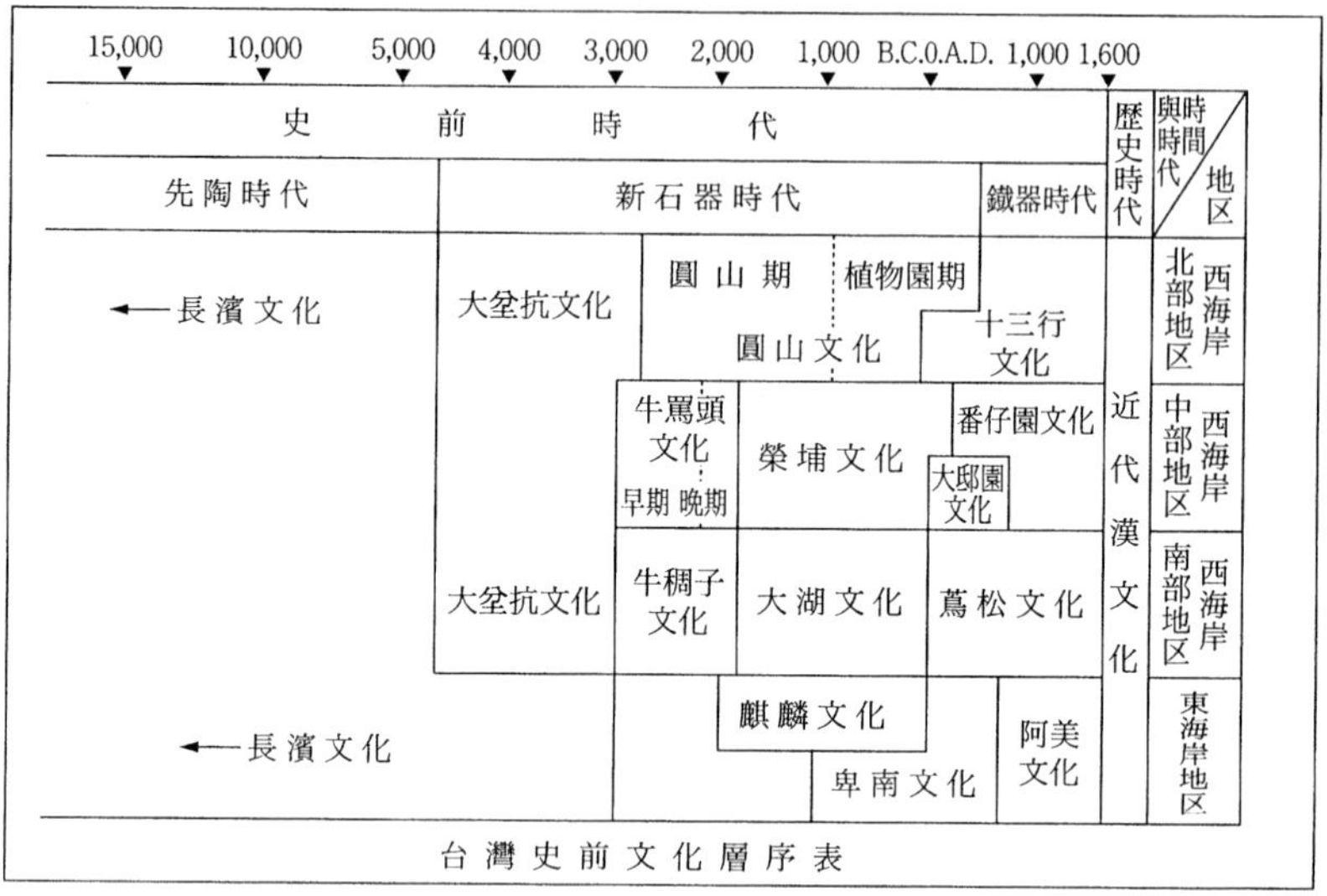

注：宋文薫・連照美　1979年製表。

相違は認められなかったが、やや粗い磁器、特に細形の瓶と土製の錘は最下層から検出された。

一メートルの厚さを有する前記貝層の表面から開元通宝が一枚得られ、同じレベル（表面）から採集された貝殻の炭素^{14}C年代は一四三〇±一五〇ＢＰ（ＡＤ五四五±一五二）である。また、上部の貝層から北宋銭の熙寧重宝（ＡＤ一〇六八–一〇七七）も一枚出土した。

未攪乱の最下層の炭素^{14}C年代は一一六五±九〇ＢＰ（ＡＤ八一〇±九六）で、この年代を参考にすると、先述の開元通宝に伴う炭素^{14}C年代は若干古すぎるという。以上のことから臧振華氏は本遺跡の上限を九世紀頃におき、一一世紀前後まで存続した遺跡とみている。

② 十三行遺跡

本遺跡は台北県八里郷に所在する鉄器時代の台湾北部を代表する遺跡で、本遺跡の文化を十三行文化と呼ぶ。(23)民国四六（一九五七）年、国立台湾大学地質系林朝棨教授によって発見された。(24)二年後の民国四八（一九五九）年、中央研究院歴史語言研究所研究員の石璋如氏によって第一次発掘調査が実施され、以来今日まで六次にわたる発掘調査が行われてきた[25]。これまでの主な出土遺物としては土器・石器・骨角器・玉・ガラス製腕輪のほか唐代の銭貨である開元通宝も多数出土した。

本遺跡は七～一八世紀の時代幅があるが、文化層は上下二枚に区分され、上層は漢民族の文化に属し、下層は台湾原住民の先史文化に属する。下層の年代は伴出遺物から七～一〇世紀と推察され、同層から開元通宝が壺に入れられた状態で大量に出土した[(25)]。

開元通宝を出土した前項の内垵C遺跡が漢民族の遺跡であるのに対し、十三行貝塚の下層は台湾先住民族の遺跡である。開元通宝は琉球列島におけると同様、異民族との交渉を物語るものである。

③　社寮島

宮本延人氏の談として、三島格氏は「戦前、社寮島で石坂荘作氏が発掘を行い、二枚の開元通宝を得た」という情報を記している[26]。ただし、詳細は不明のようである。

おわりに

以上、琉球弧および台湾における開元通宝の出土例を紹介した。七～一二世紀に比定される遺跡は、現在のところ琉球弧で一三遺跡、台湾で三遺跡知られている。台湾の澎湖諸島出土の一例は漢民族に属する文化層からの出土であるが、ほかはすべて漢民族と種族を異にする現地の住民に受け入れられたものである。

当時の日中関係は良好で、日本からは遣唐使船が十数回も派遣された。八世紀には南島路も開設され、遣唐使船が琉球に寄港したことが知られており、琉球弧で発見される開元銭はこのような遣唐使船によって持ち込まれた可能性も十分考えられる。また、宮城栄昌氏によると、遣唐使廃止後、私貿易時代にはいり、本土と沖縄間の私貿易も盛んになったという。[27] このような私貿易も開元銭を入手する一つのルートであっただろう。

ところで、当時の東シナ海では遣唐使船だけでなく、唐や新羅の商船も頻繁に日中間を往復していた。[28] また、中国の研究者である盧葦氏によると、唐代前期に陸上シルクロードは頂点に達したが、〝安史の乱〟以後、状況は変化し、代わって海上シルクロードが盛行、東西交易は大いに発展したが、他方、東シナ海でも唐船が頻繁に活動していたという。また、九世紀の中頃、中国航路を頻繁に往復していた船はほとんどが中国の船であったが、中には日本で造った船もあった。しかし、それを製造した職人は中国人であり、その船を運航していたのも中国人であったという。[29] とにかく、このような唐船が交易あるいは食料・水・薪炭などの補給のため琉球列島の島々に寄港したことも十分考えられる。したがって、奄美諸島や沖縄諸島の場合、遣唐使船のほか私貿易に携わる唐船の寄港も考えねばならないが、石井正敏氏の上記論文[28]からすると新羅商船の来航も念頭においておく必要があろう。

宮古・八重山などの先島諸島は遣唐使船の航路からはずれており、したがって、先島地方出土の開元通宝は台湾における と同様、唐船との接触による可能性が大きい。しかし、『続日本紀』の七一四年の条にみえる「信覚」が石垣島だとすれば、これらの島々も和船の巡航範囲内にあり、沖縄・奄美両諸島と同じように和船・唐船双方の寄港を想定せねばならない。しかし、地理的環境を考慮に入れると、唐船を主体に和船や他国船がたまに来航する程度の接触ではなかったかと推察される。先島地方についても、今後さらに資料を得て詰めていく必要がある。

台湾についてみると、澎湖諸島出土の一例は、先述のように出土層が漢民族の文化層に属することから、同族間の交易であることは確かである。これに対して十三行遺跡の下層は台湾原住民の文化層であり、琉球弧と同じように開元通宝は異民族に受容されたことになる。十三行遺跡はすでに金石併用時代にはいっており、鉄器のほか銅器なども認められ、出土した交易品をみてみると、琉球諸島よりも中国の影響をより強く受けていることがわかる。琉球弧の八重山諸島でも仲間第一貝塚[10]や船浦貝塚[18]で鉄器が出土している。これらの鉄器が中国に由来するものかどうか、今後の化学分析が望まれる。

なお、末尾ながら開元通宝の下限年代を含め、古銭の問題についていろいろご教示をいただいた嵩元政秀氏並びに文献資料等の便宜を図って下さった安里嗣淳氏に厚くお礼申し上げたい。

注

(1) 小原一夫「奄美大島群島徳之島貝塚に就いて」『史前学雑誌』第四巻三四号、一九三二年。
(2) 『面縄貝塚群』伊仙町埋蔵文化財発掘調査報告書三、伊仙町教育委員会、一九八五年。
(3) 『用見崎遺跡』研究室活動報告三一、熊本大学文学部考古学研究室、一九九六年三月。
(4) 熊本大学教授木下尚子氏のご教示（一九九六年四月一七日の私信）による。
(5) 『兼久原貝塚発掘調査報告書』本部町文化財報告書第一集、本部町教育委員会、一九七七年。
(6) 『恩納村熱田貝塚発掘調査ニュース』沖縄県教育委員会、一九七三年。
(7) 「読谷村で珍しい貝塚（高志保）」『琉球新報』一九六五年一一月二日。
(8) 仲宗根求「砂丘は語る」『資料館だより』No.二七、読谷村歴史民俗資料館、一九九三年。
(9) 仲宗根求君の教示による（一九九三年一二月二四日）。
(10) 多和田真淳「琉球列島の貝塚分布と編年の概念」『一九五六年版文化財要覧』琉球政府文化財保護委員会、一九五六年。
(11) J. B. Bird and G. F. Ekholm, "Comments on the Archaeological Resources of Okinawa", *American museum of Natural History*, New York（発行年の記載なし）。
(12) 島袋洋・山城安生「平敷屋トウバル遺跡の発掘調査概要」『沖縄県考古学会研究発表要旨』於勝連町農民センター、一九九三年六月二七日。
(13) 「平敷屋トウバル遺跡」『勝連町の遺跡』勝連町教育委員会、一九九三年。

(14) 呉屋義勝「真志喜大川原第一遺跡」『土に埋もれた宜野湾』宜野湾市教育委員会、一九八九年。

(15) 友寄英一郎「久米島謝名堂貝塚調査概報」『琉球大学文学部紀要社会篇』八号、一九六四年。

(16) 「開元通宝見つかる」『琉球新報』一九六八年五月八日。

(17) 知念勇「先史時代」『久米島具志川村史』具志川村、一九七六年。

(18) R. Pearson and others, "Subsistence and Settlement in Okinawan Prehistory—Kume and Iriomote", *Laboratory of Archaeology*, University of British Columbia, Canada, 1981.

(19) 金武正紀「仲間第一貝塚出土の開元通宝について」『南島考古だより』一三号、一九七四年。

(20) 『崎枝赤崎貝塚』石垣市文化財調査報告書第一〇集、石垣市教育委員会、一九八七年。

(21) 盛本勲「第四章　嘉良嶽貝塚の試掘調査」『新空港・空港拡張建設計画予定地内の遺跡』沖縄県文化財調査報告書第一〇六集、沖縄県教育委員会、一九九二年。

(22) TSANG Cheng-hwa, "Archaeology of the Peng-hu Islands", Institute of History and Philology Academia Sinica, Taipei, Taiwan, 1992.

(23) 宋文薫「由考古学看臺灣」『中国的臺灣』中央文物供応社、中華民国六九年（一九八〇年）。

(24) 臧振華『臺北縣八里郷十三遺址文物陳列館規劃報告』中央研究院歴史語言研究所執行、中華民国八四年（一九九五年）。

(25) 『八里十三行史前文化』漢聲、中華民国八三年（一九九四年）。

(26) 三島格「大宰府と南島」『東アジアの考古と歴史』同朋社、一九八七年。

(27) 宮城栄昌『琉球の歴史』日本歴史叢書三五、吉川弘文館、一九七七年。

(28) 石井正敏「外交関係」池田温編『唐と日本』吉川弘文館、一九九二年。

(29) 盧葦「唐代絲路的変化和海上絲路的興起」『中国与海上絲綢之路』中国福建人民出版社、一九九四年。

8 百済・統一新羅時代遺蹟出土の開元通宝

高宮廣衞
任　孝宰

はじめに

唐代に鋳造・発行された開元通宝は中国国内はもちろんのこと、周辺地域ではタジキスタン・ウズベキスタン・アフガニスタンなど中央アジアのほか、東のモンゴル地方や北のシベリア、また南ではベトナムなどで出土が知られ、遠くは中近東、その西のアフリカ東部海岸などでも発見が報じられている(1)。

他方、東中国海を取り巻く地域では九州、琉球列島および台湾などで出土が報告されている(2)。しかし、中国に最も近い韓国での報告例は稀少で、実際、われわれが今回調査を実施するまで、日本で知られていた韓国の出土例はわずかに数例だった。

韓国は日本列島最西端の九州よりも地理的位置が中国に近く、当時の韓・中両国間の交流・交易が陸海を通して盛んであったことは文献史学の分野ではよく知られているが(3)、文献に現れない交流・交易も頻繁であったと推察される。このような両国間の地理的・歴史的関係に注目すると、開元通宝の出土例も九州より多いはずである。

今回、筆者らは上記観点の下に韓国における出土状況の実態調査を行った。約一週間(正味四日間)の、駆け足の調査旅行ではあったが、一〇遺跡(図8-1)で出土していることを知ることができた(ただし、うち一遺跡は開元通宝そのものではなく、開元通宝をスタンプした塼出土)。小文では、今回知り得た資料について、出土状況、出土枚数、その他必要な情報等簡単に報告したい。

なお、今回の調査には沖縄国際大学文学部講師上原静氏も参加され、琉球諸島の四十数カ所で出土した高麗瓦の源流を探る調査を開始された。これについては別稿で報告の予定である。今回の調査を実施するにあたり、沖縄国際大学南島文化研究所より調査費の援助をいただいた。また、韓国においては下記の方々から資料提供のほか遺跡・遺物の

図８－１　韓国における開元通宝出土の百済・統一新羅時代遺蹟

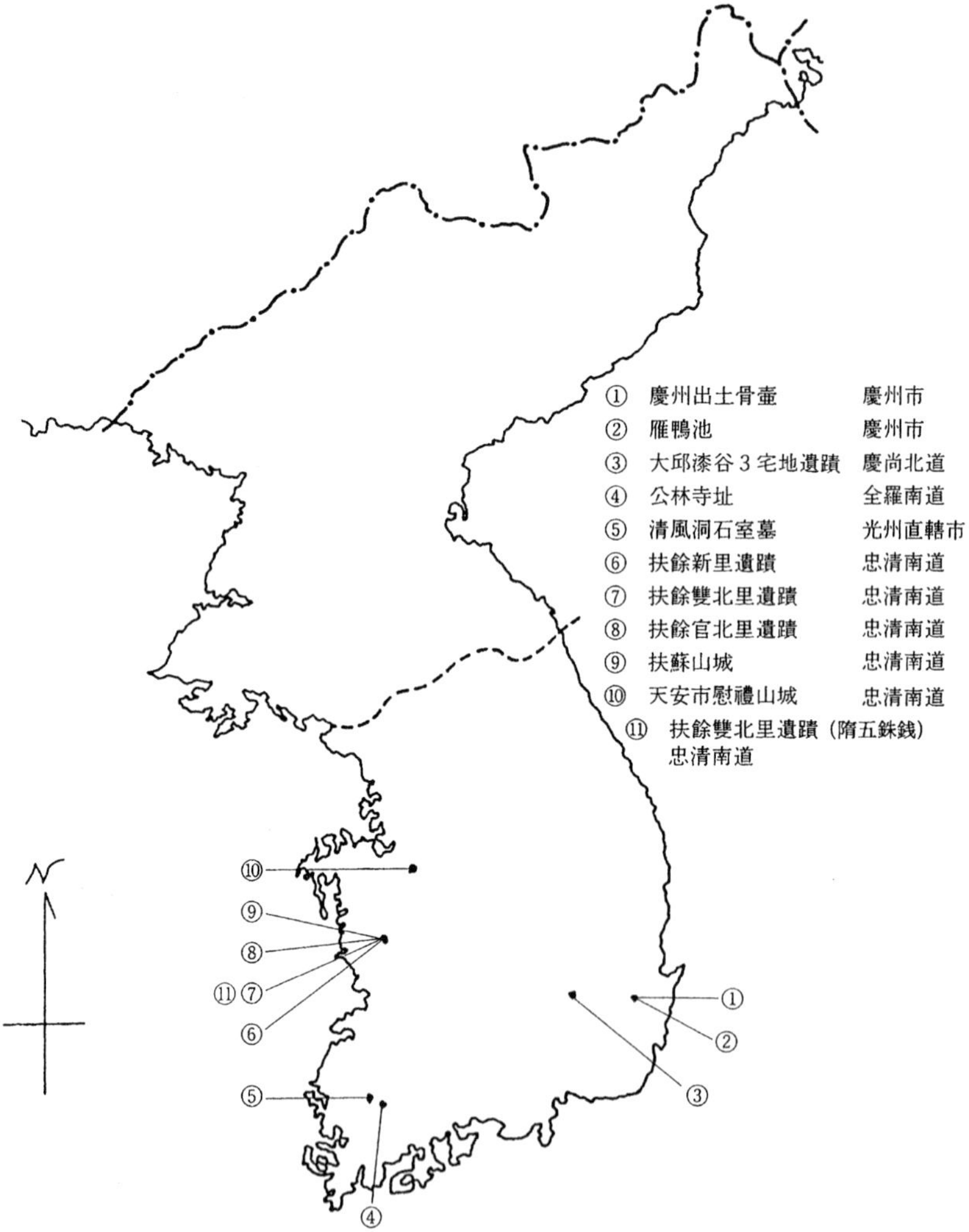

写真撮影についてもご快諾をいただくなど大変お世話になった。お陰で予期以上の成果を挙げることが出来た。記して感謝申し上げる次第である（記載は訪問順、敬称略）。

嶺南文化財研究所調査研究課長朴升圭、同係長金浩鎰、同所員河眞鎬、国立慶州博物館館長姜友邦、同学芸研究室長高敬姫、国立光州博物館館長金誠亀、財団法人湖南文化財研究院学芸研究室長金建洙、全南大学校人類学科教授林永珍、国立扶餘博物館学芸研究室長金正完、国立公州博物館館長郭東錫、国立清州博物館館長高秀古、忠北大学校教授李隆助、世宗大学校教授河文植

本文を草するにあたり、九州大学教授西谷正氏及び全南大学校教授林永珍氏からは文献等関連史料のご提供を頂き、韓国語の文献については抄訳を沖縄国際大学非常勤講師の金東善氏および長嶺聖子（旧姓趙成淑）さんがお引き受け下さった。また、本学専任講師の上原静氏には図8-1の作成に際しお世話になった。以上の方々のご厚意に心からの感謝を申し上げたい。

一　百済・統一新羅時代遺跡出土の開元通宝

小文で取り扱う時代は百済・統一新羅両時代であるが、東中国海を取り巻く当時の地域間交流を考える上で、開元通宝だけでなく、その前後の銭貨も視野に入れる必要があり、今回知り得た範囲でこの種の資料も含めることにした。

(1) 慶州出土の開元通宝

新羅の旧都である慶州付近の地域で、新羅時代の骨壺が多数発見されている。これらは仏教思想の浸透とともに火葬が普及していった結果と考えられている。このような骨壺の中から開元通宝が発見されている。以下、斉藤忠氏の論考から要点のみを抜粋・紹介したい。[4] 慶州は周辺を幾多の山々に囲まれ、前記の骨壺はこのような連瓦する山々の山頂近く、日当たりのよい傾斜面に浅く単独に埋置されていることが多いという。これらの骨壺は古新羅時代の土器の系統に属し、殆どは無釉であるが、稀に緑釉を施すものもある。製作には轆轤が使用され、胎土は多量の鉄分を含み、堅緻で、焼成は比較的良好である。副葬品を伴う事例は少ないものの、そのような中で、ガラス製小玉や滑石製小玉、水晶製の勾玉破片、開元通宝などの銭貨を伴出した例が若干知られている。骨壺は前記のように一般に浅く簡単に埋置され、副葬品を伴う例も少なく、また、周囲の山々から多数検出されている状況などから、被葬者は特殊な高い階級のものは少なく、大多数は一般人のものであろうと見なされている。

以上が骨壺や開元通宝に関する情報であるが、開元通宝の出土枚数及びそれと関連する骨壺の具体的形態、出土状況、出土地など詳細は不明である。斉藤氏は検出されたこれらの開元通宝は新羅時代の火葬や骨壺の絶対年代を知ることの出来る重要な資料としている。

(2) 雁鴨池

雁鴨池は慶尚北道慶州市仁旺洞に所在する。

この池は新羅第三〇代文武王が三国統一後の六七四年に宮殿内に造営した池で、当時の池の名称は「月池」であった。統一新羅が滅亡すると、この池も放置されたまま次第に荒廃、変貌していったが、やがて雁や鴨が飛来するようになり、このような景観からのちの朝鮮時代の墨客たちが「雁鴨池」と呼ぶようになったという(5)。

韓国の宮中では池と楼閣や亭がセットとなって造営される傾向がある。百済でも東城王二二年春に池を掘り、隣に臨流閣を建て、また、武王三五年にも宮城の南側に池を掘って隣接の望海楼で宴会などを開いたという。統一新羅も百済のこのような文化を受容し、この地に雁鴨池を掘り、そして西側に臨海殿を建て、君臣の宴会や会議などに利用した(6)。

雁鴨池は慶州綜合開発計画の一環として、政府が一九七四年に浚渫作業を行った。その際、多量の遺物が発見され、一九七五年から翌一九七六年にかけて文化財研究所が本格的な発掘調査を実施した。

調査は二期に分けて行われ、一九七五年三月二四日から一九七六年三月二六日までの初回の調査は蓮池を中心に行い、そして二回目の発掘調査は一九七六年六月一〇日から同年一二月三〇日まで蓮池周辺の建物跡を対象に行った。その結果、多量の遺物のほか、従来不明だった遺構なども明らかになった。因みに、出土遺物は金属工芸品、仏像、木製品、漆工芸品、鉄製品、土器類、瓦塼類、骨製品、蠟石製品など、当時の宮中の生活を示す日常生活用品が中心のようだが、出土遺物の中には学術上重要なものが多いという(5)。総出土点数は三万点余におよび、現在、国立慶州博物館の第二別館に展示されている。

本文で紹介する開元通宝は臨海殿跡の発掘調査で発見されたものである。建物跡から三個の骨壺が出土したが、その中の一つに納められていた。これらの骨壺には一・二・三の番号が付され、開元通宝はその中の骨壺一に伴出した。報告書には前記三個の骨壺がそれぞれ詳述されているが、本文では開元銭と関係のない二個の骨壺は割愛し、骨壺一のみを紹介する。短文なので、以下に全文を報告書からそのまま紹介したい(7)。

骨壺一　壺は高さ一五・七cm、口径一一・四cm、胴径一七・八cm、蓋は高さ六・一cm、口径一五・二cm、有蓋骨壺である。壺は腹部がふくらんだ平底短頸壺であり、口縁部が広く外反している。頸部と肩部が連結するところに一条の

図８－２　雁鴨池出土の骨壺（文献７）

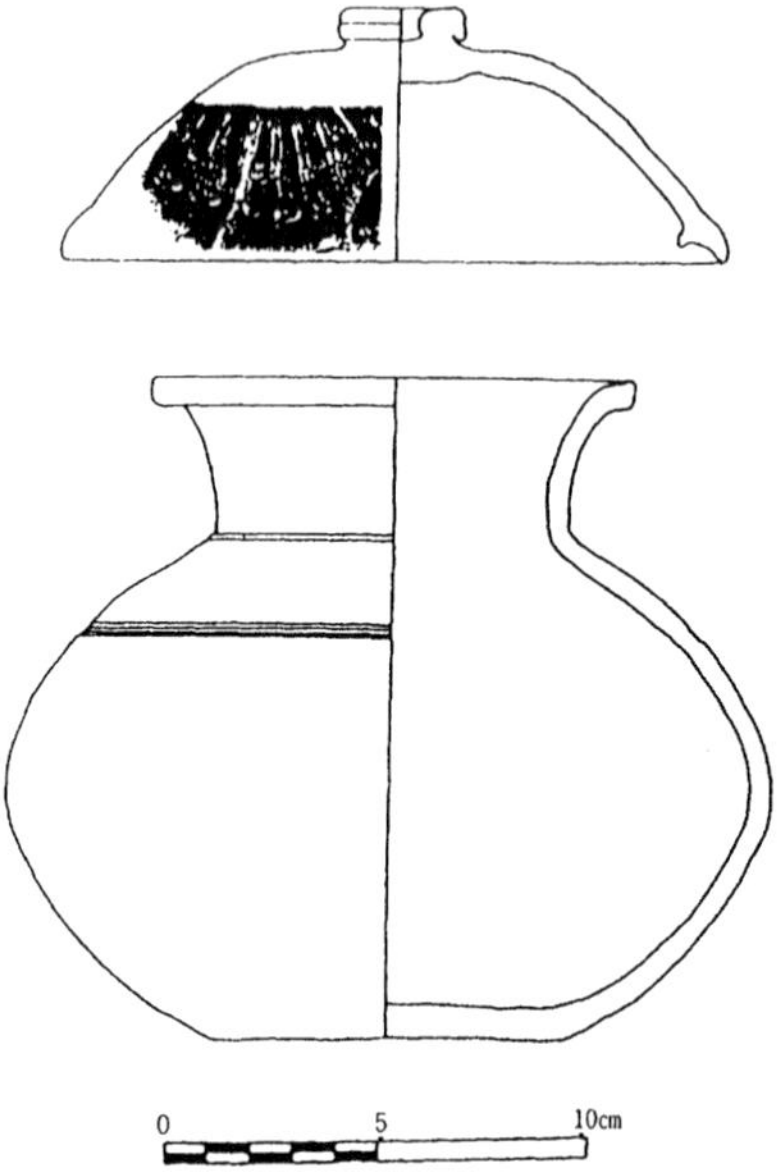

突帯がめぐっていて、肩部中央には二条の沈線がめぐっている。底径は八cm程度で、成形後にヘラ削り調整されている。色調は灰黒色であり、精選された胎土が使用されていて、焼成温度も非常に高い。蓋はもともとは高杯の蓋で、中央の杯状つまみを中心として放射状に蓮花文がめぐっている。蓮花文の花弁が細長く、菊花文を連想させる。各蓮弁は点線と刻線の二重線で表現されている。全体の器形は半球形であるが、口縁部内側のかえりは鋭く突出している。色調は、部位によって若干異なるが、灰黒色を帯びている。焼成温度も非常に高く、胎土は壺よりも一層精選されたものであり、砂粒がまったく目に付かない。

この骨壺内部には開元通宝四枚・ガラス玉四点と腐蝕骨片が入っていた。

骨壺および開元通宝に関する記述は以上のとおりであるが、骨壺の出土状況も重要であるので、以下に、報告書[7]の原文をそのまま引用させていただく。

雁鴨池西側の臨海殿跡と推定される建物群の間から三点の骨壺が出土した。これらのうちの二点は現形をよく保っているが、残りの一点は腹部以下が残っているだけで原形を知ることができない。

これらの骨壺は、建物が建てられる以前の土層から出土したという点、また、宮殿が建立された以後にはここに埋葬が不可能であったであろうという点などから推量して、臨海殿建立以前に製作された土器であることは間

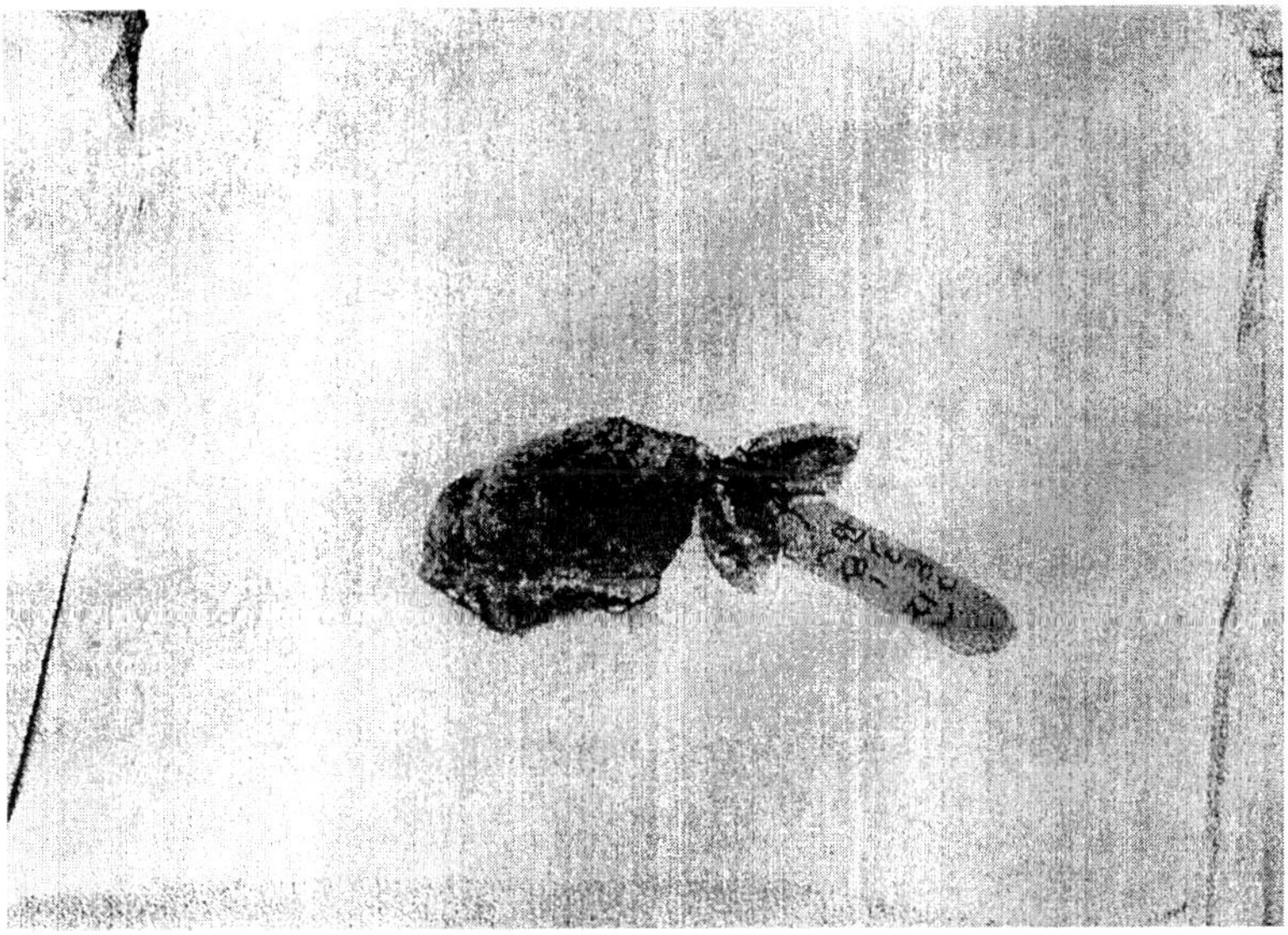

写真1　雁鴨池出土の開元通宝（国立慶州博物館提供）

写真2　雁鴨池近景

違いない。一つの骨壺の中から開元通宝が出土している。これらの骨壺は臨海殿建立以前のものであるといえるが、三国時代最末期か統一極初期の作品に該当するものであろう。したがって、新羅土器編年に貴重な資料を提供する土器と言えよう。(7)

以上のような出土状況から、雁鴨池の開元通宝はきわめて早い時期のものであることが分かる。なお、同博物館には出土地不明の開元通宝も数枚保管されている。

(3) 大邱漆谷三宅地遺蹟

大邱でも韓国文化財保護財団が実施した発掘調査で開元通宝が一枚得られている。発掘調査報告書は遺物整理中のため未刊だが、同財団のご厚意により、前記開元通宝に関するハングルによる貴重な記述資料を頂くことができた。短文なので、全訳して以下に掲載することにする。(8)

大邱漆谷三宅地遺蹟　二区域（ナ）――竪穴出土開元通宝

直径（外縁）　二・四㎝

方郭　前面　一・七×一・七㎝、背面一・八五（横）×一・八（縦）㎝

郭幅　〇・一四〜〇・二㎝

穿径　〇・七×〇・七㎝

厚さ　〇・一五㎝

重量　二・七g

一九九七～九八年に韓国文化財保護財団が発掘調査した大邱漆谷三宅地（二・三区域）（ナ）――竪穴一九五号から銅銭が出土した。完形で、前面の外縁の一部に青銅錆があるだけで残存状態はきわめて良好である。

縁には周郭があって、内縁の直径は前面が二・一㎝で、背面（二・〇五㎝）より若干大きい。中央部には穿と方郭がある。方郭も前面と背面の大きさは異なるが、周縁の内径とは違い背面が広くて、郭の幅も同様である。中央部の穿は湾曲した抹角方形で、銅銭の厚さは〇・三㎝から〇・四㎝である。前面には上・下・右・左辺におのおの〝開・元・通・寶〟の文字が隷書体で陽刻されている。

上辺の〝開〟の字は〝門〟部上方の内側の左右が開いている〝日〟の字で、〝井〟の字は四画が直線的で、郭はくっついていない。

下辺の〝元〟の字は〝二〟部の下の線の長さが上の二倍以上あって、〝儿〟字は力溢れる筆致で周辺と連接している。右辺の〝通〟字は〝辶〟部の跳ねが郭に連接しており、下方の画は〝一〟の字に近い形をしていて、右端が周縁と連接している。〝乡〟は独立している。また、〝甬〟字の上方の画が丸い〝匸〟字形（已頭通）で、〝用〟の字も上下対称であるが、左上端が開いている。

最後に、左辺の〝寶〟の字は〝宀〟部が鐘形の笠の形態（側面が下がり気味の中冠寶）で右端が郭と連接している。その下は〝王・尓〟の字が左右に配置されており、〝貝〟の字は下の部分が各々直角で、左右に広がった形（方足寶）である。

対読で、無背字である。

銅銭の鋳造年代は唐の高祖の武徳四（六二一）年と推定される。

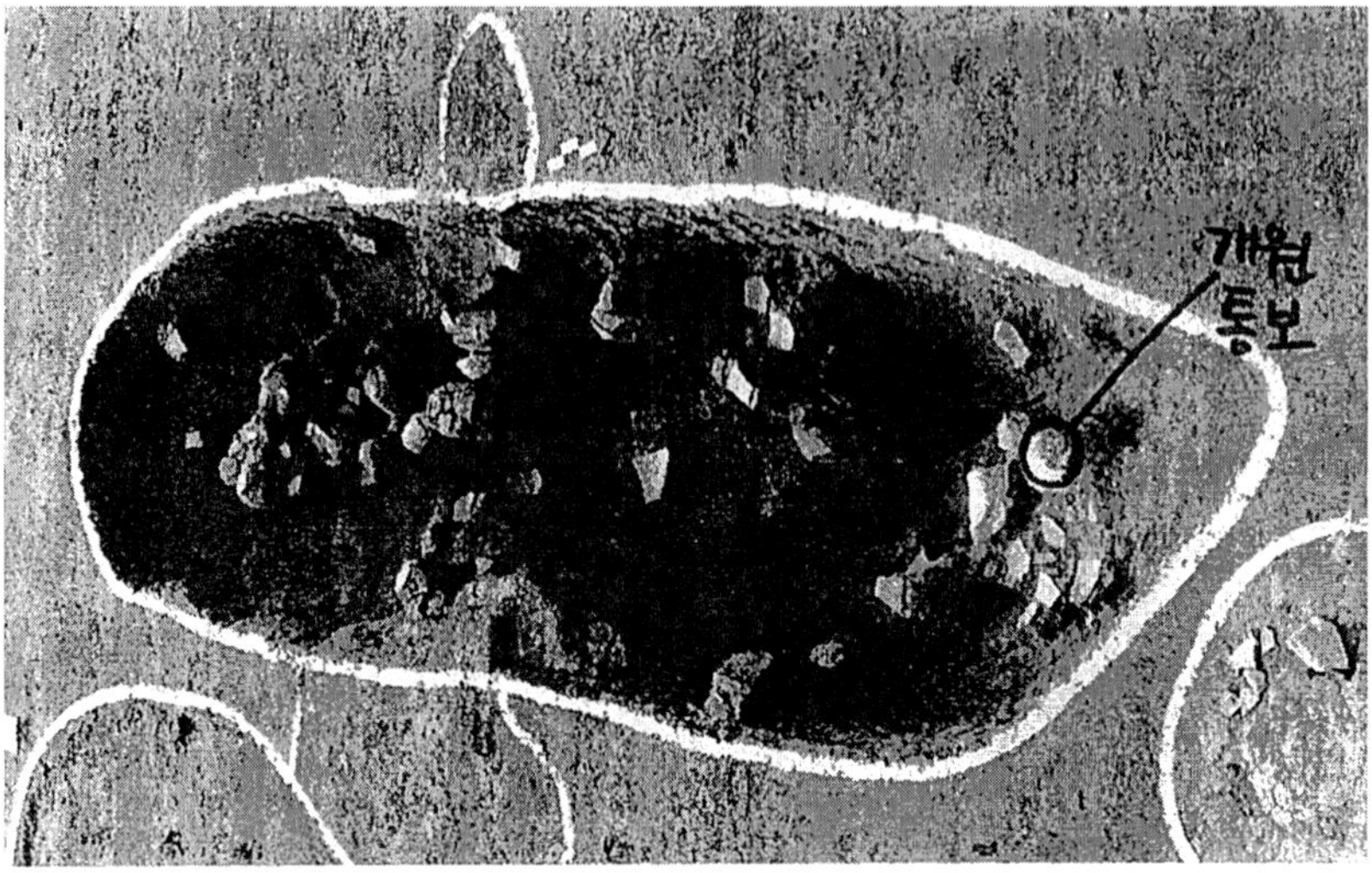

A）大邱漆谷３宅地遺蹟　２區域（ナ）一竪穴 195號 全景

B）大邱漆谷３宅地遺蹟　２區域（ナ）一竪穴 195號 開元通宝 出土状態 全景

写真３　大邱漆谷3宅地遺蹟（財団法人嶺南文化財研究院提供）

図8−3　大邱漆谷3宅地遺跡の開元通宝
2區域（ナ）一竪穴 195號出土
（財団法人嶺南文化財研究院提供）

以上のように、開元通宝に関する詳細な観察が記されている。現物は鑑定のためソウルに送られていて実見できなかったが、ご厚意により出土状況の写真や開元通宝の拓本等をいただいたので掲載する。

なお、この開元通宝の年代が上記説明書には記載されておらず、照会したところ、嶺南文化財研究院の河眞鏑氏から統一新羅時代のものとのご教示をいただいた。

(4) 公林寺址

本遺跡は和順郡寒泉面牟山里に所在する。

現在、綾州〜和順間道路拡張・舗装工事が進行中であるが、この工事によって校里支石墓群、蓮陽里甕棺墓地、牟山里建物址、貫永里古墳、牟山里旧石器遺物散布地など五か所の遺跡が確認された。本文で紹介するのはその中の寒泉面牟山里の建物址（公林寺址）である。国道高速道路の大工事をストップさせての緊急調査で、私達も見学する機会に恵まれた。本遺跡で開元通宝が発見されたわけではないが、開元通宝をスタンプした塼が一枚検出されているので、関連資料として取り上げることにした。当日（三月二三日）[9]はたまたま現場説明会の日で、マスコミ関係の方々が多数参加されていた。説明会場で配布された説明資料に基づいて、以下に本遺跡の概要を簡単に紹介したい。

市内を流れるチソクチョン（砥石川）に隣接する沖積地に立地し、かつて畑作が行われていた地域である。道路工事区域に該当する長さ一〇〇m、幅五〇mの範囲を発掘調査した。調査地区では一〇棟余の建物跡が確認されたが、大別して上・中・下層に区分できる。上層の建物跡は耕作の過程でかなり破壊されていたが、中層と下層の建物跡は比較的よく残っていた。すべての建物は東西方向で、上層では青銅風鐸、粉青沙器片、白磁片、無文銭などが出土し、中層では〃綾城郡〃、〃公林寺〃などの銘文入り瓦とともに蓮華文瓦当、唐草文瓦当、鬼面文瓦当、無文銭、金剛杵など多くの遺物が検出され、下層では蓮華文瓦当など数種の瓦当が出土した。

公林寺の創建時期は中層から出土した〃公林寺〃銘入りの瓦によって高麗初期に製作されたものと推定されるが、その下層から統一新羅の瓦が多数出土しているので、統一新羅末に創建され高麗初期に重建された可能性が高いと判断される。

なお、調査者は本遺跡の重要性に鑑み、全面発掘を実施して全貌を明らかにすると同時に、整備して歴史教育の場として活用すべきこと、あるいは道路を迂回させるとか、または高架橋を設置するなどして保存すべきことを提言している。

さて、本遺跡では開元通宝は発見されていないものの、先述したように開元通宝をスタンプした塼が一個発見されている。写真4(B)に見られるように、縦と横に整然とスタンプされている。本資料は左右破損のため全景は窺えないものの、縦に五列、横は七列以上に及ぶことは明らかである。開元通宝のスタンプは実物より若干小さいが、それは乾燥から焼成に至る過程で縮小したものと発掘を指導された全南大学校の林永珍教授からご教示いただいた。

前記した現場説明資料にこの塼に関する記述はないが、この種の塼は韓国でも初めての出土で、日本でも知られていないという(10)。開元通宝そのものではないが、開元通宝が実在した傍証に使用できると考え、ここに紹介した。

林永珍教授のご教示によると、この塼は中層の攪乱部からの出土という。中層は先述したように高麗時代の層である。しかし、塼そのものの形状は統一新羅時代のものであり、おそらく下層の統一新羅時代に属していたものが、攪

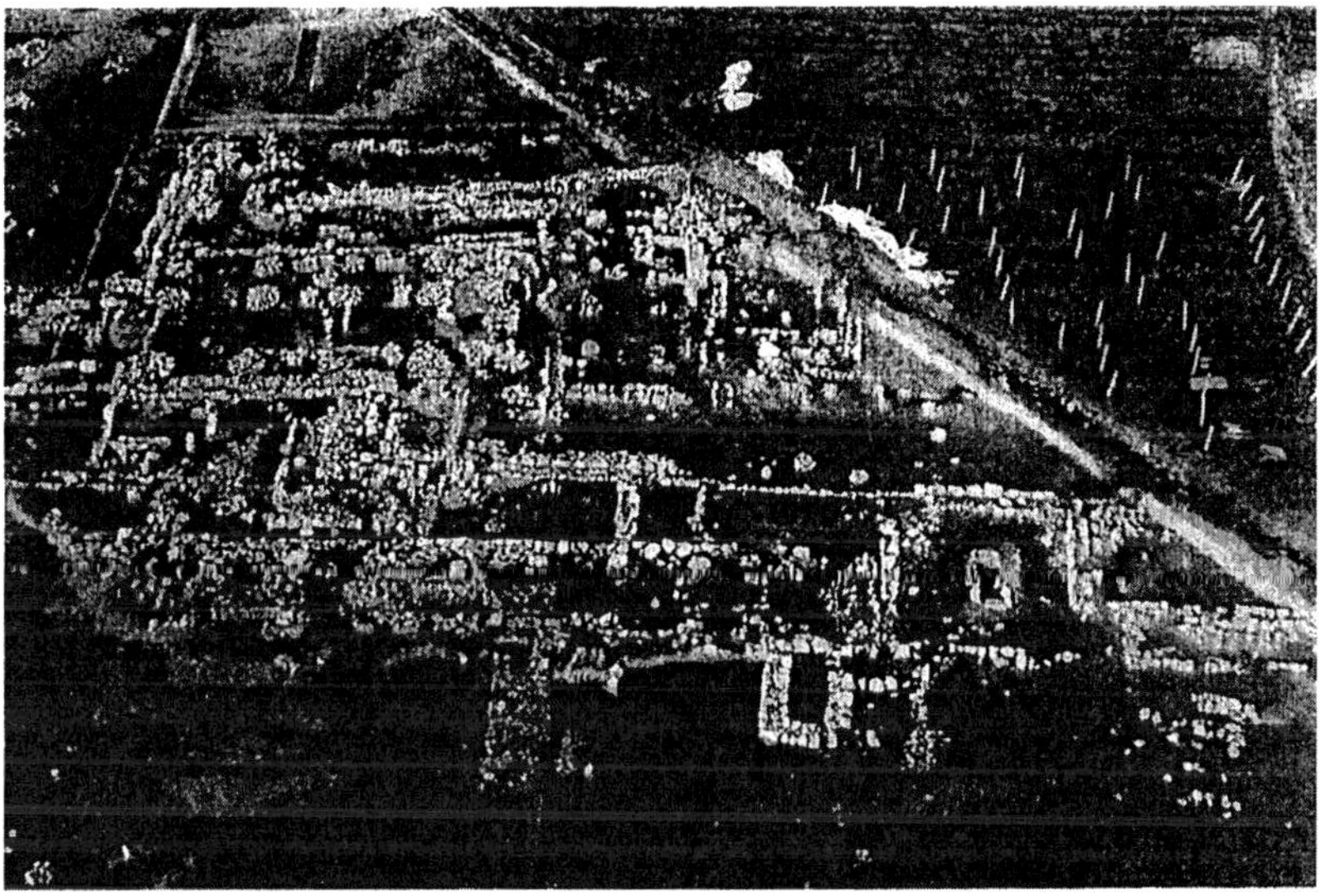

（A）遺蹟全景

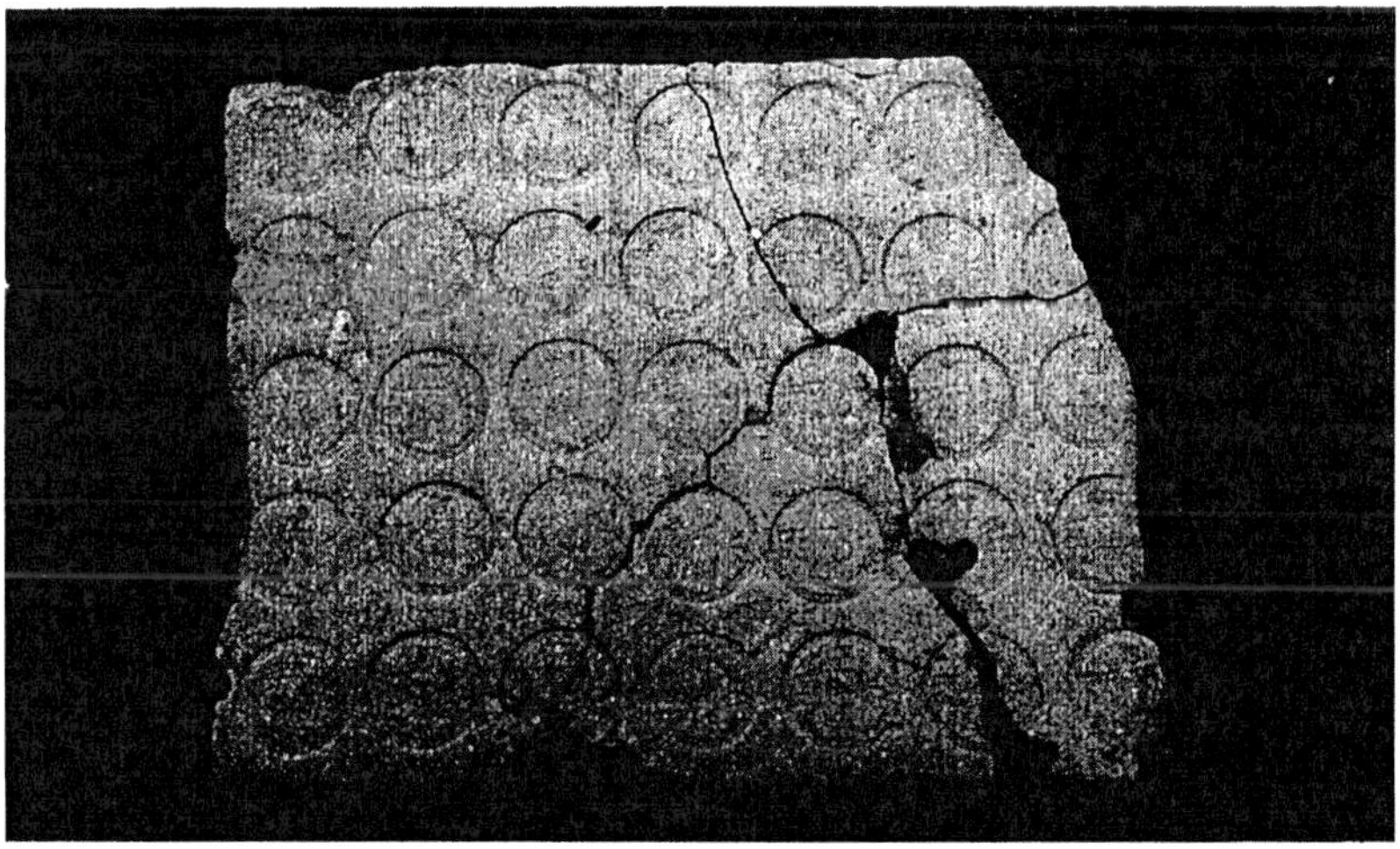

（B）公林寺遺蹟出土の開元通宝文様の塼

写真 4　和順牟山里公林寺址（全南大学校林永珍教授提供）

乱を受けた際に浮上したものであろうとのことであった。

(5) 清風洞石室墓（無等山）

無等山の古墳（清風洞石室墓）から「開元通宝」や「元〇通宝」などの銅銭が数枚発見されている。以下、報告書を要約する。[11]

光州直轄市の北方にある無等山のチヤツコゲ（城峠）を過ぎると武珍古城が東西に谷を包むように築城されている。この地点の西北方向約一㎞のところに第四水源地があり、その水源地手前の左側丘陵地に沿いながら五〇〇mばかり上っていくと山の麓に一般市民の墓が数基あり、その左側上部に古墳二基がある。そのうちの一基は盗掘されて副葬品はなくなっていた。その下の他の一基は封土が比較的完全に残っていたが、古墳の南側はすでに盗掘の手が伸びた痕跡があって、数個の割石が露出していた。

盗掘された一基の石室墳墓が発見された経緯は以下の通りである。

光州直轄市庁の職員が付近の山火事を鎮圧しにいってたまたま発見、そのことを口頭で報告し、市庁の文化財係長李鍾日氏が同行して直接確認した。発見当時の状況は盗掘が下部までおよび、墓石自体も一枚しか残っていなかった。墓石は鑿で削る作業が中断されたまま放置されていた。封土も完全に除去され付近の民間人の墓に使用されたあとだった。

当時、北壁と東西壁の一部が露出したまま残っており、北側の床も一部が露出した状態だった。その後、全南大学校博物館の李榮文氏が学生とともに南壁側の表土を除去して調査を行った。その結果、地表から床側に深さ三〇㎝の箇所で、白磁片二点と瓦片一点が検出された。これらの白磁片や瓦片は後世の混入である。

さらに一五㎝ほど掘り下げると床面に達した。床面は灰色の砂質土で固められており、南壁も完全に露出していて竪穴式であることが判明した。玄室南東側と南西隅壁から鉄片数片が出土した。東西隅壁側に沿って南から北へ四〇cm、東壁から西側に二cm、深さ八〇cmの箇所で銅銭一個が出土、二番目の銅銭は腐蝕が著しく破損していた。三番目の銅銭は石室の中央で出土、四番目の銅銭は南から五〇cm、東から四〇cm、深さ八五cmの地点で出土した。銅銭は計四枚あり、中央から出土した銅銭は「元〇通宝」で、他の銅銭はすべて「開元通宝」である（図8-5）。石室の四側壁は精巧に作られた大小の割石で築造されていたが、羨道と排水路は設置されておらず、東西南壁の高さは同一で、床に木棺を納めたあと、その上を蓋石で覆った竪穴式石室墳墓である。この種の竪穴式墳墓は他の石室墳より規模の小さいのが特徴である。

今回調査した竪穴式石室墳墓は羨道を備えていないので、納屍したあと天井石で覆い、封土を積み上げており、この種の墳墓は忠清南道の公州付近に卓越するタイプである。

石室内の床面からは腐蝕した鉄片が数個出土した（図8-4）。復元可能なものはなく、大部分は棺釘として使用されたと考えられているが、中には「字形の鉄片や円形の鉄鉸などがあり、これらは被葬者の装飾品か又は鉄剣の付属品であろうとされている（図8-5）。出土した開元通宝の直径は次の通りである。①＝二・四五cm、②＝二・五六cm、③＝2・48cm

報告書(11)によると、唐高祖の時代の開元通宝は直径二・四cm、重量は三・七gで、ここで出土した開元通宝も同じ種類に属し、古墳の絶対年代を知りうる貴重な資料とされている。「元〇通宝」は未だ使用時期が明確でない。また、報告書はこれらの開元通宝の歴史的重要性について、開元通宝が当地で流通していたという事実は唐が周辺国家を征服して都護府を設置した時期と一致しており、当地に武珍都護府が設置された事実から流入経路が推察でき、また、南西三〇〇mの地点で武珍古城が発見された事実も注目されるとしている。

なお、脚注によると、前記の「元〇通宝」は韓国貨幣図鑑に記載されておらず、今後の具体的な研究と調査が必要

図８－４　清風洞石室墳石築図（上）と出土遺物位置図（文献11）

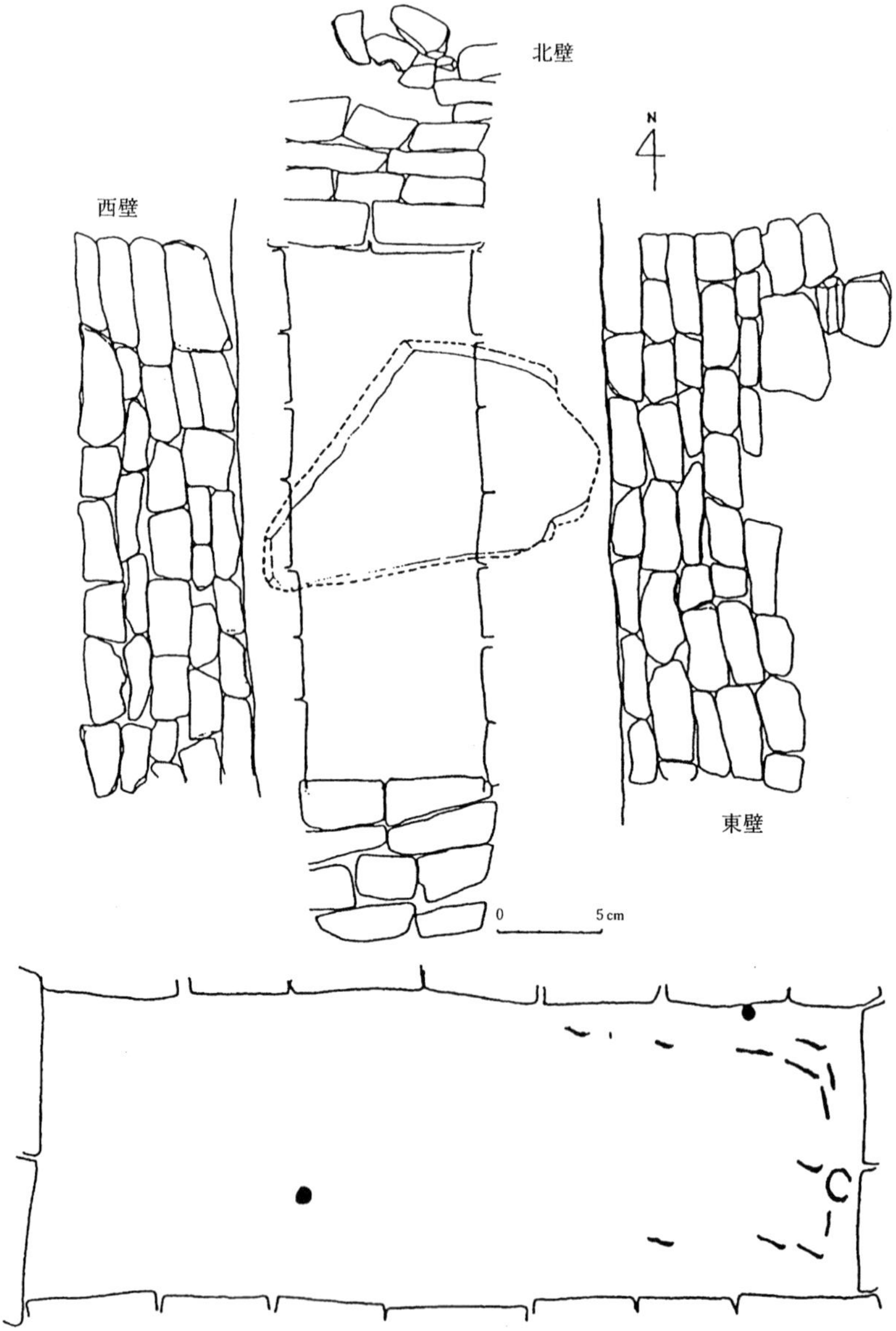

図８－５　清風洞石室墓出土の開元通宝と鉄片（文献11）

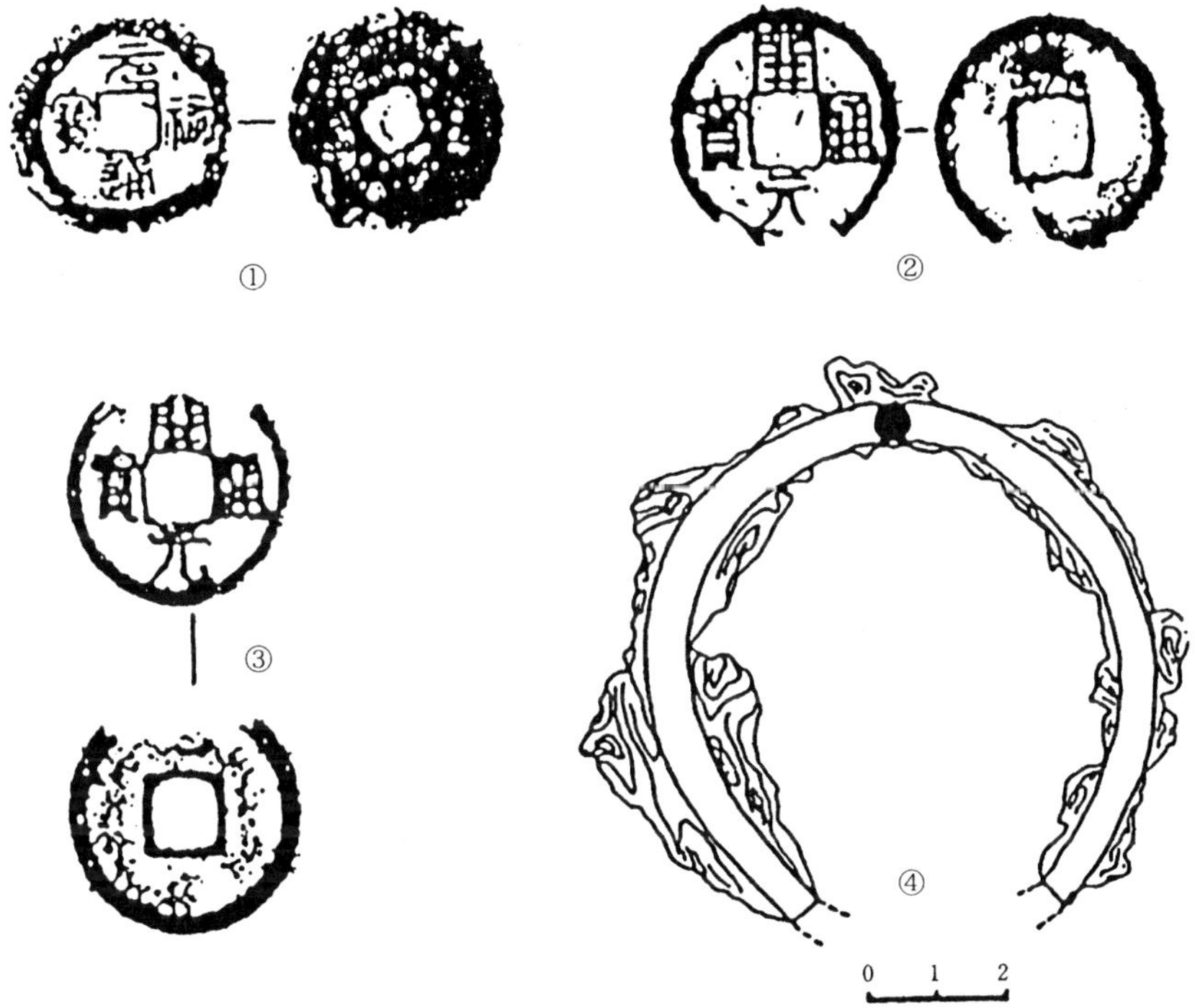

とされている。

(6) 扶餘新里遺蹟

本遺跡出土の開元通宝は地下に埋められた蔵骨容器の中から発見されたものである。以下、姜仁求氏の論文を要約、掲載する。[12]

本遺跡は扶餘郡窺岩面新里山五番地、俗称（セッシッコル）にあり、一九七四年四月五日の寒食日に山の所有者である李揆泰氏（四八歳、新里里長）が父の墓の封土を改築したとき、封土の北方一・五m離れた地点で発見したものである。

土器は蓋のついた百済土器壺で、全体の高さ（含蓋）は二一・三cm、壺身は一七・八cm、壺の口径は一二・四cm、底径は二一cmである。黒灰色を帯び、硬質で平底である。口縁部は低くて直立し、肩部は平たく張り、腹部の最大径は身高の

図8－6　扶餘新里遺蹟出土の骨壺（文献12）

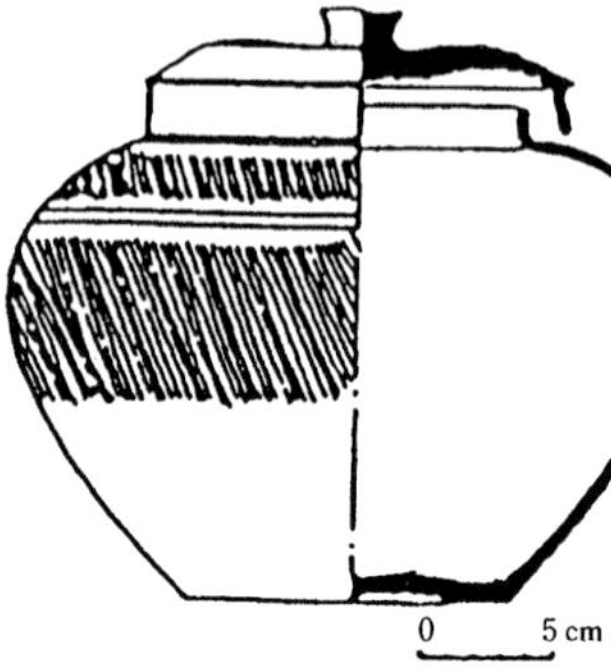

約二倍にあたる二五・三㎝である。胎土には砂粒が多量混入され、肩部は酸化して灰色を帯びている。肩部の下方には二条の大きな線が横に巡らされていて、上から腹部まで縄席文が施されている。壺の大きさに比べると器壁は厚く、安定して堅固な感じを与える（図8－6）。蓋は硬質の灰色で、頂部には伽耶地方の土器に多く見られるボタン形の紐が安座しており、壺と同じように多量の砂粒を混入する。これと同じようなボタン形の蓋紐が付いた蔵骨土器は、早くは一九三六年八月に扶餘邑新垈里の丘陵で発見され、現在、扶餘博物館に収蔵されている。この土器の底内部から合計五個の銅銭が発見された。銅銭はすべて開元通宝で、極めて薄く、うち一個は完全に破損して器底面に付着していた。他の四個の銅銭も置かれていた跡がはっきり残っていた。

姜仁求氏は年代の確実な開元通宝の発見により、百済土器の編年及び百済火葬墓の年代比定に重要な手がかりが得られたとして、蔵骨器が埋葬された年代は百済の滅亡とあまり離れていない時期と考えた。

(7) 扶餘雙北里遺蹟

ここでも開元通宝が蔵骨器の内外からそれぞれ一枚発見された。以下、姜仁求氏の論文を要約、掲載する。(12)

遺蹟は扶餘雙北里北浦（ドウイッケ）部落田四番地に所在する。この地点は扶餘邑から井洞里に通ずる道路に面した畑地で、青山城の東北端にあたり、扶餘の羅城と青山城を連結する地点にある。この一帯には百済時代の瓦や土器片が多数散在し、礎石なども多数集中していて以前から百済時代の建物跡と推測されてきた場所である。件の蔵骨器が発見された地点から三〇ｍ離れたヨナム山山麓には日帝時代まで石仏坐像があって、近隣住民の信仰の対象になっていた。このような歴史的・文化的背景および今回発見の火葬容器や石仏から、この地点は百済時代の逸名寺址と推定されている。

火葬容器は畑地の耕作中に犂に引っかかって発見されたもので、地表面に近い風化した片麻岩に直径四五～五〇㎝、深さ四〇～五〇㎝の丸い穴を穿ち、その中に骨壺一個を安置していた（図8-7）。この土器と片麻岩の側壁との間には上綿里で見られたような側石とか蓋石は発見されなかった。この種の火葬容器は扶餘地方では新里、軍守里、雙北里、莘岩里等に出土例が多数ある。一度も調査されたことはないが、側石や蓋石が発見されていないのを見ると、当初から側石とか蓋石を使用しない小規模の封土のような形式があったのかもしれない。今後の調査に期待したい。

本火葬墓遺跡で発見された遺物は蓋付きの土器壺一点と銅銭二個で、そのほか周辺から前述したような礎石や瓦片、

図8－7　扶餘雙北里火葬墳墓
（文献12）

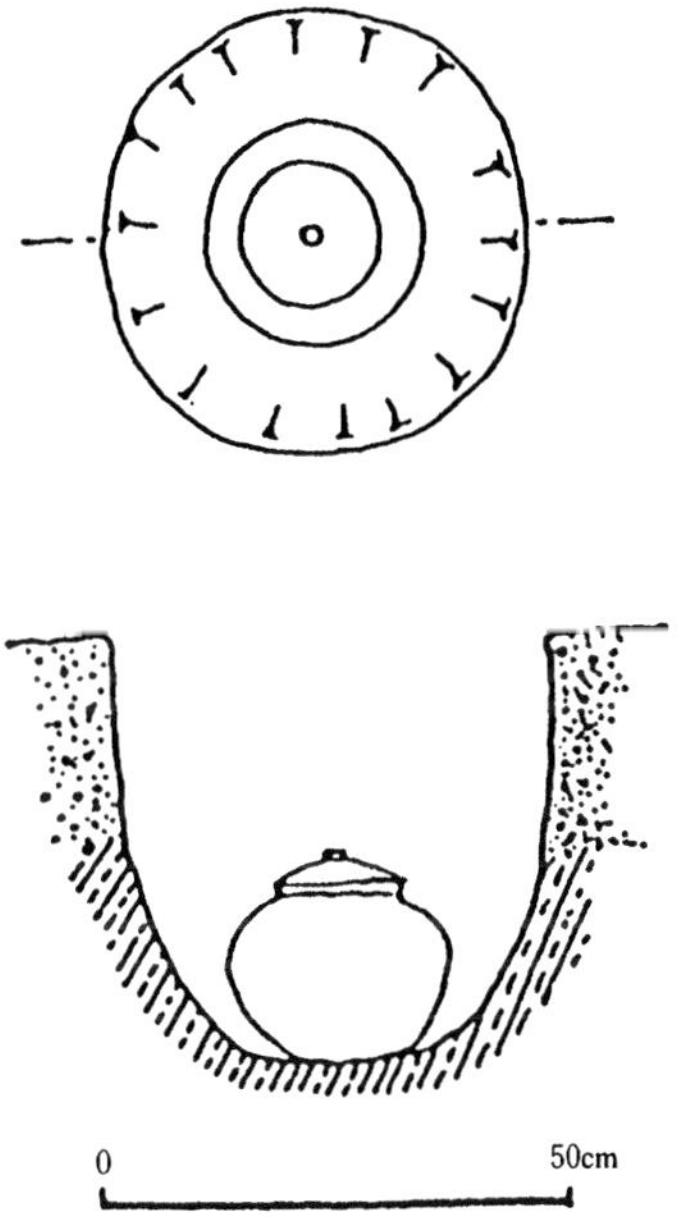

図8－8　扶餘雙北里遺蹟出土の骨壺
（文献12）

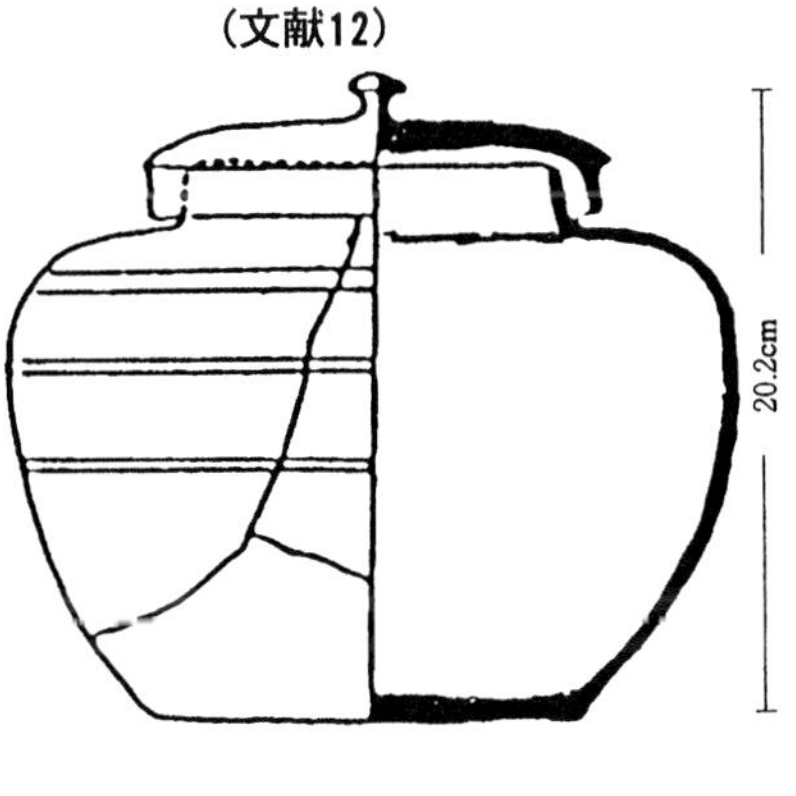

土器片が多数採取されている。

例の蔵骨器は扶餘地方でよく発見される典型的な骨壺タイプで（図8-8）、壺は球形を呈し、広口短頚、直立の口縁部をもち、平底である。肩部は平らで、急に横に広がったかと思うと、再び縮小していくタイプである。器質は滑らかな胎土に属し、硬質で、器色は灰色、肩と腹部に二条ずつの陰刻線が三箇所に巡らされている以外は無文である。

蓋は壺にあわせて作られており、器質や器色も同一で、伽耶式に多く見られるボタン式の低い紐が付いている。無文だが全体に自然釉が付着している。全高二〇・二cm、壺高一七cm、口径一二cm、底径一二・二cm、最大腹径二三・五cm、蓋高は四・五cmである。

開元通宝は計二個発見され、うち一個は壺内底部から破損した状態で、他の一個は壺の外で発見された。これらの開元通宝は前項の新里遺蹟で発見されたものと同様同式とされている。

(8) 扶餘官北里遺蹟

本遺跡は忠清南道扶餘郡扶餘邑官北里三三-六、三三一-一八番地に所在し、学術的調査を目的として、一九八二年一〇月二三日～同年一一月三〇日（第一次）と一九八三年九月二八日～同年一一月七日（第二次）の二次にわたって発掘調査が実施された。百済時代の方形蓮塘址である。出土した二枚の開元通宝について、下記の記述がある。[13]

中国唐代の貨幣である開元通宝が二個池の内部の堆積土の最上部（「層）から発見された。二個は同一の鋳造だが、一個は完形で、他の一個は少し損傷を受けている。隷書体の文字は精密美麗で、均衡がとれ円周の輪郭も深くくっきりしている。後面には何の文字もない。直径二・四九cm、厚さ〇・一六cm（保存処理後）。開元通宝は武徳四（六二一）年に初めて鋳造された後、唐代を通して広く流通し、この間何度か改鋳されている。したがって、多くの開元通宝の中には鋳造された時期によって銭文の字形や背文の有無の点で、若干の差異を見ることができるという（『文物』

図８－９　扶餘官北里遺蹟出土の開元通宝（文献13）

一九八二、四期、〈古銭〉）。今回発見された二個の銅銭は初期の開元通宝とその特徴を同じくしている（図８-９）。

開元通宝は前述のように蓮池内部の堆積層最上部からの出土だが、報告書は二枚とも百済時代のものと推定している。

⑼　扶蘇山城

扶蘇山域でも開元通宝が得られている。[14] 以下に主要部分を抄録する。

本城は泗沘時代（ＡＤ五三八～六六〇）における百済山城の中心拠点をなした山城で、扶餘邑の北側にある扶蘇山（標高一〇六ｍ）に築造されている。この山城は山頂部を帯で巻いたような鉢巻式山城と谷を取込んで築いた包谷式山城からなる複合式山城である。城内からは寺址、瓦積基壇建物址、竪穴住居址、軍倉址などさまざまな遺構が検出された。百済時代の竪穴式住居址が三基確認されたが、その中から金銅製鳥頭装身具、鉄製大刀、土器類、瓦類などとともに開元通宝が発見された。[14]

筆者らは、未だ正式な報告書を入手する機会に恵まれず、開元通宝の出土状況あるいは枚数など詳細は不明である。

⑽　天安市慰禮山城

慰禮山城は忠清南道天安市北面雲龍里山八一番地に所在し、韓国の古代研究史上、百済初期の都邑地と関連して注目を浴びてきた遺蹟である。しかし、本遺跡については過去に本格的な発掘調査が行われたことはなく、上記のような観点も皮相的な踏査に基づくものであった。そのため、本格的な発掘調査が必要となった。

以下に、発掘調査報告書から関係部分を要約、記載する。(15)

調査は本城跡の性格解明を目的とした学術的調査で、国立ソウル大学校博物館と韓国放送公社（ＫＢＳ）が共同で実施した試掘調査によって、この山城が土石混合で築造され、築造年代が百済初期まで遡る可能性が明らかとなった。その結果、慰禮山城に対する関心が高まり、天安市が本城に関する地表調査および試掘調査をソウル大学校人文学研究所へ依頼した。発掘調査は一九九五年五月四日からの七〇日間と一九九六年九月二五日から同年一一月三〇日までの五〇日間の二次にわたって実施された。

慰禮山城は慰禮山の頂上部に築造された山城で、標高は五二五・九ｍである。頂上部を取り囲む城の形態は鉢巻式山城で、頂部の稜線にそって南北にやや長い菱形をなしている（図８-10(A)）。今回の調査で明らかになった城壁全体の長さは約九五〇ｍで、門址に連なる傾斜の急な区間は石城で築造され（残存高四～五ｍ）、残りの部分は土石混築の城壁からなり、残存部の高さは約二ｍである。

車嶺山脈の中間地点に位置する慰禮山城は直線距離で約二・五㎞にある聖居山とともに、この一帯では最も高く、戦略的にきわめて重要な地点である。すなわち、車嶺山脈の北西に安城、平澤、天安、牙山など、広大な平野地帯が一望できる平地経略のための要衝であることが容易に確認できる。また、慰禮山周辺の山岳地帯には非常に古い歴史をもつ山城が多く分布している。

さて、本城跡における発掘調査はＡ～Ｇの七地区で実施された。そのうち開元通宝が出土したのはＧ地区である。Ｇ地区はＦ地区からＥ地区に連なる部分に位置し、四個のトレンチを設定した。トレンチ１はＥ地区からＦ地区につながる東側城壁に直交する形で設定されたもので、同地区に城壁が残存するか否かを確認するためのものである。

図 8－10 天安市慰禮山城（文献15）

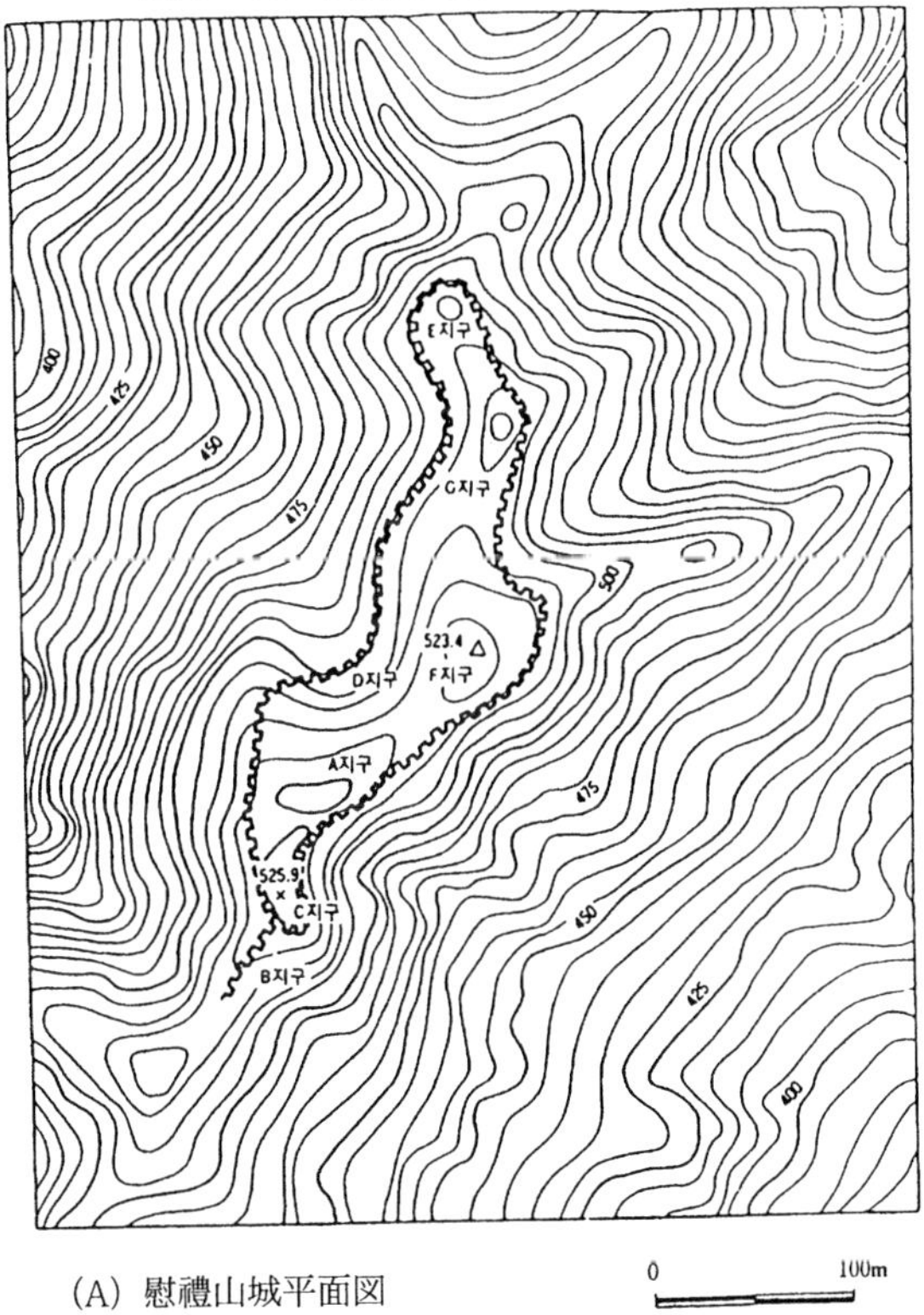

(A) 慰禮山城平面図

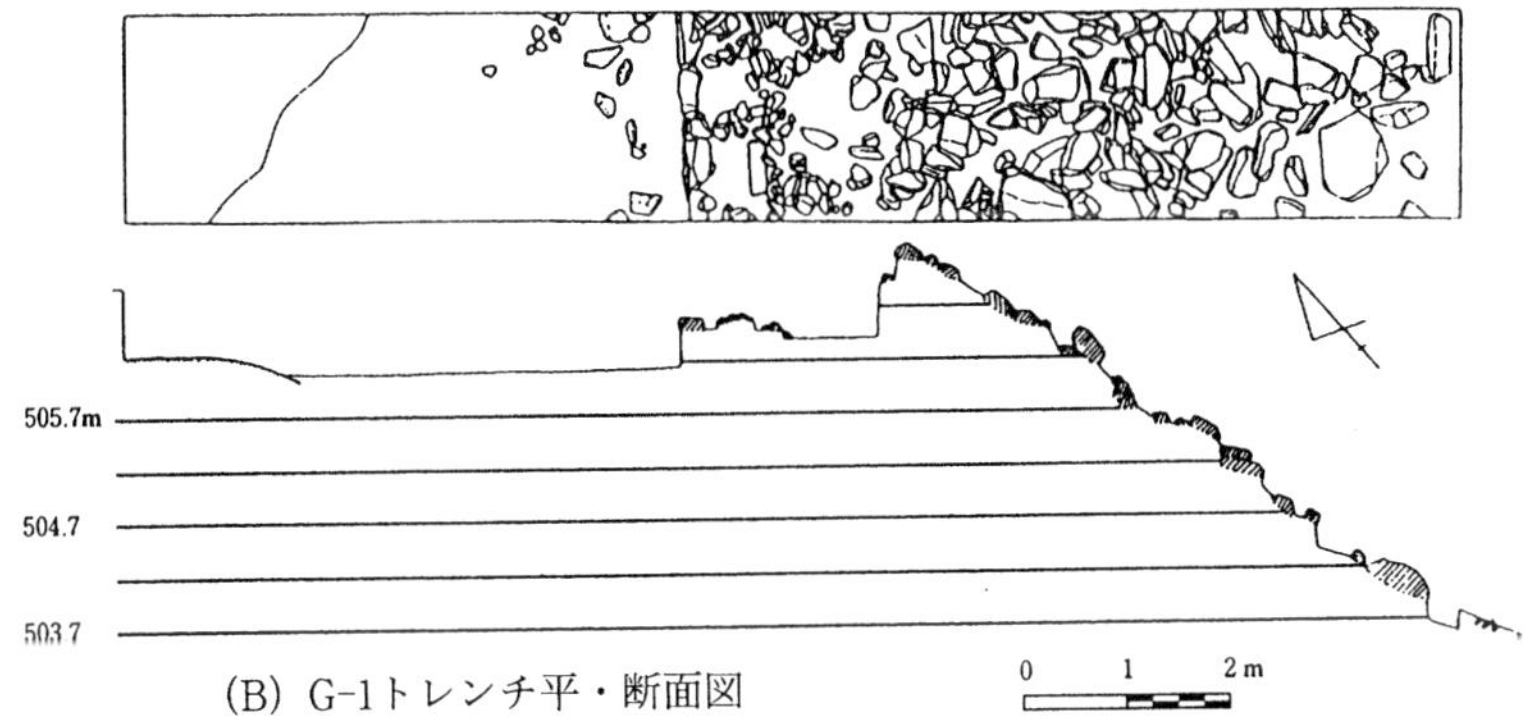

(B) G-1トレンチ平・断面図

写真５　慰禮山城出土の開元通宝（文献15）

トレンチ２・３は城内部の稜線が人為的に築かれたか否かを検討するために稜線の両側傾斜面に設定されたものである。トレンチ４はＥ地区からＤ地区の井戸跡につながる西側城壁部の様子を探るための切開トレンチである。上記諸調査の結果、トレンチ１の石積みを覆っていた褐色の粘土層から高麗磁器と土器が出土し、表土層から百済時代の器台が出土し、Ｇ区の下層は百済時代に遡ることが裏付けられた。

以上の調査結果から見て、慰禮山城は百済時代末期か、統一新羅時代に築造され、Ｅ地区とＧ地区の場合は高麗時代に修築されたと考えられるにいたった。トレンチ１区出土の開元通宝について、報告書は次のように記述している。

この開元通宝は直径二・五㎝、重さ二・五ｇで、四角の孔をもち、文字は上↓下↓右↓左に読むようになっていて、背面には文字がない。開元通宝は中国唐の高祖と武宗（八四一～八四六）、南唐の元宗（九四三～九六〇）時代にそれぞれ鋳造されたもので、今回の出土品は形態と大きさから見て唐の高祖武徳四（六二一）年に製作されたものと推定される。

開元通宝は前述したように表土からの出土であるが、上記のような開元通宝そのものの特徴および本遺跡全体の時代的背景から見て、本遺蹟の発掘担当者であり、かつ今回の共同執筆者でもある任はG地区出土の開元通宝を統一新羅時代に由来する可能性が高いと見ている。

⑾ 扶餘雙北里遺蹟（隋五銖銭）

斉藤忠氏は扶餘出土の隋五銖銭について報告している。開元通宝に主眼をおく本文の趣旨からは外れるが、この直後に現れる開元通宝の背景を考える上で雙北里の隋五銖銭も重要であり、以下に要約、記載しておく。(16)

百済の旧都である扶餘でも慶州の新羅土器や日本の須恵器と関連する土器が発見されている。斉藤忠氏はこの種の土器が発見された直後の昭和一四年に現地調査を行い、その結果を次のように報告している。

上記の土器は論山から扶餘に至る街道と公州から扶餘に通ずる街道の交差するあたりに位置した丘陵突端部の畑地から出土した。土砂採取の工事中に偶然に発見されたもので、地表下四〇cmの位置に正座した状態で置かれ、付近にはかなり多くの小石が存していたものの、他に特殊な遺構は確認できなかった。

この土器は図8-11のように高さ一五cm、口径九・八cm、底径九・八cm、肩はやや張り、口縁は若干高く、かつ内湾している。一面に灰黒色を呈する堅緻な土器であるが、中腹部上方は多少剥落している。表面全体に約二・五cmの幅をおいて細い刻線がめぐらされ、底部は平底である。蓋は被せ蓋で、頂きに宝珠形の撮みがあり、灰黒色を呈し、焼成の際の歪みもあって、整正した形ではないが、身とよく合っている。

この土器の底部から粘土とともに破片も合わせて一一個の五銖銭が出土した。これらの五銖銭は隋五銖銭と鑑定さ

図8－11　扶餘雙北里遺蹟出土の骨壺（文献16）

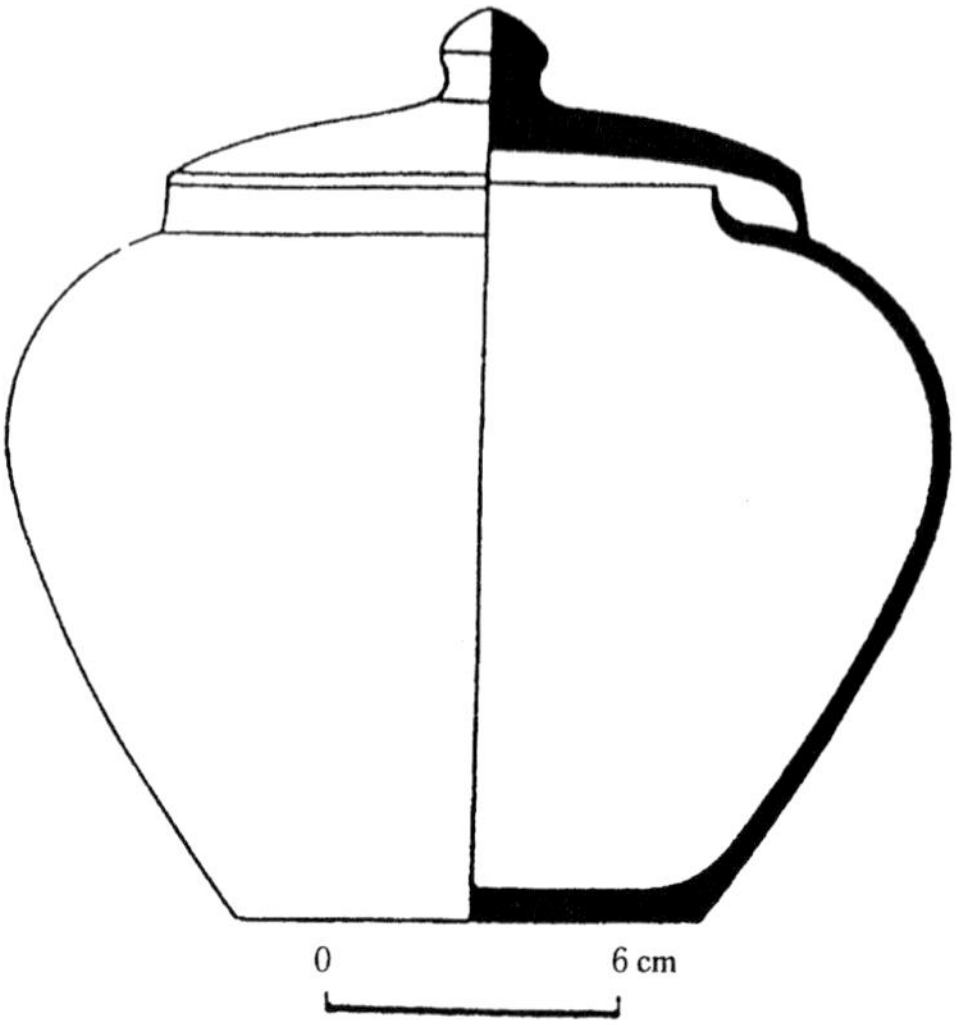

れている。

以上の状況から斉藤氏はこの土器を百済時代の火葬壺であろうとしている。百済時代には先述のように扶餘の新里遺蹟や雙北里遺蹟などで開元通宝が出土しており、これらの五銖銭は開元通宝出現直前の状況を示すものとして注目される。

おわりに

以上、中国のほぼ唐代に対比される百済末期から統一新羅時代出土の開元通宝について、出土状況・出土枚数等概観した。前記したように戦前における報告例は数カ所に過ぎなかったが、今回の調査により増加していることが確認された。われわれが当初予想していたように韓国は九州よりも出土例が多く、韓中両国間の地理的位置及び当時の頻繁な交流・交易を考慮すると、今後も類例は増加するものと思われる。

現在のところ、出土地は百済や慶州などの旧都に集中しているが、泉州における公林寺例から察せられるように今後、予期せぬ地域からの出土も考えられる。因みに、時代は異なるが韓国における漢代貨幣の出土例を見てみると、中国文化の直接の影響を受けたと見られる半島北部地方に集中し、次いで、この北部地域から遠く離れた半島南部海岸地域で多く出土している。両者に挟まれた半島中部地方や南部の内陸部では出土していない。[17] このような分布のあり方から当時すでに海路を通した大陸との交流が想定されており、(17) このような海上ルートによる交流は原三国時代から統一新羅時代まで間断なく行われたであろうし、このように見てくると、現在未発見地帯である韓半島南部沿海地方でも将来、開元通宝が発見される可能性は大きいと思う。いずれにせよ、韓国における開元通宝の発見例は今後さらに増加するであろう。

次に開元通宝の出土形態について見てみたい。現在のところ骨壺からの出土例が相対的に多く、遺跡における遺物包含層からの検出例は極めて少ない。前者のような出土例から、韓国における当時の銭貨使用例の一端を知ることができるが、この種の用例は斉藤忠氏がすでに指摘しているように当時の日本でも確認されている。(16)

銭貨の非貨幣的用例としては、先述のように骨壺や胞衣壺への埋納・六道銭・鎮井・安全祈願等々(18)のほか、耳飾り・腰飾り・服飾などさまざまな用例が報告されている。(19)

このような非貨幣的用例も貨幣が流通している市場社会（先進地域）と非市場社会（いわゆる未開社会）とではそれぞれの用法に違いが見受けられるように思われる。資料が十分整っているわけではないが、前者では骨壺への副葬や諸祈願など貨幣使用の延長線上で対応する傾向が強く、他方、後者の非市場社会では服飾など装飾的用途に使用する傾向が見受けられる。(19)

韓国における正式な貨幣の発行は高麗時代の「東国」（九九六年）に遡るという。(20)しかし、民族例等を参考にすると、(21)実際にはそれ以前に渡来銭がすでに交易などに限定的に使用されていた可能性がある。百済や慶州に開元通宝が集中している状況は、骨壺への副葬が多いとはいえ暗示的である。

中国周辺部のアジア諸地域における貨幣経済への移行については、それぞれの地域における社会・経済システムの状況が重要な基盤となったであろうが、外的要因としては中国の影響が大きく関与していたように思う。現在のところ、これらの地域における貨幣使用の上限が、渡来銭の使用も含めて、明確におさえられている地域は少ない。殊に、東中国海を取り巻く地域では起源が不明瞭である。

今後、東中国海を取巻く地域の研究者が、いかなる要因あるいは社会的背景の下にそれぞれの地域が貨幣経済へ移行していったか、お互いに緊密な連携をとりながら究明していく必要を痛感している。

注

(1) 王仲殊「論漢唐時代銅銭在辺境及国外流伝――従開元通宝的出土看琉球与中国在歴史上的関係」『考古』第一二期、一九九八年
(2) 高宮廣衞「開元通宝と按司の出現」『南島文化』第一九号、沖縄国際大学南島文化研究所、一九九七年
(3) a. 斉藤忠『古代朝鮮文化と日本』東京大学出版会、一九八一年
b. 石井正敏「外交関係――遣唐使を中心に」池田温編『古代を考える　唐と日本』吉川弘文館、平成四年
(4) 斉藤忠「新羅火葬骨壺考」『新羅文化論攷』吉川弘文館、昭和四八年
(5) 『博物館物語（日本語版）』国立慶州博物館、一九九四年
(6) 崔永禧「雁鴨池と臨海殿」『雁鴨池（本文編）』大韓民国文化部文化財管理局、学生社、一九九三年
(7) 韓炳三「容器類」『雁鴨池（本文編）』大韓民国文化部文化財管理局、学生社、一九九三年
(8) 『大邱漆谷三宅地遺蹟二区域（ナ）――竪穴出土開元通宝』嶺南文化財研究所提供、二〇〇〇年三月
(9) 『綾州～和順間道路拡張舗装工事地域文化遺蹟発掘調査現場説明会資料』全南大学校博物館、二〇〇〇年三月二二日
(10) 出土銭貨研究会々員嶋谷和彦氏のご教示による（二〇〇〇年三月二七日）
(11) 『無等山1文化遺蹟調査』光州直轄市社団法人郷土文化開発協議会、一九八八年
(12) 姜仁求「II。新里・軍守里の火葬墳墓」『百済古墳研究』一志社、一九七七年
(13) 『扶餘官北里百済遺蹟発掘報告（I）』忠南大学校博物館・忠清南道庁、一九八五年
(14) 『國立扶餘博物館（日語版）』國立扶餘博物館、一九九八年
(15) 『天安慰禮山城――試掘調査及び発掘調査報告書』ソウル大学校人文学研究所・天安市、一九九七年

(16) 斉藤忠「扶餘発見の壺の一型式」『考古学雑誌』第三二巻第一号、一九四二年
(17) 池健吉「南海岸地方の漢代貨幣」『金正基博士回甲記念論叢』西江叢業、一九九〇年
(18) 栄原永遠男『日本古代銭貨流通史の研究』塙書房、一九九三年
(19) 高宮廣衛「開元通宝から見た古代相当期の沖縄諸島」『アジア史学会第九回研究大会——アジアの中の沖縄——報告要旨集』同実行委員会、一九九九年一一月
(20) 『一目で見るわが国の貨幣・世界の貨幣』韓国銀行、一九九六年
(21) 高宮廣衛「金属貨幣使用開始期の民族例一国二制度的慣行?」『出土銭貨』第一三号、出土銭貨研究会、大阪、二〇〇〇年五月

9 沖縄県内出土人骨及び埋葬遺構に関する一考察

谷畑美帆

はじめに

沖縄は、日本列島とはやや様相を異にする文化が発生し、成熟していった地域の一つである。またその歴史は古く、本島中部では更新世（約一万八千年前）に相当する化石人骨港川人が出土している。(1) それ以降の時期に相当する貝塚(2)・グスク時代(3)においても貴重な資料が、沖縄から出土している。

本稿では、こうした考古学的・人類学的背景等を踏まえた上で、今回観察する機会を与えていただいた出土人骨に関する所見と埋葬遺構との関係についてみていきたい。

一　対象資料と遺跡の概要

本稿では、土井ヶ浜遺跡・人類学ミュージアムに保管されている人骨資料のうち、石垣貝塚出土例五体、平川貝塚出土例五体、上勢頭古墓群出土例一体、合計十一体を研究対象資料としている。

石垣貝塚は、沖縄県石垣市に位置する中世の埋葬遺跡である。本遺跡の位置する石垣島東部は平野が多く、海岸沿いを中心に集落跡が形成されていた。(4)

本貝塚からは、石棺墓一基、土坑墓一基、配石墓一基、石組墓二基の合計五基の埋葬遺構が検出されている。遺跡の年代は、出土遺物のひとつである中国青磁等から、十五世紀後半から十六世紀前半とされている。

平川貝塚は、沖縄県石垣市に位置する中世の埋葬遺跡である。本遺跡は、石垣貝塚より数km しか離れておらず、地理的環境は、石垣貝塚とほぼ同様である。

本貝塚からは、五つの土坑墓が検出されており、それぞれ一体ずつ遺体が埋葬されていた。これらの被葬者は、本遺跡から出土している中国青磁・白磁等から、石垣貝塚同様中世（十五～十六世紀）に相当するものと考えられている。

上勢頭（かみせど）古墓群は、沖縄県中頭郡北谷町伊礼伊森原丘陵上に位置する近世の埋葬遺跡である。こうした丘陵や海岸地域は、耕作等に適さず、意図的に墓地が作られたということである。(5)

しかし、本古墓群の多くは、現在空墓になっている。(5) 上勢頭古墓は、南西方向に伸びる丘陵の南側斜面上にあるものと西方向に伸びる丘陵上にあるものと大きくわけて二つの丘陵上に作られている。このうち、南西方向に伸びる斜面上にある五基と西方向に伸びる丘陵上にある五基について北谷町教育委員会が発掘調査を実施している。

上勢頭古墓第六号墓は、「掘り込み墓」というタイプの本古墓群で最も一般的な墓型を取っている。このタイプの墓型は、石灰岩の岩盤の前面を削平し、水平方向に岩盤を掘りこんでいくというものである。埋葬施設からは、厨子甕であり、木棺に使用されたと考えられる鉄製丸釘、及び副葬品として、寛永通宝が出土している。埋葬年代は、近代にまで遡ることが確認されている。

以上の要点を踏まえて、ここでは、石垣貝塚第一～五号墓、平川貝塚第一～五号墓及び、上勢頭古墓群のうち、西方向に伸びる丘陵上に位置する第六号墓に関する観察及び、考察を実施する。

二　観察結果

《石垣貝塚》

石垣貝塚からは、前述したように五つの埋葬遺構から五体の人骨が出土している。

第一号人骨はテーブルサンゴでできた石棺墓に埋葬されていた。年齢は、壮年（四〇歳未満）、性別は男性と推定される。

歯牙の遺存状態は比較的良好で、左上顎歯では、頬側及び、舌側に歯石が多く付着していた。また、上顎左右第二切歯・上下顎左右犬歯では、栄養障害を示すものの一つとされるエナメル質減形成の所見を観察している。

第二号人骨は、土坑墓から出土している。遺体は屈葬の形態をとり、両手を膝の上にのせていた。年齢は壮年、性別は男性と推定される。遺存状態はやや不良であるため、残念ながら本個体からは、古病理学的所見は観察されていない。

第三号人骨は、数個の石を遺体の周辺に配した「配石墓」に埋葬されていた。人骨の周りには、石灰岩の自然石を配してあり、屈葬の姿勢をとっていた。年齢は歯牙の萌出から四歳程度と推定される。遺存状態はやや不良であるため、二号人骨同様、本個体からは、古病理学的所見は観察されていない。

石灰岩礫を方形に組み上げた石組墓からは、合計二体の人骨が出土している（第四号人骨・第五号人骨）。

図9－1　石垣貝塚第2号人骨（報告書より再トレース）

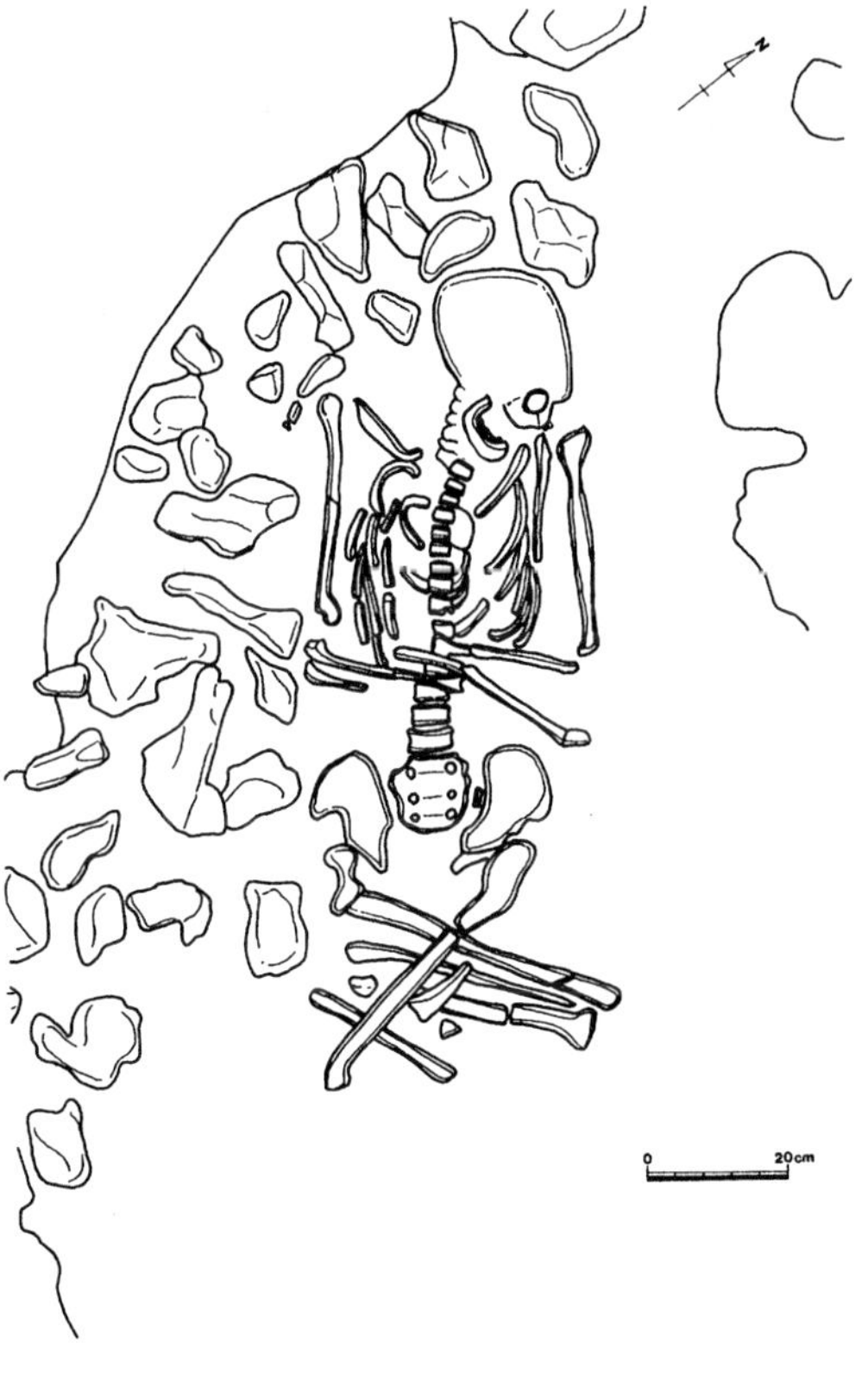

第四号人骨の遺存状態は、良好とは言いがたい。しかし、一部の歯牙はよく残っており、性別は不明であるが、右上顎第二大臼歯が未萌出であることなどから本個体は七歳程度と判断される。頭蓋骨の遺存率も不良であるが、前頭骨右半分が残っており、右眼窩上板からクリブラ・オルビタリアの所見（Grade 1）を観察している。本所見はエナメル質減形成同様、栄養障害を示すものの一つとされている。

また、石組墓内部には火を使用した痕跡はないとのことであるが、埋葬人骨の一体である第五号人骨は、火葬されていた。人骨の残存量が一キログラム未満と少ないことから、遺体の一部を選択して埋葬している可能性もある。(6)

石垣貝塚からは、年代決定の決め手となる中国青磁などの遺物が出土しているが、いずれも埋葬遺構から出土したものではなく、これらよりやや上層から出土したものである。そのため、本遺跡については、埋葬遺構と副葬品との関係について述べることが難しくなっている。

《平川貝塚》

平川貝塚からも五体の人骨が出土している。これらはすべて、土坑墓に埋葬されていた。

第一号人骨は、壮年前半の女性と推定される。資料の遺存状態は不良であるが、上下顎左右犬歯にはそれぞれエナメル質減形成の所見が観察されている。

第二号人骨は、歯牙の萌出から十歳程度のものと推定される。遺存状態は、比較的良好であるが、骨にみられる病的所見としては特記すべきものはない。

第三号人骨は幼児（五歳程度）、第四号人骨は乳児（一歳未満）と推定される。第三号人骨では下肢が屈葬になっているなど埋葬当時の姿勢を確認することは可能である。しかし、両方とも攪乱を受けていたようであり、骨の原位置が失われ、遺存状態も良好とはいいがたい。骨病変として特記すべきものは残念ながらない。

図９−２　平川貝塚第２号人骨（報告書より再トレース）

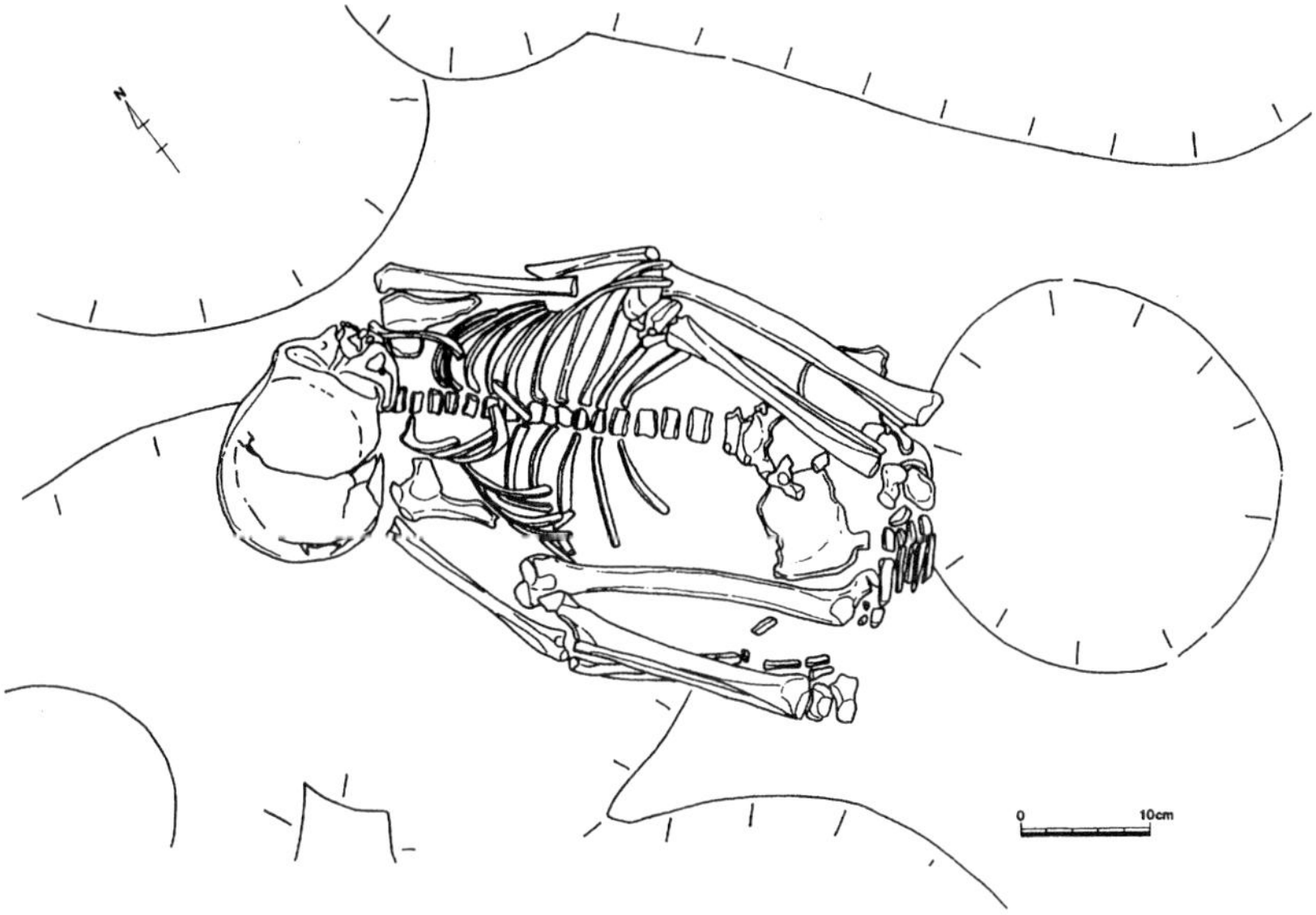

第五号人骨も攪乱を受けており、遺存状態は不良である。年齢、性別及び骨病変等については不明である。

《上勢頭古墓》

一般に厨子甕に埋葬されている遺体は、洗骨などの儀式を経て納められるので、人骨の埋葬位置は保たれておらず、遺存状態も不良である。上勢頭古墓出土人骨も、厨子甕に埋葬されていたため、遺存状態・保存状態は不良であった。

上勢頭古墓の被葬者である出土人骨の年齢は、十四～十五歳、性別は男性と推定される。本個体において骨病変として観察される所見は少ないが、左上顎第一切歯から犬歯の歯冠において、エナメル質減形成の所見を観察している。その他、右上顎第一切歯や下顎切歯にも同様の所見が観察される可能性はあるが、歯牙が遺存していないので、詳細については不明である。

三　考　察

以下、沖縄県内出土の中世及び近世人骨と埋葬遺構に関する観察結果を基に考察していくこととする。

中世（十五世紀〜十六世紀）に相当する石垣貝塚では、今回観察した人骨五体のほか、埋葬遺構から三体の人骨、同じく中世に属する平川貝塚でも埋葬遺構外から一体の人骨が出土している。これらは、県道から偶然発見された人骨であり、当初明和の大津波(7)による犠牲者のものではないではないかと考えられていた。しかし、本遺跡から出土している中国青磁などの輸入陶磁器から中世の遺跡であることが明らかとなった。

本遺跡を含む石垣島南東の平地部を四箇村（登野城・大川・石垣・新川）と呼ぶが、この地域は、遺跡が多い。それはこの地域が農耕に適しており、グスク時代に交易が盛んになったことなどと相まって、定住地域が拡大していったことによるとされている。

石垣貝塚からも、輸入陶磁器が大量に出土しており、島内に残るいくつかの貝塚遺跡同様、近隣の地域との交易等を示している。また本遺跡では、未成人骨及び火葬骨を除いて、屈葬による埋葬形態をとっていた。屈葬埋葬は、本遺跡の近くで発見された平川貝塚でも多くみられる。平川貝塚では遺存状態の不良な資料を除いて、未成人骨を含むすべての個体が下肢骨を膝・腰部分で折り曲げた屈葬埋葬となっている。

平川貝塚では、合計五体の人骨が出土しているが、埋葬遺構はすべて土坑墓の形態を取っている。また石垣貝塚では、埋葬遺構は、配石墓・石組墓・石棺墓・土坑墓と多様であり、この相異が何に基づくのかを今後考察していかなければならない。さらに、火葬骨である第五号人骨と同じ埋葬遺構に埋葬されていた第四号墳の関係についても、考察していく必要があるだろう。

石垣貝塚及び、平川貝塚では、屈葬埋葬でないものは未成人骨と火葬骨のみであった。未成人骨の遺存状態・保存状態は成人人骨に比べて一般に不良であり、骨端部の未癒合などによって原位置を維持することが難しい場合が多い。そのため、本資料同様、未成人人骨の埋葬形態の詳細については、明らかにできないことが多い。また沖縄では、当時一般的ではなかったと思われる火葬骨が、石垣貝塚で一例確認されている。

前述したように、石垣島には、石垣貝塚・平川貝塚をはじめ、グスク時代に相当する遺跡がいくつか確認されている。最近、こうした遺跡から出土した人骨にみられる古病理学的所見に関する調査も実施されており、石垣島における中世・近世人骨出土例では、病的所見の出現頻度が高いとの結果が得られている(8)。

今回観察を実施した石垣貝塚出土例においても、五体中二体に古病理学的所見が確認されているが、この結果から、古病理学的所見の出現頻度の高低について述べることは困難である。ただし、今後の研究に繋げていく資料の一例とみなすことが可能であろう。

さらに、平川貝塚出土人骨でも病的所見として確認されたものは多くはなかった。しかし、これは埋葬人骨の死亡年齢が低いことなどから考えて、遺存状態の不良さによるものとも考えられる。出土人骨の死亡年齢は、壮年一体、および未成人人骨が四体と若く、彼らの生活環境が安定したものとは言い難い。

一方、上勢頭古墓群の被葬者は、十八～十九世紀に北谷微高地に入植してきた「都落ち集落」に居住していた人々と考えられている。

本古墓群からは、第六号墓のみから人骨が出土しているほか、人骨は出土していない。しかし、第六号墓出土例は、若年で死に至っていること、栄養障害の一つであるエナメル質減形成の所見を持っていることなどから、あまり恵まれた暮らしぶりではなかったであろう。これは、上勢頭古墓群における人々が入植後、かなり厳しい生活を強いられていたことを推測させる。

図９－３　ストレス・マーカーの発生について（Goodman & Armelagos, 1989）

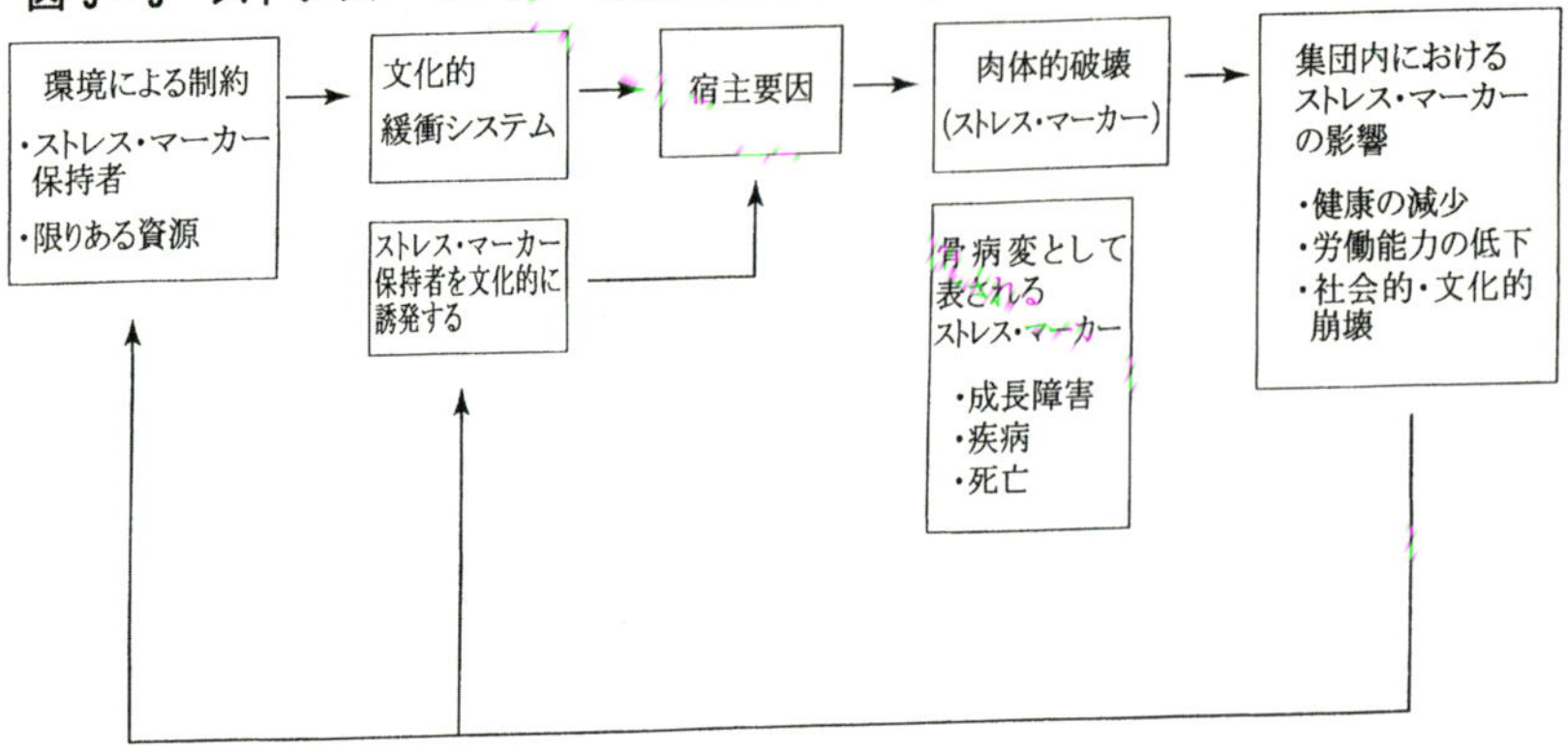

おわりに

本稿で扱った古病理学的所見としては、ストレス・マーカーを挙げることができる。ストレス・マーカーとは、「致死的なものではないが、生前の栄養不良などを示す指標となる」症例の一つである。乳幼児死亡率の高かった近代以前の人骨資料を観察してみると、未成人骨では、ストレス・マーカーの出現頻度が高く、その所見もシビアなものであることが多い。

それでは、ストレス・マーカーが確認されないと病気を患うことなく健康であったのだろうか。いや、そうではない。というのは、重度の感染症を患い、骨に病変を残す暇もなく死んでしまった場合、ストレス・マーカーの所見が観察されないことがあるからである。

しかし、ストレス・マーカーの出現頻度等に関する観察を実施することによって、被葬者の健康状態に関しての考察もある程度可能とされている[9]。ストレス・マーカーには様々なものがあり、その成因も異なるといわれている。しかし、今回観察したエナメル質減形成及び、クリブラ・オルビタリアの二つには、弱いながらも相関関係があるとされている[10]。

社会・政情の安定に伴う生活状況の変化などによってストレス・マーカーの出現頻度やその程度が異なることはよくいわれている。

前述したように、石垣島内における一部の出土人骨では、ストレス・マーカーの出現頻度が高いとされている。今回観察した石垣貝塚・平川貝塚出土例においても、ストレス・マーカーの所見が観察されており、死亡年齢が比較的若いことなどからも、当時の島内における生活が厳しいものであったことを伺わせる。

また、沖縄本島に位置する上勢頭古墓群の人骨から見ても、当時の生活状況は安定しているとは言い難いようである。すべての個体を観察してみないとその詳細について述べることは不可能であるが、今後、ストレス・マーカー等の骨病変の出現頻度も増えてくる可能性がある。

埋葬遺構の形態は、石垣貝塚（十五〜十六世紀）、平川貝塚（十五〜十六世紀）、上勢頭古墓群（十八世紀）とそれぞれの遺跡によって異なっている。このうち、上勢頭古墓群は時期や地域が異なっているので、比較することはできないが、石垣貝塚及び、平川貝塚における埋葬形態の相違は、興味深いものである。

また、石垣貝塚第四号人骨と第五号人骨は、土葬と火葬という違いはあるにしても、一つの埋葬施設に納められていた。そのためこれらの被葬者は、親族などの血縁関係にあるものかもしれない。

今回観察した石垣島内出土例の多くは、十五、十六世紀において同島でも見られた土葬の形態をとっている。[11] しかし、石組墓・配石墓や土坑墓といった埋葬形態の相異が確認されている。これらの意味については今後考察していきたい。

また十八世紀の遺跡である上勢頭古墓群は、亀甲墓がすでに出現していたにもかかわらず[12]、これらのすべては、掘り込み墓の形態を取る埋葬施設であった。掘り込み墓を採択したのは、周辺の自然地形を利用してのことであろうが、亀甲墓についても王府から墓造営の面積を規定されていたことなど同様[13]、上勢頭古墳群の埋葬施設は、何らかの規制のもとで造営されたものかもしれない。

埋葬や葬儀といった行為が何を意味するのか。この問いに答えることは容易ではない。しかし、墓という施設は、一般に被葬者のためではなく、残された遺族のために存在するといわれている。そして、被葬者が生前、当時の社会においてどのような人物であったかを知るには、被葬者そのものである人骨資料と埋葬遺構、副葬品を併せて考察することが必要となってくる。

今回観察した個体は十一体と少ないため、埋葬遺構と古病理学的所見との関係について詳述することは困難であった。しかし、観察資料数を増やしていくことによって、特殊な病的所見を持つことにより、他とはやや様相を異にする埋葬形態等が営まれることがあるという事例についても考察することが今後可能となるのではないだろうか。

注

（1）これら数体の化石人骨は、現代の我々とは異なった形態学的特徴を持っている。具志頭村の本遺跡からは五～九体の人骨が出土しており、二体は男性（身長約百五十五㎝）、その他は女性（身長約百四十四㎝）とされている。また、港川人を含めて、宮古島上野村出土ピンザアブ人など沖縄県内からは、七体の化石人骨が出土している。

（2）一般に貝塚時代は、縄文時代中期（六四〇〇年前）以降をさす。沖縄本島中部読谷村の渡具知東原遺跡からは長崎県福井洞穴より数千年新しい約七〇〇〇年前の爪型文土器が出土している。またこの遺跡からは西九州に分布している曽畑式土器も出土している。これらは、九州地域との影響を受けたものであり、縄文中期以降、九州とは異なった南島独自の土器型式になっていったと考えられている。また県内における十世紀頃の遺跡からは、長崎県が産地である滑石製石鍋が出土しており、このような琉球諸島と九州地域との関わりは、常に何らかの形で存在していたと考えられる。

（3）グスク時代は、十二、十三世紀頃に日本の影響を受け成立した琉球王国（＝古琉球）により形成された琉球文化圏の形成に伴って始まる、と考えられている。グスクは、県内に三百近くあり、自然地形を巧みに利用して立地した権力者の居城及び集落の拝所である。中でも糸満市玉城村には九つのグスクがあり、古代祭祀場である玉城城跡など代表的なグスクである。

（4）石垣島内には集落跡を含む遺跡が約九十確認されているが、その多くは、島内東部に位置している。また、表採遺物として、中国製の白磁・青磁が数多く発見されている。

(5) 第二次世界大戦前まで北谷地域には、約八百七十基の墓地(うち上勢頭には六十四基)が分布していたとされている。また駐留米軍基地内に位置しているこうした墓の多くは、戦後に移転された。

(6) 火葬骨の重量は一般に成人一体で約三キログラムとされている。

(7) 一七七一(明和八)年、石垣島南南東の海底で起こった地震により津波が発生した。その犠牲者は、九千四百二十七人といわれている。

(8) 石垣島北西部に位置する野底遺跡(十八〜十九世紀)出土例などでは、クリブラ・オルビタリアの出現頻度が高いとされており、今後、島内の古病理学的考察を実施していくにあたって重要な資料の一つと考えられよう。

(9) 近世の江戸市中では、いわゆる武家層と庶民層とでは骨梅毒などの疾病の出現頻度が異なり、ストレス・マーカーにおいても同様の観察結果が得られている。また社会的階層のみならず、江戸時代初期と中期以降といった時間的な相異に伴っても、骨疾患の相異が確認されている。このように骨疾患の観察結果を積み上げていくことによって、当時の社会における健康状態をある程度把握することが可能である。

(10) ストレス・マーカーには、エナメル質減形成、クリブラ・オルビタリア、ハリス線などがあるが、ここの所見はそれぞれ異なった栄養障害・健康障害により成るといわれてきた。しかし、古賀英也氏は、クリブラ・オルビタリアとエナメル質減形成には弱いながらも相関が認められると指摘しており、その成因について考察する手がかりの一つとなる。

(11) 冊封使実録によると十五、十六世紀当時一般的であった葬法は土葬である。

(12) 上勢頭古墓群にみられるような人工的に崖下を掘り込んで墓室を作る掘り込み式の墓は、十六世紀以降のものである。

(13) 近世期の首里王府の指示により、墓地の制限令が通達されていたことによる。墓地面積を制限したり、墓はなるべく先祖伝来のものを使用すること、百姓などの墓は、亀の甲までは許可するが袖石垣などの飾りつけは禁止するなどの規制があった。

参考文献

安里進　一九九〇年『考古学から見た琉球史』上、ひるぎ社
安里進　一九九〇年『考古学から見た琉球史』下、ひるぎ社
安里進　一九九八年『グスク・共同体・村――沖縄歴史考古学序説――』榕樹書林
安里進・土肥直美　一九九九年『沖縄人はどこからきたか――琉球＝沖縄人の起源と成立――』ボーダーインク刊
石垣市教育委員会　一九九二年『石垣貝塚―県道真栄里新川線街路改修工事に伴う研究発掘調査報告書』石垣市文化財調査報告書第一七号
石垣市教育委員会　一九九三年『平川貝塚―県道真栄里新川線街路改修工事に伴う研究発掘調査報告書』石垣市文化財調査報告書第一八号
石垣市総務部市史編纂室編　一九九八年『石垣市史叢書一二　大波之時各村之形行書大波寄場候次第』
沖縄県教育委員会　一九九九年『港川人と旧石器時代の沖縄』沖縄県史ビジュアル版
沖縄県文化振興会公文書管理部資料編纂室編集　二〇〇〇年『概説　沖縄の歴史と文化』沖縄県教育委員会刊行
古泉弘　二〇〇三年「分骨・散骨」『駒澤考古』二九、四七〜五六頁　駒沢大学考古学研究室
古賀英也　二〇〇三年「西南日本古代人のストレスマーカー―クリブラ・オルビタリアとエナメル質減形成、及びハリス線を含めた三種のストレスマーカーの関連性」『人類学雑誌』Vol. 111, No. 1
国土地理協会編集　一九八〇年『日本葬制・墓制の県別事典』
Goodman, A. H., Armelagos, G. J. (1989) Infant and childhood morbidity and mortality Risks in archaeological populations. World Archaeology, 21, pp. 225-243
鈴木隆雄　一九九六年『骨からみた日本人――古病理学が語る歴史――』講談社選書メチエ一四二
大濱永亘　一九九九年『八重山の考古学』先島文化研究所発行
高宮廣衛　一九八六「沖縄における先史時代」『沖縄文化の古層を考える――法政大学第七回国際シンポジウム――』一三八〜一五四頁　法政大学出版会
嵩元政秀・安里嗣淳　一九九三年『日本の古代遺跡四七　沖縄』保育社

田名真之　琉球新報社　一九八九年「新琉球史——近世編（上）——」『墓—歴史的視点からみた諸相』二八一〜三〇八頁
谷畑美帆　二〇〇三年「古病理学からみた近世・近代」『Hominids』Vol. 3
北谷町文化財調査報告書第一六集　一九九六年『上勢頭古墓』
北谷町史編纂委員会編　一九八六年『北谷町史』
Yamamoto M. (1988) Enamel Hypoplasia of the permanent teeth in Japanese from the Jomon to the Modern periods. Journal of Anthropological Science, Vol. 96, pp. 417-433
Zukeran C., Fukumine T., Doi N., Sensui N., Ishida H., Kanaya F. and Shimabukuro A. (2002) Preliminary observations of some paleopathological conditions in historic and modern human skeletal remains from Ishigaki Island, Ryukyu Islands, Japan Anthropological Science Vol. 110, No. 4

謝辞

今回、本論考を執筆する機会を与えてくださった鹿児島国際大学上村俊雄教授、同大中園聡教授に感謝いたします。また、今回使用させていただいた人骨資料はいずれも土井ケ浜遺跡・人類学ミュージアム収蔵のもので、館長松下孝幸先生をはじめ、松下玲子・中野範子氏をはじめとする館職員の皆様には大変お世話になりました。さらに、明治大学大学院博士課程の宮代栄一氏には図版作成のご協力をいただきました。記して感謝の意を表します。

【執筆者紹介】（執筆順）

上村俊雄（かみむら・としお）
1936年生まれ
鹿児島国際大学国際文化学部教授
共著「南西諸島出土の中国古銭について」『前近代における南西諸島と九州―その関係史的研究』多賀出版（1996年）

中園　聡（なかぞの・さとる）
1964年生まれ
鹿児島国際大学国際文化学部教授
単著『九州弥生文化の特質』九州大学出版会（2004年）

中村明蔵（なかむら・あきぞう）
1935年生まれ
鹿児島国際大学国際文化学部教授
単著『隼人の古代史』平凡社（2001年）

増田勝機（ますだ・かつき）
1945年生まれ
鹿児島国際大学国際文化学部教授
単著『薩摩にいた明国人』高城書房（1999年）

小田静夫（おだ・しずお）
1942年生まれ
東京大学総合研究博物館協力研究員
単著『日本の旧石器文化』同成社（2003年）

高宮廣衞（たかみや・ひろえ）
1928年生まれ
元沖縄国際大学学長
単著『沖縄縄文土器研究序説』第一書房（1993年）

宋　文薫（そうぶんくん）
元台湾大学教授

任　孝宰（いむひょうじゃい）
現職　京城大学校教授

谷畑美帆（たにはた・みほ）
1966年生まれ
北里大学一般教育学部特別研究員
共著『考古学のための古人骨マニュアル』学生社（2004年）

【編集】

鹿児島国際大学附置地域総合研究所　〒891-0191 鹿児島市下福元町 8850
機関研究代表者　上村俊雄　TEL 099-261-3211
FAX 099-261-3299

沖縄対外文化交流史——考古学、歴史学、民俗学、人類学の視点から——

2004 年 3 月 31 日　第 1 刷発行

編　者　鹿児島国際大学附置地域総合研究所
（機関研究代表者　上村俊雄）
発行者　栗　原　哲　也

発行所　株式会社　日本経済評論社
〒101-0051　東京都千代田区神田神保町 3-2
電話 03-3230-1661　FAX 03-3265-2993
E-mail : nikkeihy@js7. so-net. ne. jp
URL : http://www. nikkeihyo. co. jp/
印刷＊中央印刷・製本＊美行製本
装幀＊渡辺美知子

落丁乱丁はお取替えいたします。　Printed in Japan

沖縄対外文化交流史
―考古学、歴史学、民俗学、人類学の視点から―（オンデマンド版）

2005年4月28日　発行

編　者　鹿児島国際大学附置地域総合研究所
（機関研究代表者　上村俊雄）

発行者　栗原　哲也

発行所　株式会社　日本経済評論社
〒101-0051　東京都千代田区神田神保町3-2
電話　03-3230-1661　FAX　03-3265-2993
E-mail: nikkeihy@js7.so-net.ne.jp
URL: http://www.nikkeihyo.co.jp/

印刷・製本　株式会社　デジタルパブリッシングサービス
URL: http://www.d-pub.co.jp/

AC702

乱丁落丁はお取替えいたします。

Printed in Japan
ISBN4-8188-1643-4